职业院校财经商贸类专业"十三五"规划教材

主　审　李建红　罗厚朝

基础会计

主　编　成玉祥　王登芳
副主编　孙　燕　杭冬梅　翁其龙
　　　　王惠惠　陈以东
参　编　周　羽　费　蕾　刘汉美
　　　　李晓红　蒲　忠　顾关胜

苏州大学出版社
Soochow University Press

图书在版编目(CIP)数据

基础会计 / 成玉祥,王登芳主编. —苏州：苏州大学出版社,2017.1
职业院校财经商贸类专业"十三五"规划教材
ISBN 978-7-5672-2038-6

Ⅰ.①基… Ⅱ.①成… ②王… Ⅲ.①会计学－高等职业教育－教材 Ⅳ.①F230

中国版本图书馆 CIP 数据核字(2017)第 011934 号

基础会计

成玉祥　王登芳　主编

责任编辑　施小占

苏州大学出版社出版发行
(地址：苏州市十梓街1号　邮编：215006)
江苏农垦机关印刷厂有限公司印装
(地址：淮安市青年西路58号1－3幢　邮编：223000)

开本 787 mm×1 092 mm　1/16　印张 19.25　字数 466 千
2017 年 1 月第 1 版　2017 年 1 月第 1 次印刷
ISBN 978-7-5672-2038-6　定价：36.00 元

苏州大学版图书若有印装错误，本社负责调换
苏州大学出版社营销部　电话：0512-65225020
苏州大学出版社网址　http：//www.sudapress.com

《职业院校财经商贸"十三五"规划教材》
编 委 会

主 任 张建初

编 委（排序不分先后）

陈以东	王登芳	高月玲	蒲　忠
李建红	费　蕾	张志明	沈进城
杭冬梅	周丽萍	王惠惠	陈明可
朱　琴	李　彦	罗厚朝	顾关胜
潘朝中	成玉祥	吴明军	邹小玲
李国松	李玉生	周　羽	魏　涛

职业院校财经商贸类专业"十三五"规划教材

参加编写学校名单(排序不分先后)

盐城生物工程高等职业技术学校

苏州旅游与财经高等职业技术学校

江苏省大丰中等专业学校

江苏省东台中等专业学校

苏州吴中中等专业学校

苏州工业园区职业技术学校

江苏省张家港中等专业学校

江苏省相城中等职业学校

江苏省苏州丝绸中等职业学校

江苏省阜宁中等职业学校

盐城交通技师学院

盐城机电高等职业技术学校

前言

"基础会计"是职业院校中、高职财经专业基础必修课程,也是会计从业资格考试必考的三门科目之一。

本书编写的宗旨:与时俱进,开拓创新。教材是在"以能力为本位、以职业实践为主线、以项目课程为主体的模块化体系"的思想指导下,通过对会计工作岗位的工作任务和职业能力需求分析,围绕财经商贸领域需要掌握的会计基本知识和职业技能,立足满足学生参加会计从业资格证考试知识性要求,同时兼顾中等职业学校、五年制高职和对口单招升学等"课证合一"的要求进行构思和编写的。

本书从基本的会计理论知识、技能操作要求入手,注重学思结合、知行统一、学做一体,培养学生岗位实务操作能力,推进课程内容与职业标准对接、学历教学与职业资格证书对接。全书在内容安排上紧紧围绕项目导向、任务驱动、基于工作过程的课程改革理念,融"教"、"学"、"做"于一体,以理论探讨为基础,以真题解析典型案例为引导,以实务操作训练为重点,以图表为表现形式,详细介绍会计的相关基础知识和基本技能,突出会计职业活动,体现理论与实践的一体化。在编写体例上,本书设有项目简介、能力目标、知识目标、知识准备、真题解析、典型任务举例、业务操作、项目总结、实践演练等模块,以丰富教学形式,增强教学效果,拓宽视野,提升职业素养。

本书由成玉祥、王登芳担任主编,王惠惠、陈以东、孙燕、杭冬梅、翁其明担任副主编。编写人员具体分工为:项目一、项目二由江苏省大丰中等专业学校成玉祥编写;项目三、项目四由盐城生物工程高等职业技术学校王登芳编写;项目五由江苏省阜宁中等专业学校王惠惠、陈以东编写;项目六、项目十由江苏省张家港中等专业学校孙燕编写;项目七由盐城交通技师学院杭冬梅、江苏省大丰中等专业学校成玉祥编写;项目八、项目九由江苏省苏州丝绸中等专业学校翁其明编写。

由于编者水平有限,书中不足之处在所难免,恳请广大读者批评指正。

目录

项目一　认知会计 ... 1
- 任务一　会计的概念和目标 ... 2
- 任务二　会计的职能和方法 ... 7
- 任务三　会计基本假设和会计基础 ... 11
- 任务四　会计信息的使用者及其质量要求 ... 16
- 任务五　会计准则体系 ... 20

项目二　划分会计要素与建立会计等式 ... 26
- 任务一　划分会计要素 ... 27
- 任务二　建立会计等式 ... 39

项目三　设置会计科目与开设会计账户 ... 52
- 任务一　设置会计科目 ... 53
- 任务二　开设会计账户 ... 58

项目四　会计记账方法 ... 67
- 任务一　了解会计记账方法的种类 ... 68
- 任务二　掌握借贷记账法 ... 69

项目五　核算企业的主要经济业务 ... 86
- 任务一　资金筹集业务的账务处理 ... 87
- 任务二　固定资产业务的账务处理 ... 91
- 任务三　材料采购业务的账务处理 ... 96
- 任务四　生产业务的账务处理 ... 102
- 任务五　销售业务的账务处理 ... 107
- 任务六　期间费用的账务处理 ... 111
- 任务七　利润形成与分配业务的账务处理 ... 114

项目六　填制和审核会计凭证 ... 127
- 任务一　认知会计凭证 ... 128
- 任务二　填制和审核原始凭证 ... 129

任务三　填制和审核记账凭证…………………………… 134
　　任务四　会计凭证的传递和保管…………………………… 139

项目七　设置和登记会计账簿　……………175
　　任务一　会计账簿的概念与分类…………………………… 176
　　任务二　会计账簿的启用、登记要求、登记方法、更换与
　　　　　　保管……………………………………………… 183
　　任务三　对账与结账………………………………………… 196
　　任务四　错账查找与更正方法……………………………… 202

项目八　选择和应用账务处理程序　………215
　　任务一　认知账务处理程序的意义和基本程序…………… 216
　　任务二　选择和应用记账凭证账务处理程序……………… 218
　　任务三　选择和应用科目汇总表账务处理程序…………… 238
　　任务四　选择和应用汇总记账凭证账务处理程序………… 241

项目九　组织和开展财产清查　……………251
　　任务一　认知财产清查……………………………………… 252
　　任务二　组织财产清查……………………………………… 256
　　任务三　财产清查结果的账务处理方法…………………… 261

项目十　编制和报送财务会计报告　………273
　　任务一　认知财务会计报告………………………………… 274
　　任务二　编制资产负债表…………………………………… 278
　　任务三　编制利润表………………………………………… 285

项目一

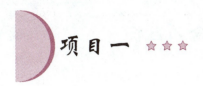

认知会计

项目简介

会计是人类社会发展到一定历史阶段的产物,它随着社会生产的发展和经济管理的要求而产生、发展并不断完善起来。本项目主要讲述了会计的概念、对象、目标和职能等基本概念,以及会计的基本特征、会计核算的具体内容、会计核算方法、会计基本假设、会计基础、会计信息质量要求和会计准则体系等相关内容。

知识目标(大纲要求)

1. 了解会计的概念、对象、目标、核算方法及收付实现制和会计准则体系;
2. 熟悉会计的基本特征和基本职能;
3. 掌握会计基本假设、权责发生制和会计信息质量要求。

能力目标

1. 能指出不同的会计核算基础对企业盈亏的计算产生的不同影响;
2. 能归纳总结出会计核算各种专门方法之间的关系。

知识准备

上网查找有关会计职业的相关资料。

任务一　会计的概念和目标

一、会计的概念和特征

（一）会计的概念

会计是以货币为主要计量单位，运用专门的方法，核算和监督一个单位经济活动的一种经济管理工作。

会计的概念包括三方面的内容：

(1) 会计是一种经济管理工作——会计的本质。
(2) 核算和监督一个单位的经济活动——会计的基本职能。
(3) 以货币为主要计量单位——会计的主要特征。

会计已经成为现代企业一项重要的管理工作。企业的会计工作主要是通过一系列会计程序，对企业的经济活动和财务收支进行核算和监督，反映企业财务状况、经营成果和现金流量，反映企业管理层受托责任履行情况，为会计信息使用者提供决策有用的信息，并积极参与经营管理决策，提高企业经济效益，促进市场经济的健康有序发展。

真题解析

【例1-1】　（判断题）会计是以货币为唯一计量单位，反映和监督一个单位经济活动的一种经济管理工作。

【答案】　×

【解析】　会计以货币为主要计量单位，各项经济业务以货币为统一的计量单位才能够汇总和记录，但货币并不是唯一的计量单位。

（二）会计的特征

1. 会计是一种经济管理活动

会计是一种经济管理活动，为企业经济管理提供依据资料，而且通过各种方式直接参与经济管理，对经济活动进行核算和监督。

2. 会计是一个经济信息系统

会计作为一个信息系统，将企业经济活动的数据转化为货币化的会计信息，这些信息是企业内部、外部利益相关者进行相关经济决策的重要依据。

人类发明并不断丰富和完善会计的目的在于借助其对经济活动进行控制，提高经济效益。会计将企业分散的经济活动转化为客观、系统的数据，提供相关企业的业绩、问题以及资产、负债、所有者权益、收入、费用、利润等信息，供有关各方了解企业的基本情况，并作为其决策的依据。在信息论看来，人们依靠会计控制经济活动的过程，是依据会计报表提供的信息和相关分析对客观经济活动加以控制的过程，会计本身是一个经济信息系统。

3. 会计以货币作为主要计量单位

经济活动中通常使用劳动计量单位（劳动日、工时）、实物计量单位（台、件、吨）和货币计量单位（元、角、分等）三种计量单位。

会计以货币为主要计量单位，各项经济业务以货币为统一的计量单位才能够汇总和记录，但货币并不是唯一的计量单位。

4. 会计具有核算和监督的基本职能

会计的职能是指在经济管理活动中所具有的功能。会计的基本职能表现在两个方面：对经济活动进行会计核算和实施会计监督。

会计基本职能是核算与监督，会计核算是会计工作的基础，会计监督是会计工作质量的保证。会计核算和监督贯穿于会计工作的全过程，是会计工作的基本职能，也是会计管理活动的重要表现形式。

5. 会计采用一系列专门的方法

会计方法是用来核算和监督会计对象、实现会计目标的手段。会计方法具体包括会计核算方法、会计分析方法和会计检查方法等。其中，会计核算方法是最基本的方法，包括设置会计科目、复式记账、填制和审核会计凭证、登记账簿、成本计算、财产清查、编制财务报告等。会计最基础性的工作就是运用这些方法，并结合其他技术和方法的运用实现会计工作的目的。

会计分析方法和会计检查方法等主要是在会计核算方法的基础上，利用提供的会计资料进行分析和检查所使用的方法。

真题解析

【例1-2】（多选题）下列各项中属于企业会计核算方法的有（　　）。

A. 复式记账　　B. 填制会计凭证　　C. 登记账簿　　D. 编制会计报表

【答案】 ABCD

【解析】 会计核算方法包括设置会计科目、复式记账、填制和审核会计凭证、登记账簿、成本计算、财产清查、编制财务报告等。

（三）会计的发展历程

1. 会计的产生

会计，最早可追溯到原始社会的"结绳记事"和"刻契记事"等处于萌芽状态的会计行为。当时，只是在生产实践之外附带地把收入、支付和数量等信息记载下来，生产尚未社会化，独立的会计并未产生，会计是生产职能的附带部分。

随着社会生产力的不断发展，会计逐渐从生产职能中分离出来，成为由专门人员从事的特殊的、独立的职能。会计逐渐成为一项记录、计算和考核收支的单独工作，并逐渐出现了专门从事这一项工作的专职人员。

2. 会计的发展（见表1-1）

表1-1 会计的发展史

古代会计	（1）西周时期就设立了专司朝廷钱粮收支的官吏——"司会"，并对财物收支采取了"月计岁会"（零星算之为计，总合算为会）的办法。 （2）西汉出现了名为"计簿"或"簿书"的账册，用以登记会计事项。 （3）宋朝初期出现了"四柱清册"，通过"旧管（期初结存）＋新收（本期收入）－开除（本期支出）＝实在（期末结存）"的平衡公式进行结账，结算出本期财产物资增加变化及其结果。 （4）明末清初，出现了以"四柱"为基础的"龙门账"。它把全部账目划分为"进"（各项收入）、"缴"（各项支出）、"存"（各项资产）、"该"（各项负债）四大类，运用"进－缴＝存－该"的平衡公式进行核算，设总账进行"分类记录"，并编制"进缴表"（即利润表）和"存该表"（即资产负债表），实行双轨计算盈亏，在两表上计算得出的盈亏数应当相等，称为"合龙门"，以此核对全部账目的正误。
近代会计	（1）近代会计以复式记账法的产生和"簿记论"的问世为标识。 （2）1494年，意大利的数学家卢卡·帕乔利（现代会计之父）所著《算术、几何、比及比例概要》问世，标志着借贷复式记账理论产生。 （3）1853年，英国在苏格兰成立了世界上第一个会计师专业团体——"爱丁堡会计师协会"。会计开始成为社会性专门职业和通用的商用语言。
现代会计	（1）美国发生于20世纪20年代末30年代初的经济危机促成了《证券法》和《证券交易法》的颁布及会计准则系统研究和制定。 （2）进入20世纪50年代，在会计规范进一步发展的同时，为适应现代管理科学的发展，形成了以全面提高企业经济效益为目的、以决策会计为主要内容的管理会计。 （3）1952年，国际会计师联合会正式通过"管理会计"这一专业术语，标志着会计正式划分为财务会计和管理会计两大领域。

二、会计的对象和目标

（一）会计对象

1. 会计对象定义

会计对象是指会计核算和监督的内容，具体是指社会再生产过程中能以货币表现的经济活动，即资金运动或价值运动。

凡是特定主体能够以货币表现的经济活动，都是会计对象。以货币表现的经济活动通常又称为资金运动。因此，会计核算和会计监督的内容即会计对象就是资金运动。

2. 资金运动

（1）任何企业的资金运动都表现为三个过程（图1-1）。

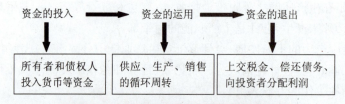

图1-1 工业企业的资金运动过程示意图

① 资金的投入。资金的投入过程包括企业所有者（投资者）投入的资金和债权人投入

的资金两部分,前者属于企业所有者权益,后者属于企业债权人权益即企业负债。

② 资金的运用(即资金的循环和周转)。企业将资金运用于生产经营过程,就形成了资金的运用。它又可分为供应、生产、销售三个阶段。

③ 资金的退出。资金退出过程包括偿还各项债务、上交各项税金、向所有者分配利润等,这部分资金便离开本企业,退出本企业的资金循环与周转。

(2) 会计主体不同,会计对象也就不同,表现出的资金运动的具体形式也是不一样的。

资金形态的表现形式:货币资金→储备资金→生产资金→成品资金→结算资金→货币资金。

(3) 会计核算和监督的内容:

第一层次(最高概况)——会计对象(资金运动)。

第二层次——会计要素(是会计对象的具体化)。

第三层次——会计科目(根据会计要素进行划分)。

真题解析

【例1-3】 (判断题)某一特定主体的资金运动,主要包括资金的投入、循环与收回、支付与赔偿。( )

【答案】 ×

【解析】 某一特定主体的资金运动,主要包括资金的投入、循环与周转(即运用)和资金退出。

【例1-4】 (单选题)下列不属于企业的资金运动表现的是( )。

A. 资金投入   B. 资金运用   C. 资金转移   D. 资金退出

【答案】 C

【解析】 企业的资金运动表现为资金投入、资金运用和资金退出。

3. 会计核算的具体内容

企业在日常生产经营和业务活动中的资金运动称为经济业务事项。经济业务事项包括经济业务和经济事项两类。经济业务又称为经济交易,是指单位与其他单位和个人之间发生的各种经济利益的交换,如商品销售、缴纳税款等。经济事项是指在单位内部发生的具有经济影响的各类事项,如支付工资、计提折旧等。这些经济业务事项内容就是会计核算的具体内容。《会计法》中规定下列经济业务事项应当办理会计手续:

(1) 款项和有价证券的收付(流动性最强的资产)。款项是作为支付手段的货币资金,主要包括库存现金、银行存款以及其他视同现金和银行存款的银行汇票存款、银行本票存款、信用卡存款、信用证保证金存款等。有价证券是指表示一定财产拥有权或支配权的证券,如国库券、股票、企业债券等,是一种狭义的证券。

(2) 财物的收发、增减和使用。财物是财产、物资的简称,企业的财物是企业进行生产经营活动且具有实物形态的经济资源,一般包括原材料、燃料、包装物、低值易耗品、在产品、库存商品等流动资产,以及房屋、建筑物、机器、设备、设施、运输工具等固定资产。

(3) 债权、债务的发生和结算。债权是企业收取款项的权利,一般包括各种应收和预付款项等。债务则是指由于过去的交易、事项形成的企业需要以资产或劳务等偿付的现时义务,一般包括各项借款、应付和预收款项,以及应交款项等。

(4)资本的增减。资本是投资者为开展生产经营活动而投入的资金。会计上的资本专指所有者权益中的投入资本。

(5)收入、支出、费用、成本的计算。收入是指企业在日常活动中形成的、会导致所有者权益增加的、与所有者投入资本无关的经济利益的总流入。支出是指企业所实际发生的各项开支,以及在正常生产经营活动以外的支出和损失。

费用是指企业在日常活动中发生的、会导致所有者权益减少的、与向所有者分配利润无关的经济利益的流出。

成本是指企业为生产产品、提供劳务而发生的各种耗费,是按一定的产品或劳务对象所归集的费用,是对象化了的费用。

(6)财务成果的计算和处理。财务成果主要是指企业在一定时期内通过从事生产经营活动而在财务上所取得的结果,具体表现为盈利或亏损。财务成果的计算和处理一般包括利润的计算、所得税的计算、利润分配或亏损弥补等。

(7)需要办理会计手续、进行会计核算的其他事项。

真题解析

【例1-5】 (单选题)以下说法不正确的是( )。
   A. 财物是企业进行正常生产经营活动的经济资源
   B. 财物必须具有实物形态
   C. 包装物应作为固定资产
   D. 财物包括原材料和固定资产等

【答案】 C

【解析】 包装物不属于固定资产。

【例1-6】 (多选题)下列属于有价证券项目的是( )。
   A. 银行汇票   B. 国库券   C. 股票   D. 企业债券

【答案】 BCD

【解析】 有价证券是指表示一定财产拥有权或支配权的证券,如国库券、股票、企业债券等,是一种狭义的证券。银行汇票属于款项。

【例1-7】 (单选题)下列不属于财务成果计算、处理环节的是( )。
   A. 利润的计算   B. 成本计算
   C. 所得税的计算   D. 利润分配(或亏损弥补)

【答案】 B

【解析】 财务成果的计算和处理包括:利润的计算、所得税的计算、利润分配或亏损弥补等。

(二)会计目标

会计目标也称会计目的,是要求会计工作完成的任务或达到的标准,即向财务会计报告使用者提供与企业财务状况、经营成果和现金流量等有关的会计信息,反映企业管理层受托责任履行情况,有助于财务会计报告使用者做出经济决策。

任务二　会计的职能和方法

一、会计的职能

会计的职能是指会计在经济管理过程中所具有的功能,会计具有会计核算和会计监督两项基本职能和预测经济前景、参与经济决策、评价经营业绩等拓展职能。

(一)基本职能

1. 核算职能(最基本职能)

会计核算职能,又称会计反映职能,是指会计以货币为主要计量单位,对特定主体的经济活动进行确认、计量和报告,如实反映特定主体的财务状况、经营成果(或运营绩效)和现金流量等信息。

确认(会计确认分为初始确认和后续确认):解决定性问题;

计量:解决定量问题;

报告:解决信息体现问题。

现代会计的核算职能的特点:

第一,会计主要是以货币为主要计量单位,辅以实物计量和劳动计量单位,反映各单位的经济活动情况,为经济管理提供可靠信息。

第二,会计主要核算已经发生或已经完成的经济活动,即主要体现在事中核算和事后核算,但并不局限于已发生或已完成的经济活动,它还要面向未来,为单位的经营决策和管理控制提供依据。

第三,会计核算是一个连续、系统和完整的过程。也就是说会计核算必须按照经济业务事项发生的先后顺序,不间断地计量和计算;同时,必须按照经济管理的要求,运用一整套专门方法,对会计核算资料进行科学的归类、整理和记录,使之系统化;凡是应由会计核算的各项经济业务,都必须毫无遗漏地反映,不能随意取舍。

真题解析

【例1-8】(多选题)在会计实际工作中,会计核算职能主要体现在(　　)。
A. 事前核算　　B. 事中核算　　C. 事后核算　　D. 预测、分析和考核
【答案】 BC
【解析】 会计主要核算已经发生或已经完成的经济活动,即主要体现在事中核算和事后核算。

【例1-9】(单选题)会计以货币为主要计量单位,通过确认、记录、计算、报告等环节,对特定主体的经济活动进行记账、算账、报账,为各有关方面提供会计信息的功能称为

（　　）。

　　A. 会计核算职能　　　　　　　　B. 会计监督职能
　　C. 会计控制职能　　　　　　　　D. 会计预测职能

【答案】　A

【解析】　会计核算职能，又称会计反映职能，是指会计以货币为主要计量单位，对特定主体的经济活动进行确认、计量和报告。

2. 监督职能

会计监督职能，又称会计控制职能，是指对特定主体经济活动和相关会计核算的真实性、合法性和合理性进行监督检查。会计监督是一个过程，它分为事前监督、事中监督和事后监督。

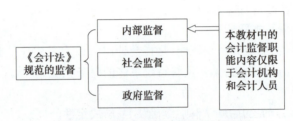

图1-2　《会计法》规范的会计监督

真实性审查是指检查各项会计核算是否根据实际发生的经济业务进行。

合法性审查是指检查各项经济业务是否符合国家有关法律法规，遵守财经纪律，执行国家的各项方针政策，以杜绝违法乱纪行为。

合理性审查是指检查各项财务收支是否符合客观经济规律及经营管理方面的要求，保证各项财务收支符合特定的财务收支计划，实现预算目标。

它有以下特点：

第一，会计监督主要是利用会计核算职能所提供的各种价值指标进行的货币监督。会计监督是依据会计核算资料进行的，会计核算以货币为主要计量单位反映经济活动的过程和结果，因此，会计监督也就可以利用价值指标从总体上监督经济活动。例如，通过制定费用预算，会计人员可以在总额上控制和监督费用的开支范围，从而达到控制其经济活动的目的。

第二，会计监督是对经济活动全过程进行监督。会计监督的核心是保证会计资料的真实可靠，因此，会计机构和会计人员必须对经济活动全过程进行事前、事中和事后监督。

真题解析

【例1-10】　（单选题）会计人员在进行会计核算的同时，对特定主体经济活动的合法性、合理性进行审查称为（　　）。

　　A. 会计控制职能　　　　　　　　B. 会计核算职能
　　C. 会计监督职能　　　　　　　　D. 会计分析职能

【答案】 C

【解析】 会计监督职能,又称会计控制职能,是指对特定主体经济活动和相关会计核算的真实性、合法性和合理性进行监督检查。

3. 会计核算与监督职能的关系

(1) 相辅相成、辩证统一;
(2) 核算是首要职能,是监督的基础和依据;
(3) 监督是核算的保障。

真题解析

【例1-11】 (单选题)会计核算和会计监督( )。

A. 主要体现在事前 B. 主要体现在事中
C. 主要体现在事后 D. 贯穿于会计工作的全过程

【答案】 D

【解析】 会计核算是会计工作的基础,会计监督是会计工作质量的保证。会计核算和监督贯穿于会计工作的全过程,是会计工作最基本的职能,也是会计管理活动的重要表现形式。

(二) 拓展职能

会计还具有预测经济前景、参与经济决策和评价经营业绩等拓展功能。

(1) 预测经济前景——根据财务会计报告等信息,定量或者定性地判断和推测经济活动的变化发展规律,以指导和调节经济活动,提高经济效益。

(2) 参与经济决策——根据财务会计报告等信息,运用定量分析和定性分析方法,对备选方案进行经济可行性分析,为企业生产经营管理提供决策相关的信息。

(3) 评价经营业绩——利用财务会计报告等信息,采用适当的方法,对企业一定经营期间的资产运营、财务效益等经营成果,对照相应的评价标准,进行定量及定性对比分析,做出真实、客观、公正的综合评判。

真题解析

【例1-12】 (多选题)下列各项中属于会计职能的是( )。

A. 评价经营业绩 B. 会计核算
C. 预测经济前景 D. 参与经济决策

【答案】 ABCD

【解析】 会计除了核算和监督两个基本职能外,还具有预测经济前景、参与经济决策和评价经营业绩等拓展功能。

二、会计核算方法

会计方法是履行会计职能、完成会计任务、实现会计目标的手段。会计核算方法是对会计对象进行连续、系统、综合的确认、计量和报告所采用的各种方法的总称,是整个会计方法体系的基础。

(一)会计核算方法体系

会计核算方法体系由填制和审核会计凭证、设置会计科目和账户、复式记账、登记会计账簿、成本计算、财产清查、编制财务会计报告等专门方法构成。

1. 设置会计科目账户

会计科目是对会计要素的具体内容进行分类核算的项目。账户是根据会计科目设置的,具有一定格式和结构,用于分类反映会计要素变动情况及其结果的载体。设置会计科目和账户是保证会计核算系统性的专门方法。

2. 复式记账

复式记账是指对于每一笔经济业务,都必须用相等的金额在两个或两个以上相互联系的账户中进行登记,系统地反映会计要素增减变化及其结果的一种记账方法。复式记账是会计核算方法体系中的核心。

3. 填制和审核会计凭证

填制和审核会计凭证,是为了审查经济业务合理、合法,保证登记账簿的会计记录正确、完整而采用的专门方法。正确填制和审核会计凭证,是进行核算和监督的基础。

4. 登记会计账簿

登记会计账簿简称记账,是以审核无误的会计凭证为依据,在账簿中分类、连续、系统、完整地记录各项经济业务的一种专门方法。账簿记录所提供的各种核算资料,是编制财务报表的直接依据。

5. 成本计算

成本计算是对生产经营过程中发生的各种生产费用,按照不同的成本计算对象进行归集和分配,进而计算产品的总成本和单位成本的一种专门方法。

产品成本是综合反映企业生产经营活动的一项重要指标。正确进行成本计算,是考核生产经营过程费用支出水平的依据,同时又是确定企业盈亏和制定产品价格的基础,可为企业进行经营决策提供重要依据。

6. 财产清查

财产清查是指通过对货币资金、实物资产和往来款项等的盘点和核对,确定其实存数,查明账存数与实存数是否相符的一种专门方法。

7. 编制财务会计报告

编制财务会计报告是以会计账簿记录和有关资料为依据,全面、系统地反映企业在某一特定日期的财务状况或某一会计期间的经营成果和现金流量的一种专门方法。

上述核算方法中,填制审核凭证为基本环节,登记账簿为中心环节,编制会计报表为最终环节。

会计核算的各种专门方法相互联系、紧密结合,确保会计工作有序进行构成了一个完整的方法体系。为了科学地组织会计核算,实行有效的日常会计监督,必须全面、相互联系地应用这些专门方法,对日常发生的各项经济业务,都要填制和审核凭证;按照规定的账户,运用复式记账法记入有关账簿;对经营过程中发生的各项费用,应当进行成本计算;一定时期终了,通过财产清查,在账证相符、账账相符、账实相符的基础上,根据账簿记录和相关资料,编制会计报表。

真题解析

【例1-13】 (多选题)下列各项中属于企业会计核算方法的有(　　)。
A. 复式记账　　　　　　　　B. 填制会计凭证
C. 登记账簿　　　　　　　　D. 编制会计报表

【答案】 ABCD

【解析】 会计核算方法包括设置会计科目、复式记账、填制和审核会计凭证、登记账簿、成本计算、财产清查、编制财务报告等。

(二) 会计循环

会计循环是指按照一定的步骤反复运行的会计程序。从会计工作流程看,会计循环由确认、计量和报告等环节组成;从会计核算的具体内容看,会计循环由填制和审核会计凭证、设置会计科目和账户、复式记账、登记会计账簿、成本计算、财产清查、编制财务会计报告等组成。填制和审核会计凭证是会计核算的起点,登记账簿为中心环节,编制会计报表为最终环节。

任务三　会计基本假设和会计基础

一、会计基本假设

会计基本假设是企业会计确认、计量和报告的前提,是对会计核算所处时间、空间环境等所作的合理假定。明确会计核算的基本前提主要是为了在会计实务中出现一些不确定因素时能进行正常的会计业务处理,而对会计领域里存在的某些尚未确知并无法证明论证和证实的事项所作的符合客观情理的推断和假设。会计基本假设包括会计主体、持续经营、会计分期和货币计量。

(一) 会计主体

会计主体是指企业会计确认、计量和报告的空间范围,即会计核算和监督的特定单位或组织。

会计核算和财务报告的编制应当明确会计主体,界定不同会计主体会计核算的范围,把握会计处理的立场,集中反映特定对象的活动,并将其与其他经济实体区别开来,这样才能实现财务报告的目标。

在会计主体假设下,企业应当对其本身发生的交易或者事项进行会计确认、计量和报告,反映企业本身所从事的各项经济活动。

会计主体假设是持续经营、会计分期和货币计量假设以及全部会计核算原则建立的基础。

法律主体通常是会计主体。

独立经营、自负盈亏的单位都可以成为一个会计主体。

会计主体独立经营、自负盈亏。

注意：

会计主体与法律主体(法人)并非是对等的概念,法人可作为会计主体,但是会计主体不一定是法人。一般来说,法律主体必然是一个会计主体。例如一个企业作为一个法律主体,应当建立财务会计系统,独立反映其财务状况、经营成果和现金流量。但是,会计主体不一定是法律主体。也就是说,会计主体可以是独立的法人,也可以是非法人;可以是一个企业,也可以是企业内部的某一个单位或企业的一个特定部分;可以是一个单一的企业,也可以是由几个独立企业组成的企业集团。企业集团由若干具有法人资格的企业组成,各个企业既是独立的会计主体也是法律主体,但为了反映整个集团的财务状况、经营成果及现金流量情况,还应该编制该集团的合并会计报表。企业集团是会计主体,但通常不是一个独立法人。

一般来说,法律主体必然是会计主体,但会计主体不一定是法律主体。

真题解析

【例1-14】（多选题）下列项目中,可以作为一个会计主体进行核算的有(　　)。

A. 母公司　　　　　　　　　　B. 子公司

C. 母公司和子公司组织的企业集团　　D. 销售部门

【答案】 ABCD

【解析】 选项A和B均是独立的法人,符合会计主体的定义;选项C和D即使不是独立法人,也符合会计主体的含义。

（二）持续经营

持续经营是指在可以预见的未来,企业将会按当前的规模和状态继续经营下去,不会停业,也不会大规模削减业务。

在可预见的将来,会计主体将会按当前的规模和状态持续经营下去,不会停业,也不会大规模削减业务。即在可预见的未来,该会计主体不会破产清算,所持有的资产将正常营运,所负有的债务将正常偿还。依据《企业会计准则——基本准则》,企业会计确认、计量和报告应当以持续经营为前提。

持续经营假设明确了会计核算的时间范围,为会计人员在日常的会计核算中对经济业务做出正确判断、对会计处理方法和会计处理程序的正确选择提供了依据。

持续经营假设是会计核算所使用的一系列原则和方法建立的基础。明确这个基础,就意味着会计主体将按照既定的用途使用资产,按照既定的合约条件清偿债务,发生的相关预付待摊或预提待付费用及长期资产的成本才能在受益期间进行合理分配和收回。

真题解析

【例1-15】（单选题）企业资产以历史成本计价而不以现行成本或清算价格计价,依据的会计基本假设是(　　)。

　　A. 会计主体　　B. 持续经营　　C. 会计分期　　D. 货币计量

【答案】　B

【解析】　企业资产以历史成本计价而不以现行成本或清算价格计价,依据的会计基本假设是持续经营。

【例1-16】（单选题）企业在生产经营过程中将按照既定的用途使用资产和既定的合约条件清偿债务,会计人员在此基础之上选择会计原则和方法,是基于(　　)假设。

　　A. 会计主体　　B. 持续经营　　C. 会计分期　　D. 货币计量

【答案】　C

【解析】　持续经营即在可预见的未来,该会计主体不会破产清算,所持有的资产将正常营运,所负有的债务将正常偿还。

（三）会计分期

会计分期是指将一个企业持续经营的经济活动划分为一个个连续的、长短相同的期间,以便分期结算账目和编制财务会计报告。

会计分期的目的,在于通过会计期间的划分,据以结算账目、编制会计报表、反映企业的经营成果和财务状况及其变动情况,及时向有关方面提供会计信息。

根据《企业会计准则——基本准则》规定,会计期间分为年度和中期。这里的会计年度我国采用的是公历年度,即从每年的1月1日到12月31日为一个会计年度。所谓中期是短于一个完整会计年度的报告期间,又可以分成月度、季度、半年度。

会计期间的划分对会计核算有着重要的影响。由于有了会计期间,才产生了本期与非本期的区别,从而出现权责发生制和收付实现制的区别,进而又需要在会计的处理方法上运用预收、预付、应收、应付等一些特殊的会计方法。

真题解析

【例1-17】（判断题）在我国,会计年度一般采用公历年度,即从每年的1月1日至12月31日为一个会计年度。(　　)

【答案】　√

【解析】　会计年度我国采用的是公历年度,即从每年的1月1日到12月31日为一个会计年度。

【例1-18】（单选题）基于会计分期假设运用的特殊会计方法包括应收、应付和(　　)等。

　　A. 收入、支出　　B. 预收、预付　　C. 投入、产出　　D. 购入、售出

【答案】 B

【解析】 由于有了会计期间,才产生了本期与非本期的区别,从而出现权责发生制和收付实现制的区别,进而又需要在会计的处理方法上运用预收、预付、应收、应付等一些特殊的会计方法。

(四) 货币计量

货币计量是指会计主体在会计确认、计量和报告时以货币作为计量尺度,反映会计主体的经济活动。

《企业会计准则》中规定:我国的会计核算应以人民币作为记账本位币。考虑到外商投资企业等业务收支以人民币以外的货币为主的企业,根据会计核算的实际需要,可以选定某种外币作为记账本位币进行会计核算,但这些企业对外提供报表时,应该折合成人民币,来提供以人民币表示的财务报表。在境外设定的中国企业向国内报送的财务会计报告,应当折算为人民币。

上述会计核算的四项基本前提,具有相互依存、相互补充的关系。没有会计主体,就不会有持续经营,没有持续经营,就不会有会计分期,没有货币计量就不会有现代会计。

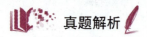

【例1-19】 (单选题)下列各项中,属于境外设立的中国企业向国内报送财务会计报告应当采用的货币是( )。

A. 美元   B. 欧元   C. 人民币   D. 所在国货币

【答案】 C

【解析】 在境外设立的中国企业向国内报送财务会计报告应当折算为人民币。

二、会计基础

会计基础是指会计确认、计量和报告的基础,是企业在会计确认、计量和报告的过程中所采用的基础,是确认一定会计期间的收入和费用,从而确定损益的标准。包括权责发生制和收付实现制。

(一) 权责发生制

权责发生制,也称应计制或应收应付制,是指收入、费用的确认应当以收入和费用的实际发生作为确认的标准,合理确认当期损益的一种会计基础。在我国,企业会计核算采用权责发生制。

权责发生制要求凡是当期已经实现的收入、已经发生和应当负担的费用,不论款项是否收付,都应当作为当期的收入、费用;凡是不属于当期的收入、费用,即使款项已经在当期收付了,也不应当作为当期的收入、费用。

权责发生制主要是从时间上规定会计确认的基础,其核心是根据权、责关系的实际发生期间来确认收入和费用。根据权责发生制进行收入与成本、费用的核算,其最大的优点是能够更加准确地反映特定期间真实的财务状况及经营成果。

（二）收付实现制

收付实现制,也称现金制,是以收到或支付现金作为确认收入和费用的标准,是以实际收到或付出款项的日期确认收入或费用的归属期的制度,是与权责发生制相对应的一种会计基础。

目前,我国的行政、事业单位会计核算一般采用收付实现制;事业单位部分经济业务或者事项,以及部分行业事业单位的会计核算采用权责发生制核算的,由财政部在相关会计制度中具体规定。

表1-2　　　　　　　　权责发生制与收付实现制对比分析

	权责发生制 （应计制）	收付实现制 （现金收付制或现金制）
定义	以收入和费用的实际发生作为标准,确认收入、费用归属期的方法	以实际收付款项的日期确认收入、费用的归属期的方法
核心	权责关系的实际发生的期间	款项收付的实际发生期间
判断标准	应收应付	实收实付
判断结果	款项收付期与归属期可能不一致	款项收付期与归属期一致

真题解析

【例1-20】（单选题）某单位6月份预付第三季度财产保险费1 800元;支付本季度借款利息3 900元(其中5月份1 300元,4月份1 300元);用银行存款支付本月广告费30 000元。根据收付实现制,该单位6月份确认的费用为（　　）。

A. 31 900元　　B. 31 300元　　C. 33 900元　　D. 35 700元

【答案】　D

【解析】　在收付实现制下是以现金收到或付出为标准,所以6月份应确认的费用为1 800 + 3 900 + 30 000 = 35 700(元)。

【例1-21】（单选题）某企业2015年12月份发生下列支出:(1)年初支付本年度保险费2 400元,本月摊销200元;(2)支付下年第一季度房屋租金3 000元;(3)支付本月办公开支800元,则在权责发生制下本月费用为（　　）元。

A. 1 000　　B. 800　　C. 3 200　　D. 3 000

【答案】　A

【解析】　权责发生制下以收入和费用的实际发生作为标准,所以12月份应确认的费用为200 + 800 = 1 000(元)。

【例1-22】（多选题）根据权责发生制的要求,应计入本期的收入和费用的有（　　）。

A. 前期提供劳务未收款,本期收款

B. 本期销售商品一批,尚未收款

C. 本期耗用的水电费,尚未支付

D. 预付下一年的报刊费

【答案】 BC

【解析】 按照权责发生制的要求,凡是本期实现的收入和发生的费用,不论款项是否实际收到或实际付出,都作为本期的收入和费用入账。

任务四　会计信息的使用者及其质量要求

一、会计信息的使用者

会计信息是从会计视角所揭示的经济活动情况,包括企业的财务状况、经营业绩和现金流量等。会计通过信息的提供与使用来反映过去的经济活动,控制目前的经济活动,预测未来的经济活动。

会计信息的使用者主要包括投资人、债权人、企业管理者、政府及其相关部门和社会公众等。其中,企业管理者是会计信息的内部使用人,投资者、债权人、政府及其相关部门和社会公众等构成会计信息的外部使用人。

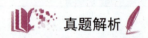

真题解析

【例1-23】（单选题）（　　）是企业内部主要的会计信息使用者。

A. 企业管理者　　B. 企业职工　　C. 债权人　　D. 政府部门

【答案】 A

【解析】 企业管理者是企业内部主要的会计信息使用者。债权人、政府及其相关部门属于企业外部的会计信息使用者。

二、会计信息的质量要求

会计信息质量要求是对企业财务会计报告中所提供高质量会计信息的基本规范,是使财务会计报告中所提供会计信息对投资者等使用者决策有用应具备的基本特征,主要包括可靠性、相关性、可理解性、可比性、实质重于形式、重要性、谨慎性和及时性等。

（一）可靠性（真实）

可靠性是最基本的质量要求。可靠性要求企业应当以实际发生的交易或者事项为依据进行确认、计量和报告,如实反映符合确认和计量要求的各项会计要素及其他相关信息,保证会计信息真实可靠、内容完整。

为了贯彻可靠性要求,企业应当做到：

(1) 以实际发生的交易或者事项为依据进行会计确认、计量和报告；

(2) 在符合重要性和成本效益原则的前提下,保证会计信息的完整性；

(3) 财务会计报告中列示的会计信息应当是中立的。

如果企业的会计核算不是以实际发生的交易或事项为依据,没有如实反映企业的财务状况、经营成果和现金流量,是不可靠的,就会误导会计信息使用者的决策,会计工作也就失去了存在的意义。

(二) 相关性(有用,对外有用,非专项服务)

相关性要求企业提供的会计信息应当与财务会计报告使用者的经济决策需要相关,有助于财务会计报告使用者对企业过去和现在的情况做出评价,对未来的情况做出预测。

具备相关性的会计信息应当在保证及时性的前提下,具备反馈价值和预测价值。

相关性应以可靠性为基础,即会计信息应在可靠性的前提下,尽可能地做到相关性,以满足投资者等财务报告使用者的决策需要。

对于特定用途的会计信息,不一定都通过财务会计报告来提供,还可以采用其他的提供形式。

通常,我国企业的会计信息必须满足三个方面的需要:
(1) 符合国家宏观经济管理的要求;
(2) 满足有关各方面了解企业财务状况和经营成果的需要;
(3) 满足企业内部加强经营管理的需要。

真题解析

【例1-24】 (单选题)企业提供的会计信息应有助于财务会计报告使用者对企业过去、现在或者未来的情况做出评价或者预测,这体现了会计信息质量要求中的( )要求。

 A. 可靠性　　　　B. 相关性　　　　C. 可理解性　　　　D. 可比性

【答案】 B

【解析】 相关性要求企业提供的会计信息应当与财务报告使用者的经济决策需要相关,有助于财务报告使用者对企业过去、现在或者未来的情况做出评价或者预测。

(三) 可理解性(完整、看得懂)

可理解性要求企业提供的会计信息应当清晰明了,便于财务会计报告使用者理解和使用。

使相关信息使用者决策有用是会计信息价值的根本所在,而使信息使用者有效使用信息的前提是使用者能够理解信息的内涵,这就要求会计确认、计量和报告的语言、方式和方法应当清晰明了、易于理解,只有这样,才能提高会计信息的有用性,实现财务报告的目标,完成会计的使命。

真题解析

【例1-25】 (单选题)企业提供的会计信息应当清晰明了,便于财务会计报告使用者理解和使用。这体现的是( )要求。

 A. 相关性　　　　B. 可靠性　　　　C. 及时性　　　　D. 可理解性

【答案】 D

【解析】 可理解性要求企业提供的会计信息应当清晰明了,便于财务会计报告使用者理解和使用。

(四)可比性(口径可比)

可比性要求企业提供的会计信息应当相互可比,保证同一企业不同时期可比、不同企业相同会计期间可比。

可比性要求企业达到如下标准:

(1)同一企业不同会计期间的可比,即纵向可比。为达到此要求,企业在选择会计方法时,应保证前后期一致,即使发生了会计政策的变更,也应当按规定方法进行会计口径的调整,以保证会计信息的前后期一致。

(2)同一会计期内,不同企业之间的可比,即横向可比。为了达到此要求,企业应采用国家统一规定的方法去进行会计处理。

可比性的要求并不意味着企业所选择的会计核算方法不能作任何变更,在符合一定条件的情况下,企业可以变更会计核算方法,但应在企业财务报告中作相应披露。

(五)实质重于形式

实质重于形式要求企业应当按照交易或者事项的经济实质进行会计确认、计量和报告,不应仅以交易或者事项的法律形式为依据。

企业发生的交易或事项在多数情况下其经济实质和法律形式是一致的,但在有些情况下也会出现不一致,如果会计核算仅仅按照交易或事项的法律形式进行,而其法律形式又没有反映其经济实质和经济现实,那么,其最终结果将会误导会计信息使用者的决策。

真题解析

【例1-26】 (单选题)企业将融资租入固定资产按自有固定资产的折旧方法对其计提折旧,遵循的是( )要求。

A. 谨慎性　　　B. 实质重于形式　　　C. 可比性　　　D. 重要性

【答案】 B

【解析】 企业融资租入固定资产的所有权不属于租入方,也就是说在法律形式上资产属于出租方,但从经济实质上看,租入方长期使用该资产并取得经济利益,所以租入方应根据实质重于形式要求,按照自有固定资产的折旧方法对其计提折旧。

(六)重要性(抓住重点)

重要性要求企业提供的会计信息应当反映与企业财务状况、经营成果和现金流量有关的所有重要交易或者事项。

(1)对于会计业务的处理要抓住重点。

(2)重要程度的判断。只要具备下列中的一条即可认定为重要事项:

① 金额规模达到一定程度时,应界定为重要信息;

② 指标本质上属于重要信息,比如净利润。

真题解析

【例1-27】 (判断题)判断一项会计事项是否具有重要性,主要取决于会计制度的规

定,而不是取决于会计人员的职业判断,所以,同一事项在某一企业具有重要性,在另一企业则也具有重要性。( )

【答案】 ×

【解析】 重要性的应用需要依赖职业判断,企业应当根据其所处环境和实际情况,从项目的性质和金额大小两方面加以判断。

(七) 谨慎性(保守原则)

谨慎性要求企业对交易或者事项进行会计确认、计量和报告时保持应有的谨慎,不应高估资产或者收益、低估负债或者费用。

这是因为企业的生产经营活动面临着许多风险和不确定性,如应收款项的可收回性、固定资产的使用寿命、售出存货可能发生的退货或者返修等。需要企业在面临不确定因素的情况下做出职业判断时,应当保持应有的谨慎,充分估计到各种风险和损失,既不高估资产或者收益,也不低估负债或者费用。

需要注意的是谨慎性的应用不允许企业设置秘密准备,损害会计信息质量,扭曲企业实际的财务状况和经营成果,从而对使用者的决策产生误导,这是不符合会计准则要求的。

真题解析

【例1-28】 (多选题)谨慎性要求会计人员在选择会计处理方法时( )。

A. 不高估资产 B. 不低估负债
C. 预计任何可能的收益 D. 确认一切可能发生的损失

【答案】 AB

【解析】 谨慎性要求是指企业在进行会计核算时,应该保持必要的谨慎,不得多计资产或收益、少计负债或费用。

(八) 及时性(快,信息的生命)

及时性要求企业对于已经发生的交易或者事项,应当及时进行确认、计量和报告,不得提前或者延后。

一是要求及时收集会计信息,即在经济交易或者事项发生后,及时收集整理各种原始单据或者凭证;

二是要求及时处理会计信息,即按照会计准则规定,及时对经济交易或者事项进行确认或者计量,并编制财务报告;

三是要求及时传递会计信息,即按照国家规定的有关时限,及时地将编制的财务报告传递给财务报告使用者,便于其及时使用和决策。

真题解析

【例1-29】 (单选题)某企业2015年8月份购入一台不需安装的设备,因暂时不需用,截至当年年底该企业会计人员尚未将其入账,这违背了( )要求。

A. 重要性　　　B. 客观性　　　C. 及时性　　　D. 明晰性

【答案】　C

【解析】　及时性要求企业对于已经发生的交易或事项,应当及时进行会计确认、计量和报告,不得提前或延后。对于不需用的固定资产,企业也应该及时入账并按要求计提折旧,因此该企业的上述处理违背了及时性要求。

【例1-30】（单选题）下列各项中,不属于反映会计信息质量要求的是（　　）。

A. 会计核算方法一经确定不得随意变更
B. 会计核算应当注重交易和事项的实质
C. 会计核算应当以权责发生制为基础
D. 会计核算应当以实际发生的交易或事项为依据

【答案】　C

【解析】　选项A,体现的是可比性要求;选项B,体现的是实质重于形式要求;选项C,是会计基础,不属于反映会计信息质量的要求;选项D,体现可靠性要求。

任务五　会计准则体系

一、会计准则的构成

会计准则是反映经济活动、确认产权关系、规范收益分配的会计技术标准,是生成和提供会计信息的重要依据,也是政府调控经济活动、规范经济秩序和开展国际经济交往等的重要手段。会计准则具有严密和完整的体系。我国已颁布的会计准则有《企业会计准则》《小企业会计准则》《事业单位会计准则》和《政府会计准则——基本准则》。

二、企业会计准则

我国的企业会计准则体系包括基本准则、具体准则、应用指南和解释公告等。2006年2月15日,财政部发布了《企业会计准则》,自2007年1月1日起在上市公司范围内施行,并鼓励其他企业执行。

三、小企业会计准则

2011年10月18日,财政部发布了《小企业会计准则》,要求符合适用条件的小企业自2013年1月1日起执行,并鼓励提前执行。《小企业会计准则》一般适用于在我国境内依法设立、经济规模较小的企业,具体标准参见《小企业会计准则》和《中小企业划型标准规定》。

四、事业单位会计准则

2012年12月6日,财政部修订发布了《事业单位会计准则》,自2013年1月1日起在各级各类事业单位施行。该准则对我国事业单位的会计工作予以规范,共九章,包括总则、会计信息质量要求、资产、负债、净资产、收入、费用、支出或者费用、财务会计报告和附则等。

与《会计准则》相比,《事业单位会计准则》的主要特点如下:

(1) 要求事业单位采用收付实现制进行会计核算,部分另有规定的经济业务或事项才能采用权责发生制核算;

(2) 将事业单位会计要素划分为资产、负债、净资产、收入、支出(或费用)五类;

(3) 要求事业单位的财务报表至少包括资产负债表、收入支出表(或费用表)和财政补助收入支出表。

五、政府会计准则

2015年10月23日,财政部发布了《政府会计准则——基本准则》,自2017年1月1日起,在各级政府、各部门、各单位施行。

我国的政府会计准则体系由政府会计基本准则、具体准则和应用指南三部分组成。

项目小结

本项目主要讲述了会计的概念、对象、目标和职能等基本概念;会计的基本特征、会计核算的具体内容、会计核算方法、会计基本假设、会计基础、会计信息质量要求和会计准则体系等相关内容。

一、单项选择题

1. 在会计职能中,属于控制职能的是( )。
   A. 进行会计核算   B. 实施会计监督
   C. 参与经济决策   D. 评价经营业绩

2. 2016年3月20日采用赊销方式销售产品60 000元,6月20日收到货款存入银行。按权责发生制核算时,该项收入应属于( )。
   A. 2016年3月   B. 2016年4月   C. 2016年5月   D. 2016年6月

3. 目前我国的行政单位会计采用的会计基础主要是( )。
   A. 权责发生制   B. 应收应付制   C. 收付实现制   D. 统收统支制

4. 为会计核算的时空计量提供了必要手段的会计假设是( )。
   A. 会计主体   B. 持续经营   C. 会计分期   D. 货币计量

5. 我国实行公历制会计年度是基于( )的基本会计假设。
   A. 会计主体   B. 货币计量   C. 会计分期   D. 持续经营

6. 谨慎性会计信息质量要求是指企业应( ),以对未来风险进行充分考虑。
   A. 核算可能发生的收入
   B. 核算可能发生的费用和损失
   C. 低估负债
   D. 只要是可能发生的收入和可能发生的费用与损失都应预计入账

7. 下面关于会计对象说法不正确的是( )。
   A. 会计对象是指会计所要核算与监督的内容
   B. 特定主体能够以货币表现的经济活动,都是会计核算和监督的内容
   C. 企业日常进行的所有活动都是会计对象
   D. 会计对象就是社会再生产过程中的资金运动
8. 会计的本质是( )。
   A. 一种经济管理目标   B. 一项经济管理活动
   C. 一种技术工作   D. 一种货币资金管理工作
9. 企业提供的会计信息应当清晰明了,便于财务会计报告使用者理解和使用,这体现的是( )要求。
   A. 相关性   B. 可靠性   C. 及时性   D. 可理解性
10. 从核算效益来看,对所有会计事项不分轻重主次和详略,采用完全相同的会计程序和处理方法,不符合( )会计信息质量要求。
    A. 及时性   B. 谨慎性   C. 相关性   D. 重要性
11. 会计的基本职能是( )。
    A. 反映和考核   B. 核算和监督   C. 预测和决策   D. 分析和管理
12. 会计核算使用的主要计量单位是( )。
    A. 实物量度   B. 货币量度   C. 时间量度   D. 劳动量度
13. 在我国会计法规制度体系中,属于最高层次地位的是( )。
    A. 会计法   B. 企业会计准则
    C. 企业财务通则   D. 企业会计制度
14. 近代会计形成的标志是( )。
    A. 货币计量   B. 管理会计的产生
    C. 从单式记账法过渡到复式记账法   D. 计算机在会计上的应用
15. 会计的对象是社会再生产过程中的( )。
    A. 全部经济活动   B. 商品运动
    C. 以货币表现的经济活动   D. 财产物资运动
16. 确定企业会计报表的格式及编制说明的会计法规制度是( )。
    A. 会计法   B. 企业会计准则
    C. 企业会计制度   D. 企业财务通则
17. 司会是会计发展史上( )时期出现的官职。
    A. 宋朝   B. 西周   C. 清朝   D. 汉朝
18. 会计是( )的组成部分。
    A. 经营活动   B. 经济管理   C. 核算和监督   D. 社会再生产
19. 世界上第一部系统阐述有关簿记和借贷记账法的著作是( )。
    A. 《周礼·天官编》   B. 《大和国计》
    C. 《算术、几何、比及比例概要》   D. 《孟子正义》
20. 不需要进行会计核算的经济业务事项是( )。
    A. 从银行提取现金   B. 签订销售合同

        C. 收取销售订金　　　　　　　D. 结算销售货款

二、多项选择题

1. 下面关于会计对象说法正确的有(　　)。
    A. 会计对象是指会计所要核算与监督的内容
    B. 特定主体能够以货币表现的经济活动,都是会计核算和监督的内容
    C. 企业日常进行的所有活动都是会计对象
    D. 会计对象就是社会再生产过程中的资金运动
2. 以下关于事中监督描述正确的有(　　)。
    A. 事中监督是指在日常会计工作中,对已发生的问题提出建议,促使有关部门和人员采取改进措施
    B. 事中监督是对经济活动的日常监督和管理
    C. 事中监督是指以事先制定的目标,利用会计核算提供的资料,对已发生的经济活动进行的考核和评价
    D. 事中监督是对未来经济活动的指导
3. 会计核算的环节包括(　　)。
    A. 确认　　　　B. 计量　　　　C. 记录　　　　D. 报告
4. 根据收付实现制,应计入本期收入和费用的有(　　)。
    A. 前期提供劳务未收款,本期收款　　B. 本期销售商品一批,尚未收款
    C. 本期耗用的水电费,尚未支付　　　D. 预付下一年的报刊费
5. 会计分期这一基本前提的主要意义在于(　　)。
    A. 可使会计原则建立在非清算基础之上
    B. 可分期结算账目奠定理论与实务基础
    C. 界定了提供会计信息的时间和空间范围
    D. 为编制财务会计报告及使用相关会计原则确立了理论和实务基础
6. 下列属于会计核算具体内容的有(　　)。
    A. 款项和有价证券的收付、资本的增减
    B. 财物的收发、增减和使用
    C. 债权债务的发生和结算、财务成果的计算和处理
    D. 收入、支出、费用、成本的计算
7. 下列属于资金的运用的是(　　)。
    A. 偿还债务　　　　　　　　　　B. 购买原材料
    C. 发放生产工人的工资　　　　　D. 收回货款
8. 会计核算的内容是指特定主体的资金活动,包括(　　)等阶段。
    A. 资金的投入　　　　　　　　　B. 资金的循环与周转
    C. 资金的储存　　　　　　　　　D. 资金的退出
9. 会计方法是反映和监督会计对象、完成会计凭证的手段,是从事会计工作所使用的各种技术方法,一般包括(　　)。
    A. 会计核算方法　　　　　　　　B. 会计分析方法
    C. 会计检查方法　　　　　　　　D. 会计决策方法

10. 下列选项中,符合权责发生制要求的有(　　)。
    A. 某公司年末支付下年度租金,并确认了相关费用
    B. 某公司4月份支付了3月份员工工资,并确认了相关费用
    C. 某公司销售一批货物,但货款未收,确认了收入
    D. 某公司对其固定资产计提折旧
11. 会计核算能够提供的信息有(　　)。
    A. 事后信息　　B. 历史信息　　C. 预测信息　　D. 分析信息
12. 会计监督包括(　　)。
    A. 事前监督　　B. 事中监督　　C. 事后监督　　D. 决策监督
13. 会计核算中采用的计量单位有(　　)。
    A. 货币计量单位　　　　　　　B. 空间计量单位
    C. 劳动计量单位　　　　　　　D. 实物计量单位
14. 工业企业的资金运动包括(　　)等环节。
    A. 资金投入　　B. 资金周转　　C. 资金退出　　D. 资金分配
15. 属于企业会计核算内容的有(　　)。
    A. 投资者投入货币资金　　　　B. 企业购入原材料
    C. 以银行存款偿还货款　　　　D. 支付职工工资

三、判断题

1. 会计记录的文字应当使用中文,在中华人民共和国境内的外商投资企业、外国企业和其他外国组织的会计记录,可以同时使用一种外国文字。(　　)
2. 银行汇票、银行本票和信用证存款都属于有价证券。(　　)
3. 会计主体前提为会计核算确定了空间范围,会计分期前提为会计核算确定了时间范围。(　　)
4. 按照权责发生制的要求,凡是本期实际收到款项的收入和付出款项的费用,不论是否归属于本期,都应当作为本期的收入和费用处理。(　　)
5. 会计中期,是指短于一个完整的会计年度的报告期间,一般指半年度。(　　)
6. 款项是作为支付手段的货币资金,有价证券是指表示一定财产拥有权或支配权的证券,款项和有价证券是企业流动性最差的资产。(　　)
7. 资金的退出指的是资金离开本企业,退出资金的循环与周转,主要包括提取盈余公积、偿还各项债务、上交各项税金以及向所有者分配利润等。(　　)
8. 会计主体是指企业法人。(　　)
9. 在我国境内设立的企业,会计核算都必须以人民币作为记账本位币。(　　)
10. 企业对其拥有或者控制的固定资产,只有在持续经营的会计假设下,才可以在其使用年限内,按照其价值和使用情况采用相应折旧方法计提折旧。(　　)
11. 作为会计对象的交易或事项是指企业、单位所发生的全部经济活动。(　　)
12. 会计产生于生产实践之中,又在社会生产实践中得到发展。(　　)
13. 以货币为基本计量标准是会计核算的主要特点。(　　)
14. "四柱清册"中的四柱是指旧管、新收、开除和实在。它们之间的相互关系是:旧管+新收=开除+实在。(　　)

15. "龙门账"中的"四柱"是指进、缴、存和该。( )

16. 会计核算不仅能反映已发生和已完成的经济业务,而且还可以通过计算分析来预测未来经济发展的趋势和前景。( )

17. 会计核算就是对经济活动进行的事后记账、算账和报账。( )

18. 会计是适应生产的发展和经济管理的需要而产生和发展的。( )

19. 以实际发生的经济业务事项为依据进行会计核算,是会计核算的重要前提,也是保证会计资料质量的关键。( )

20. 会计监督是会计核算的继续,如果只有会计监督而不进行会计核算,就不能发挥会计应有的作用。( )

四、计算题

【资料】 大华公司为小规模纳税企业,2016年9月份发生下列经济业务(注:购销业务均不涉及到增值税):

(1) 收到A企业预付货款48 000元,款存入银行,商品将在下月交付。

(2) 销售给B企业一批产品,价款120 000元,本月仅收到20 000元的货款,余款将在下月收回。该批产品的销售成本为78 000元。

(3) 以转账的方式预付给C企业货款20 000元,欲购入甲材料。

(4) 购入乙材料一批,实际成本为35 100元,已经通过银行支付20 000元,余款暂欠。

(5) 收到D企业归还上月所欠货款28 000元,款已存入银行。

(6) 应付的业务招待费为9 000元,已用银行存款支付4 000元,余款暂欠。

(7) 销售给E企业一批多余的原材料,价款20 000元,款未收。该批材料的实际成本为18 000元。

(8) 支付本季度短期借款利息共4 800元(7月份1 600元,8月份1 600元)。

【要求】 分别采用权责发生制和收付实现制计算大华公司2016年9月份的收入和费用。

项目二

划分会计要素与建立会计等式

★ 项目简介

会计要素是对会计对象进行的基本分类,是会计对象的具体化。会计要素的分类是人的主观意识和客观要素结合的产物。我国企业的会计要素包括资产、负债、所有者权益、收入、费用和利润六项。本项目主要讲述了会计要素的含义、特征、确认和分类以及会计等式的内容。

知识目标(大纲要求)

1. 熟悉会计要素的含义与特征;
2. 掌握会计要素的确认条件、构成、常用的会计计量属性和会计等式的表现形式;
3. 掌握基本经济业务的类型及其对会计等式的影响。

能力目标

1. 能正确划分会计要素,并指出会计对象与会计要素之间的关系;
2. 能描述会计基本等式;
3. 能梳理出不同类型的经济业务对会计等式的影响及其变化规律。

知识准备

前面我们了解了企业的经济活动以及会计对象,那么,会计究竟核算些什么呢?可以说形形色色,名目繁多,但归纳起来,不外乎六大类,即六大会计要素。

任务一 划分会计要素

一、会计要素的含义与分类

(一)会计要素的含义
会计要素是指根据交易或者事项的经济特征对财务会计对象所做的基本分类。

(二)会计要素的分类
我国《企业会计准则——基本准则》将会计要素划分为资产、负债、所有者权益、收入、费用和利润六类,其中,资产、负债、所有者权益属于反映财务状况的会计要素,是资金运动相对静止状态的表现(时点数),在资产负债表中列示;收入、费用和利润属于反映经营成果的会计要素,是企业在一定时期内从事生产经营活动所取得的最终成果,是资金运动的动态反映(时期数),在利润表中列示。

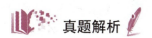

【例2-1】(单选题)下列属于反映企业财务状况的会计要素是(　　)。

　　A. 收入　　　　B. 所有者权益　　　　C. 费用　　　　D. 利润

【答案】 B

【解析】 反映财务状况的会计要素包括资产、负债、所有者权益三项。

【例2-2】(单选题)下列属于反映企业经营成果的会计要素是(　　)。

　　A. 费用　　　　B. 资产　　　　C. 负债　　　　D.所有者权益

【答案】 A

【解析】 反映经营成果的会计要素包括收入、费用、利润三项。

二、会计要素的确认

(一)资产

1. 资产的含义与特征(表2-1)

表2-1　　　　　　　　　　　　　　资产的含义与特征

要素名称	含　义	特　征	分　析
资产	指企业过去的交易或者事项形成的、由企业拥有或控制的、预期会给企业带来经济利益的资源。	(1)资产是由企业过去的交易或者事项形成的。	即资产必须是现实的资产,而不能是预期的资产。预期在未来发生的交易或者事项可能产生的结果不能作为资产确认。 例如:购买的设备、销售的应收账款——过去的交易事项形成,是资产。 例如:预计将要购买的设备——预期的,不能确认为资产。

续表

要素名称	含义	特征	分析
资产		（2）资产是企业拥有或者控制的资源。	企业是否拥有一项资源的所有权，并不是确认资产的绝对标准。对于一些特殊方式形成的资产，企业虽然不拥有其所有权，但能够实际控制的，按照实质重于形式的要求，也应当将其作为企业的资产予以确认。例如，企业以融资租赁方式租入的固定资产。
		（3）资产预期会给企业带来经济利益。	资产能够直接或间接地给企业带来经济利益，如商品、机器设备，是企业的资产。如果是不能继续使用的变质或毁损材料，已经无法用于生产经营过程，在市场上也不能卖出价钱，不能给企业带来经济利益，就不能作为企业资产。例如：技术已经淘汰的生产线。

真题解析

【例2-3】（单选题）下列不属于企业资产的是(　　)。
　　A. 临时租入的设备　　　　　B. 长期经营性出租的房屋
　　C. 融资性租入的设备　　　　D. 应收账款
【答案】 A
【解析】 临时租入的设备并不是由企业拥有或者控制的，不属于企业资产。
【例2-4】（多选题）下列项目中，属于资产要素特点的有(　　)。
　　A. 预期能给企业带来未来经济利益的资源
　　B. 过去的交易或事项形成的
　　C. 必须拥有所有权
　　D. 必须是有形的
【答案】 AB
【解析】 资产是指企业过去的交易或者事项形成的、由企业拥有或者控制的、预期会给企业带来经济利益的资源。

2. 资产的确认条件
将一项资源确认为资产，需要符合资产的定义，还应同时满足以下两个条件：
（1）与该资源有关的经济利益很可能流入企业；
（2）该资源的成本或者价值能够可靠地计量。
3. 资产的分类
资产按流动性进行分类，可以分为流动资产和非流动资产(表2-2)。

表 2-2　　　　　　　　　　　　　　　资产的分类

类别	概　念	举　例
流动资产	指预计在一个正常营业周期中变现、出售或耗用，或者主要为交易目的而持有，或者预计在资产负债表日起一年内(含一年)变现的资产，以及自资产负债表日起一年内交换其他资产或清偿负债的能力不受限制的现金或现金等价物。	主要包括货币资金、交易性金融资产、应收票据、应收/预付账款、应收利息、应收股利、其他应收款、存货等。
非流动资产	指流动资产以外的资产。	长期股权投资、固定资产、在建工程、工程物资、无形资产。

注：
(1) 长期股权投资是指企业持有的对其子公司、合营企业及联营企业的权益性投资以及企业持有的对被投资单位不具有控制、共同控制或重大影响，并且在活跃市场中没有报价、公允价值不能可靠计量的权益性资产。
(2) 固定资产是指同时具有以下两个特征的有形资产：
第一，为生产商品、提供劳务、出租或经营管理而持有的；
第二，使用寿命超过一个会计年度。使用寿命，是指企业使用固定资产的预计期间，或者该固定资产所能生产产品或提供劳务的数量。
固定资产一般包括房屋及建筑物、机器设备、运输设备和工具器具等。
(3) 无形资产是指企业拥有或者控制的没有实物形态的可辨认非货币性资产。包括专利权、非专利技术、商标权、著作权、土地使用权和特许权等。
(4) 一个正常营业周期是指企业从购买用于加工的资产起至实现现金或现金等价物的期间。正常营业周期通常短于一年，在一年内有几个营业周期。但是，也存在正常营业周期长于一年的情况，在这种情况下，与生产循环相关的产成品、应收账款、原材料尽管是超过一年才变现、出售或耗用，仍应作为流动资产。当正常营业周期不能确定时，应当以一年(12个月)作为正常营业周期。

真题解析

【例 2-5】（多选题）下列项目中，属于非流动资产的有（　　）。
　　A. 库存商品　　　　　　　　B. 无形资产
　　C. 预付账款　　　　　　　　D. 固定资产
【答案】　BD
【解析】　AC 属于流动资产。

【例 2-6】（多选题）下列项目属于流动资产的有（　　）。
　　A. 货币资金　　　　　　　　B. 交易性金融资产
　　C. 预收账款　　　　　　　　D. 长期债权投资
【答案】　AB
【解析】　长期债权投资属于非流动资产；预收账款属于流动负债。

(二) 负债

1. 负债的含义与特征（表2-3）

表2-3　　　　　　　　　　负债的含义与特征

要素名称	含　义	特　征	分　析
负债	负债是指企业过去的交易或者事项形成的，预期会导致经济利益流出企业的现时义务。	（1）负债是由企业过去的交易或者事项形成的。	正在筹划的未来交易或事项，如企业的业务计划、购货合同（于3个月后购入一台10万元设备）不属于负债。
		（2）负债是企业承担的现时义务（不是潜在义务）。	现时义务可以是法定义务，也可以是推定义务。现时义务是指企业在现行条件下已承担的义务。未来发生的交易或者事项形成的义务不属于现时义务，不应当确认为负债。
		（3）负债预期会导致经济利益流出企业。这是负债的一个本质特征。	只有企业在履行义务时会导致经济利益流出，该现时义务才符合负债的定义，如果不会导致企业经济利益的流出，就不符合负债的定义。

真题解析

【例2-7】（单选题）负债是指过去的交易或事项形成的、预期会导致经济利益流出企业的（　　）。

A. 现时义务　　B. 推定义务　　C. 法定义务　　D. 潜在义务

【答案】A

【解析】负债是企业承担的现时义务，不是潜在义务。

【例2-8】（多选题）负债的特征有（　　）。

A. 由于过去交易或事项所引起　　B. 由企业拥有或者控制

C. 承担的现时义务　　　　　　　D. 最终要导致经济利益流出企业

【答案】ACD

【解析】选项B属于资产的特征。

2. 负债的确认条件

将一项现时义务确认为负债，需要符合负债的定义，还应当同时满足以下两个条件：

（1）与该义务有关的经济利益很可能流出企业；

（2）未来流出的经济利益的金额能够可靠地计量。

3. 负债的分类（表2-4）

按偿还期限的长短，一般将负债分为流动负债和非流动负债。

表 2-4 负债的分类

类 别	概 念	举 例
流动负债	是指预计在一个正常营业周期内偿还,或者主要为交易目的而持有,或者自资产负债表日起一年内(含一年)到期应予以清偿,或者企业无权自主地将清偿推迟至资产负债表日以后一年以上的负债。	短期借款、应付票据、应付账款、预收款项、应付职工薪酬、应交税费、应付利息、应付股利、其他应付款等。
非流动负债	指流动负债以外的负债。	长期借款、应付债券、长期应付款等。

4. 负债的清偿方式

（1）用现金偿还；
（2）以实物资产偿还；
（3）以提供劳务偿还；
（4）部分转让资产,部分提供劳务偿还；
（5）将负债转为所有者权益。

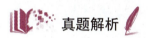

真题解析

【例 2-9】（多选题）下列属于流动负债的是（   ）。
　　A. 预付账款　　B. 应付票据　　C. 应付职工薪酬　　D. 所得税费用
【答案】　BC
【解析】　预付账款属于流动资产；所得税费用属于费用要素。

【例 2-10】（多选题）关于负债,下列各项表述中正确的有（   ）。
　　A. 负债按其流动性不同,分为流动负债和非流动负债
　　B. 负债通常是在未来某一时日通过交付资产或提供劳务来清偿
　　C. 正在筹划的未来交易事项,也会产生负债
　　D. 长期借款属于流动负债
【答案】　AB
【解析】　负债是企业承担的现时义务,不是潜在义务；长期借款属于非流动负债。

（三）所有者权益

1. 所有者权益的含义及特征（表2-5）

表 2-5 所有者权益的含义与特征

要素名称	含 义	特 征
所有者权益	所有者权益是指企业资产扣除负债后由所有者享有的剩余权益。公司的所有者权益又称为股东权益。	（1）除非发生减资、清算或分派现金股利,企业不需要偿还所有者权益。 （2）企业清算时,只有在清偿所有的负债后,所有者权益才返还给所有者。 （3）所有者凭借所有者权益能够参与企业利润的分配。

2. 所有者权益的确认条件

所有者权益的确认、计量主要取决于资产、负债、收入、费用等其他会计要素的确认和计量。所有者权益在数量上等于企业资产总额扣除债权人权益后的净额,即为企业的净资产,反映所有者(股东)在企业资产中享有的经济利益。

3. 所有者权益的分类

所有者权益的来源包括所有者投入的资本、直接计入所有者权益的利得和损失、留存收益等,具体表现为实收资本(或股本)、资本公积(含资本溢价或股本溢价、其他资本公积)、盈余公积和未分配利润。

所有者投入的资本是指所有者投入企业的资本部分,它既包括构成企业注册资本(实收资本)或者股本部分的金额,也包括投入资本超过注册资本或者股本部分的金额,即资本溢价或者股本溢价,这部分投入资本在我国企业会计准则体系中被计入了资本公积,并在资产负债表中的资本公积项目反映。

直接计入所有者权益的利得和损失,是指不应计入当期损益的、会导致所有者权益发生增减变动的、与所有者投入资本或者向所有者分配利润无关的利得或者损失。

留存收益是盈余公积和未分配利润的统称。

4. 所有者权益与资产的关系

所有者权益与负债共同构成企业全部资产的来源,但二者却有着本质的不同。

所有者权益与企业特定的、具体的资产并无直接关系,它并不与企业任何具体的资产项目发生对应关系。所有者权益只是在整体上、在抽象的意义上与企业的资产保持数量关系。

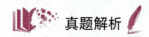
真题解析

【例2-11】 (单选题)所有者权益在数量上等于( )。

A. 所有者的投资 B. 实收资本与未分配利润之和
C. 实收资本与资本公积之和 D. 全部资产减去全部负债后的净额

【答案】 D

【解析】 所有者权益在数量上等于全部资产减去全部负债后的净额。

【例2-12】 (单选题)下列属于所有者权益的是( )。

A. 长期股权投资 B. 应付股利
C. 盈余公积 D. 投资收益

【答案】 C

【解析】 所有者权益包括实收资本(或者股本)、资本公积、盈余公积和未分配利润。

【例2-13】 (判断题)所有者权益与企业特定的、具体的资产并无直接关系,不与企业任何具体的资产项目发生对应关系。( )

【答案】 √

【解析】 所有者权益与企业特定的、具体的资产并无直接关系,它并不与企业任何具体的资产项目发生对应关系。所有者权益只是在整体上、在抽象的意义上与企业的资产保持数量关系。

【例2-14】 (单选题)投资人投入的资金和债权人投入的资金,投入企业后,形成企业的( )。

　　A. 成本　　　　B. 所有者权益　　　　C. 资产　　　　D. 负债

【答案】 C

【解析】 所有者权益与负债共同构成企业全部资产的来源。

(四) 收入

1. 收入的含义与特征（表2-6）

表2-6　　　　　　　　　　　　　收入的含义与特征

要素名称	含　义	特　征	备　注
收入	收入是指企业在日常活动中形成的、会导致所有者权益增加的、与所有者投入资本无关的经济利益的总流入。	(1) 收入是企业在日常活动中形成的。 (2) 收入会导致所有者权益的增加。 (3) 收入是与所有者投入资本无关的经济利益的总流入。	(1) 日常活动是指企业为完成其经营目标所从事的经常性活动以及与之相关的活动。 (2) 明确界定日常活动是为了将收入与利得相区分，因为企业非日常活动所形成的利益的流入不能确认为收入，而应当计入利得。 收入→日常活动 利得→非日常活动 (3) 企业的利得：接受捐赠、固定资产和无形资产等长期资产的处置净收益、罚金收益等。 (4) 企业的收入：销售商品、出租无形资产和固定资产、销售原材料、提供劳务收入等。

2. 收入的确认条件

收入的确认除了应当符合定义外，至少应当符合以下条件：

(1) 与收入相关的经济利益应当很可能流入企业；

(2) 经济利益流入企业的结果会导致资产的增加或者负债的减少；

(3) 经济利益的流入额能够可靠计量。

3. 收入的分类（表2-7）

表2-7　　　　　　　　　　　　　收入的分类

分类标准	类　别	备　注
性质不同	销售商品收入	销售商品、产品、半成品等均属于销售商品收入。
	提供劳务收入	提供技术服务、设计、咨询等所获得的收入。
	让渡资产使用权收入	出租房屋、设备、包装物、出借资金等所获得的收入。
地位不同	主营业务收入	由企业的主营业务所带来的收入，它一般在企业营业收入中所占的比重很大。
	其他业务收入	是除主营业务活动以外的其他经营活动实现的收入，它一般在企业营业收入中所占的比重很小，如原材料销售收入、包装物出租收入等。

真题解析

【例2-15】（单选题）下列各项中，不属于收入的是（　　）。
　　A. 提供劳务的收入　　　　　　　B. 销售材料的收入
　　C. 营业外收入　　　　　　　　　D. 固定资产租金收入
【答案】 C
【解析】 营业外收入并不是企业在日常活动中形成的。

【例2-16】（判断题）收入是指导致所有者权益增加的经济利益的总流入。（　　）
【答案】 ×
【解析】 收入是指企业在日常活动中形成的、会导致所有者权益增加的、与所有者投入资本无关的经济利益的总流入。

【例2-17】（单选题）下列各项会引起收入增加的是（　　）。
　　A. 销售库存商品　　　　　　　　B. 变卖报废设备
　　C. 出售专有技术所有权　　　　　D. 取得投资人投入资金
【答案】 A
【解析】 收入是指企业在日常活动中形成的，选项BC属于在非日常活动形成的，属于企业的利得；选项D，投资人投入的资金称为资本而不属于收入。

（五）费用
1. 费用的含义与特征（表2-8）

表2-8　　　　　　　　　　费用的含义与特征

要素名称	含义	特征	备注
费用	费用是指企业在日常活动中发生的、会导致所有者权益减少的、与向所有者分配利润无关的经济利益的总流出。	(1) 费用是企业在日常活动中发生的。 (2) 费用会导致所有者权益的减少。 (3) 费用是与向所有者分配利润无关的经济利益的总流出。	(1) 将费用界定为日常活动所形成的，是为了将其与损失相区分，因为企业非日常活动所形成的经济利益的流出不能确认为费用，而应当计入损失。 费用→日常活动 损失→非日常活动 (2) 费用的实质是资产的耗费，但并不是所有的资产耗费都是费用。因此，就需明确什么样的资产耗费应确认为费用。 (3) 由于发生费用的目的是为了取得收入，那么费用的确认就应当与收入的确认相联系。

2. 费用的确认条件
费用的确认除了应当符合定义外，至少应当符合以下条件：
（1）与费用相关的经济利益应当很可能流出企业；
（2）经济利益流出企业的结果会导致资产的减少或者负债的增加；
（3）经济利益的流出额能够可靠计量。

3．费用的分类

费用包括生产费用与期间费用。

生产费用是指与企业日常生产经营活动有关的费用,按其经济用途可分为直接材料、直接人工和制造费用。生产费用应按其实际发生情况计入产品的生产成本;对于生产几种产品共同发生的生产费用,应当按照受益原则,采用适当的方法和程序分配计入相关产品的生产成本。

期间费用是指企业本期发生的、不能直接或间接归入产品生产成本,而应直接计入当期损益的各项费用,包括管理费用、销售费用和财务费用。

4．费用与成本联系、区别

联系主要表现在:成本是按一定的产品而言所发生的费用,是按照产品品种等成本计算对象对当期发生的费用进行归集而形成的。

区别主要表现在:费用是资产的耗费,它与一定的会计期间相联系,而与生产哪一种产品无关;成本与一定种类和数量的产品相联系,而不论发生在哪一个会计期间。

企业的产品销售后,其生产成本就转化为销售当期的费用,称为产品销售成本或主营业务成本。

真题解析

【例2-18】（判断题）损失即费用,计入损失即入当期费用。（   ）

【答案】 ×

【解析】 费用是指企业在日常活动中发生的、会导致所有者权益减少的、与向所有者分配利润无关的经济利益的总流出,而损失是非日常活动中发生的支出,二者具有本质的区别。

【例2-19】（单选题）下列选项中正确的是（   ）。

　　A．只有日常经营活动才会产生支出

　　B．收入是在日常活动中形成的、会导致所有者权益增加的、与所有者投入资本无关的经济利益的总流入

　　C．经济利益的流入必然是由收入形成的

　　D．费用就是成本

【答案】 B

【解析】 支出在什么时候都会有,经济利益的流入不一定是收入形成,费用必须对象化才能称为成本。

【例2-20】（判断题）费用是资产的耗费,它与一定的会计期间相联系,而与生产哪一种产品无关。（   ）

【答案】 √

【解析】 费用是资产的耗费,它与一定的会计期间相联系,而与生产哪一种产品无关;成本与一定种类和数量的产品相联系,而不论发生在哪一个会计期间。

【例2-21】（单选题）下列费用不应计入产品成本,而应列作期间费用的是（   ）。

　　A．车间间接费用　　　　　　　　　　B．厂部管理部门费用

　　C．直接人工费用　　　　　　　　　　D．直接材料费用

【答案】 B

【解析】 选项A计入制造费用归集,最终分配计入产品成本,选择C、D可直接计入相关资产成本,选项B通过管理费用核算。

(六) 利润

1. 利润的含义与特征

利润是指企业在一定会计期间的经营成果。利润反映收入减去费用、直接计入当期损益的利得减去损失后的净额。

通常情况下,如果企业实现了利润,表明企业的所有者权益将增加,业绩得到了提升;反之,如果企业发生了亏损(即利润为负数),表明企业的所有者权益将减少,业绩下降。利润是评价企业管理层业绩的指标之一,也是投资者等财务会计报告使用者进行决策时的重要参考依据。

2. 利润的确认条件

利润的确认主要依赖于收入和费用,以及直接计入当期利润的利得和损失的确认,其金额的确定也主要取决于收入、费用、利得、损失金额的计量。

3. 利润的分类

利润包括收入减去费用后的净额、直接计入当期损益的利得和损失等。其中,收入减去费用后的净额反映企业日常活动的经营业绩;直接计入当期损益的利得和损失反映企业非日常活动的业绩。即:

利润 = 日常活动 + 非日常活动 = 营业利润 + 非营业利润

直接计入当期损益的利得和损失,是指应当计入当期损益的、最终会引起所有者权益发生增减变动的、与所有者投入资本或者向所有者分配利润无关的利得或者损失。企业应当严格区分收入和利得、费用和损失,以便全面反映企业的经营业绩。

直接计入当期利润的利得和损失在我国会计准则体系中被计入了营业收入和营业外支出,并在利润表中予以反映。

利润一般包括营业利润、利润总额和净利润。

表2-9 收入、费用和利得、损失的比较

内容\项目	收入	利得	费用	损失
概念	企业在日常活动中所形成的、会导致所有者权益增加的、与所有者投入资本无关的经济利益的总流入。	由企业非日常活动所形成的、会导致所有者权益增加的、与所有者投入资本无关的经济利益的流入。	企业在日常活动中发生的、会导致所有者权益减少的、与向所有者分配利润无关的经济利益的总流出。	由企业非日常活动所发生的、会导致所有者权益减少的、与向所有者分配利润无关的经济利益的流出。
差异分析	(1) 利得、损失强调的是"非"日常活动,而收入、费用则是产生于日常活动; (2) 利得、损失强调的是"净流入"、"净流出"的概念,收入、费用强调的是"总流入"、"总流出"的概念。			
说明	企业的日常活动与企业非日常活动,由于行业性质的差异,不同企业的日常活动也不同。通常的工业性企业,其日常活动多为采购、生产、销售,此外,投资也是属于企业的日常活动。而对于企业的非日常活动,较为典型的为固定资产的处置、捐赠收支、债务重组等。			

总结六大要素之间的关系，如表2-10所示。

表2-10

资产＝负债＋所有者权益	收入－费用＝利润
资金运动的静态表现	资金运动的动态表现
表明资产的来源与归属	表明经营成果与相应期间收入和费用的关系
编制资产负债表的依据	编制利润表的依据

真题解析

【例2-22】（判断题）利润是收入与成本配比相抵后的差额，是经营成果的最终要素。（　　）

【答案】　×

【解析】　利润是收入减去费用后的净额、直接计入当期利润的利得和损失。

【例2-23】（综合题）

华中公司2015年12月发生部分经济业务所涉及的项目如表2-11所示。

要求：表2-11中所涉及项目能否确认为某一会计要素？如能，应确认为哪一个会计要素。

【答案】　见表2-11。

表2-11

序号	项　目	金额（元）	能否确认为某一会计要素	具体会计要素
1	向银行提现,存放在财会部门的现金	2 400	能	资产
2	销售商品应收客户的货款	600 000	能	资产
3	一台已经废弃、不能再使用的机器	265 000	不能	
4	向银行申请并取得一笔5年期借款	400 000	能	负债
5	接受某一投资者投入的资本	2 000 000	能	所有者权益
6	公司从东升公司临时租用一套设备	580 000	不能	
7	公司决定下月购买房产一套	800 000	不能	
8	销售商品,收入实现	560 000	能	收入
9	从银行借入5年期贷款而产生的应付利息	16 000	能	负债
10	发生的水电费	7 200	能	费用
11	因违约而支付的罚款	1 200	能	利润
12	生产产品而耗用的原材料	460 000	能	费用
13	根据税法规定计算的应交税费	34 000	能	负债
14	向希望工程捐款	150 000	能	利润
15	留待以后年度分配的利润	1 340 000	能	所有者权益

【解析】 要确定某项目能否作为某一会计要素,除了要满足会计要素的定义外,还应同时具备会计确认的两个条件:一是与该项目有关的经济利益很可能(概率超过50%)流入或流出企业;二是与该项目有关的经济利益能够可靠地计量。

三、会计要素的计量

会计要素的计量是为了将符合确认条件的会计要素登记入账并列报于财务报表而确定其金额的过程。企业应当按照规定的会计计量属性进行计量,确定相关金额。

(一)会计计量属性及其构成(表2-12)

会计计量属性是指会计要素的数量特征或外在表现形式,反映了会计要素金额的确定基础,主要包括历史成本、重置成本、可变现净值、现值和公允价值等。

表2-12　　　　　　　　　　会计计量属性

计量属性	含　义	一般适用对象
历史成本	历史成本,又称为实际成本,是指为取得或制造某项财产物资实际支付的现金或其他等价物。	多用于对企业资产、负债和所有者权益等项目的计量。
重置成本	重置成本,又称现行成本,是指按照当前市场条件,重新取得同样一项资产所需要支付的现金或者现金等价物金额。	在实务中,重置成本多应用于盘盈固定资产的计量等。
可变现净值	可变现净值是指在正常的生产经营过程中,以预计售价减去进一步加工成本和预计销售费用以及相关税费后的净值。	可变现净值通常应用于存货资产减值情况下的后续计量。
现值	现值是指对未来现金流量以恰当的折现率进行折现后的价值,是考虑货币时间价值的一种计量属性。	现值通常用于非流动资产可收回金额、以摊余成本计量的金融资产。
公允价值	公允价值是指市场参与者在计量日发生的有序交易中,出售一项资产所能收到或者转移一项负债所需支付的价格。	公允价值主要应用于交易性金融资产、可供出售金融资产的计量等。

(二)计量属性的运用原则

企业在对会计要素进行计量时,一般应当采用历史成本。采用重置成本、可变现净值、现值、公允价值计量的,应当保证所确定的会计要素金额能够持续取得并可靠计量。

我国引入公允价值是适度、谨慎和有条件的。

在投资性房地产和生物资产等具体准则中规定,只有存在活跃市场、公允价值能够取得并可靠计量的情况下,才能采用公允价值计量。

真题解析

【例2-24】 (单选题)企业在对会计要素进行计量时,一般应当采用(　　)。
　　A. 重置成本　　B. 历史成本　　C. 可变净现值　　D. 公允价值
【答案】　B

【解析】会计计量属性主要包括历史成本、重置成本、可变现净值、现值、公允价值,企业在对会计要素进行计量时,一般应当采用历史成本。

【例2-25】(单选题)资产按照购买时所支付的现金或者现金等价物的金额计量的价值,称为(　　)。

　　A. 历史成本　　B. 重置成本　　C. 公允价值　　D. 现值

【答案】A

【解析】在历史成本计量下,资产按照购置时支付的现金或者现金等价物的金额,或者按照购置资产时所付出的对价的公允价值计量。

【例2-26】(单选题)存货资产的后续计量常用的会计计量属性是(　　)。

　　A. 历史成本　　B. 重置成本　　C. 可变现净值　　D. 现值

【答案】C

【解析】可变现净值在会计核算时常用于存货的计量。

任务二　建立会计等式

会计等式,又称会计恒等式、会计方程式或会计平衡公式,它是表明各会计要素之间基本关系的等式(会计要素之间平衡关系的计算等式)。会计等式揭示了会计要素之间的内在联系,从实质上看,会计等式揭示了会计主体的产权关系、基本财务状况和经营成果。

一、会计等式的表现形式

(一)财务状况等式

财务状况等式,亦称基本会计等式和静态会计等式,是用以反映企业某一特定时点资产、负债和所有者权益三者之间平衡关系的会计等式。即:

$$资产 = 负债 + 所有者权益$$

企业的资产只有两个来源渠道和归属,一部分资产来源归属于债权人,另一部分来源归属于所有者。归属于债权人的部分形成负债(即债权人权益),归属于所有者的部分形成所有者权益。债权人权益和所有权权益统称为权益。资产与权益之间存在着相互依存的关系,没有资产,就没有权益;同样,企业拥有的资产也不能脱离权益而存在。所以可用公式表示为:

$$资产 = 权益$$

企业的资产来源于企业的债权人和所有者,又分为债权人权益和所有者权益,在会计上归属债权人的权益即为负债,于是,上式可以写成:

$$资产 = 负债 + 所有者权益$$

该等式表明了企业任何一个时点资产的分布状况及其形成来源。资产表明的是资源在企业存在、分布的形态,而权益表明资源取得和形成的渠道。无论在什么时点,资产与负债和所有者权益都应该保持上述恒等关系。从数量上看,任何一个企业的资产总额与权益(负债与所有者权益)总额必定相等。该等式反映的是企业资金的相对静止状态,也称为静态会计等式。

理解该等式,要注意以下三个方面:

(1) 等式中的资产、负债、所有者权益针对的是同一时点,否则等式不成立。

(2) 负债总是位于所有者权益之前,这种顺序的排列不是随机的,而是有其特定的经济意义。

(3) 从数量上看,有一定数额的资产,必然有一定数额的负债和所有者权益;反之有一定数额的负债和所有者权益,也必然有一定数额的资产。

这一等式是复式记账法的理论基础,也是编制资产负债表的依据。

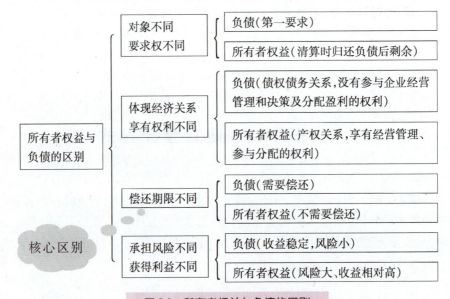

图 2-1 所有者权益与负债的区别

真题解析

【例2-27】 (单选题)某日,大华公司的资产总计为3 600万元,流动负债合计为900万元、所有者权益合计为1 200万元,则当日大华公司的非流动负债应当为(   )。

A. 2 700万元   B. 2 400万元   C. 2 100万元   D. 1 500万元

【答案】 D

【解析】 资产 = 负债 + 所有者权益

负债总额 = 3 600 - 1 200 = 2 400(万元)

负债总额 = 流动负债合计 + 非流动负债合计

非流动负债合计 = 2 400 - 900 = 1 500(万元)

【例2-28】 (单选题)关于所有者权益与负债的区别,下列说法中不正确的是(   )。

A. 负债的求偿力高于所有者权益

B. 所有者的投资收益取决于企业的经营成果

C. 债权人的求偿权有固定到期日

D. 所有者承受的风险低于债权人

【答案】 D
【解析】 所有者承受的风险高于债权人。

【例2-29】（判断题）资产与负债和所有者权益实际上是企业所拥有的经济资源在同一时点上所表现的不同形式。（ ）

【答案】 √

【解析】 无论在什么时点，资产与负债和所有者权益都应该保持上述恒等关系。资产表明的是资源在企业存在、分布的形态，而权益表明资源取得和形成的渠道。

（二）经营成果等式

经营成果等式，亦称动态会计等式，是用以反映企业一定时期收入、费用和利润之间恒等关系的会计等式。

企业在取得收入的同时，也必然要发生相应的费用，通过收入与费用的比较，才能计算确定一定会计期间的盈利水平，确定最终经营成果。在不考虑利得和损失的情况下，他们之间的内在联系用公式表示为：

$$收入 - 费用 = 利润$$

当收入 > 费用时，表明企业实现了盈利

当收入 < 费用时，表明企业发生了亏损

这一等式反映了利润的实现过程，因此，也被成为动态会计等式，是编制利润表的依据。

要从以下三个方面理解该等式：

（1）该等式表明了企业在一定会计期间的经营成果与相应的收入、费用之间的关系，说明了企业利润的形成过程；

（2）该等式反映的是企业资金的绝对运动形式，也称为动态会计等式，是编制利润表的基础；

（3）在实际工作中，收入 - 费用 ≠ 利润，由于收入属于日常活动中产生的经济利益的流入，不包括非日常活动所形成的利得，费用属于日常活动中导致的经济利益的流出，也不包括非日常活动所形成的损失，所以，收入减去费用，并经过相关利得和损失调整后，才等于利润。

真题解析

【例2-30】（多选题）企业收入的取得可能影响下列会计要素的情况有（   ）。

A. 资产的增加 B. 负债的减少
C. 费用的减少 D. 所有者权益的增加

【答案】 ABD

【解析】 收入的取得必定会导致经济利益的流入。它可能表现为资产的增加，如增加银行存款、应收账款；可能表现为负债的减少，如以商品或劳务抵偿债务；还可能两者兼而有之，如商品销售的货款中的一部分抵偿债务，另一部分收取现金。

【例2-31】（多选题）下列反映资金运动动态表现的会计要素有（   ）。

A. 资产 B. 负债 C. 收入 D. 利润

【答案】 CD
【解析】 收入、费用和利润属于动态表现的会计要素。

（三）动静结合的等式

静态会计等式反映企业资金运动的静态状况,反映企业财务状况;而动态等式反映企业资金运动的动态状况,反映企业的经营成果。平时,企业的资金运动既有静态又有动态,是一个动静结合的状态,这就产生了动静结合的第三等式:

资产 = 负债 + 所有者权益 + (收入 − 费用)

费用 + 资产 = 负债 + 所有者权益 + 收入

资产 = 负债 + 所有者权益 + 利润

表 2-13　　　　　　　　　两类会计等式之间的关系

联　系	区　别
收入与费用配比后形成的利润是所有者权益的重要构成部分,收入、费用的变化会引起所有者权益的变动。	静态会计等式是反映企业财务状况的会计等式,反映的是资金运动的静态方面,反映的是某一特定时点的财务状况(日期的存量),是编制资产负债表的依据。
	动态会计等式是反映企业经营成果的会计等式,反映的是资金运动的动态方面,反映的是某一会计期间的经营成果(期间的增量),是编制利润表的依据。

表 2-14　　　　　　　　　会计要素之间的关系

时点	关系
期初	资产 = 负债 + 所有者权益
会计期中,结账之前	资产 = 负债 + 所有者权益 + (收入 − 费用)
期末结账之后	资产 = 负债 + 所有者权益

"资产 = 负债 + 所有者权益 + (收入 − 费用)"这一等式反映了会计主体的财务状况与经营成果之间的相互关系,揭示了会计要素之间的相互关系,也构成了资产负债表和利润表的联系纽带。

真题解析

【例 2-32】 (单选题)下列属于会计恒等式的是(　　)。

A. 资产 = 负债 + 所有者权益
B. 收入 − 费用 = 利润
C. 资产 = 负债 + 所有者权益 + 利润
D. 资产 = 负债 + 所有者权益 + (收入 − 费用)

【答案】 A
【解析】 选项 BCD 属于会计等式,但不是会计恒等式。

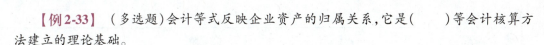

【例2-33】（多选题）会计等式反映企业资产的归属关系，它是( )等会计核算方法建立的理论基础。

A. 财产清查　　B. 复式记账　　C. 设置账户　　D. 编制会计报表

【答案】 BCD

【解析】 资产与权益的恒等关系是复式记账法的理论基础，也是企业会计中设置账户、试算平衡和编制资产负债表的理论依据。

【例2-34】（单选题）下列属于静态会计等式的是( )。

A. 收入－费用＝利润
B. 资产＝负债＋所有者权益
C. 资产＝负债＋所有者权益＋利润
D. 资产＝负债＋所有者权益＋（收入－费用）

【答案】 B

【解析】 ACD属于动态等式。

二、经济业务对会计等式的影响

经济业务，又称会计事项，是指在经济活动中使会计要素发生增减变动的交易或者事项。

企业经济业务按其对财务状况等式的影响不同可以分为以下九种基本类型：

（1）一项资产增加、另一项资产等额减少的经济业务；
（2）一项资产增加、一项负债等额增加的经济业务；
（3）一项资产增加、一项所有者权益等额增加的经济业务；
（4）一项资产减少、一项负债等额减少的经济业务；
（5）一项资产减少、一项所有者权益等额减少的经济业务；
（6）一项负债增加、另一项负债等额减少的经济业务；
（7）一项负债增加、一项所有者权益等额减少的经济业务；
（8）一项所有者权益增加、一项负债等额减少的经济业务；
（9）一项所有者权益增加、另一项所有者权益等额减少的经济业务。

上述九种情况如表2-15所示。

表2-15

经济业务	资　产	负　债	所有者权益
第一种类型	增加、减少		
第二种类型	增加	增加	
第三种类型	增加		增加
第四种类型	减少	减少	
第五种类型	减少		减少
第六种类型		增加、减少	

续表

经济业务	资产	负债	所有者权益
第七种类型		增加	减少
第八种类型		减少	增加
第九种类型			增加、减少

上述九类基本经济业务的发生均不影响财务状况等式的平衡关系,具体分为三种情形:

基本经济业务(1)、(6)、(7)、(8)、(9)使财务状况等式左右两边的金额保持不变;

基本经济业务(2)、(3)使财务状况等式左右两边的金额等额增加;

基本经济业务(4)、(5)使财务状况等式左右两边的金额等额减少。

结论:

每一项经济业务的发生,都必然会引起会计等式的一方或双方有关项目相互联系的等量变化,即当涉及会计等式的一方时,有关项目的数额发生相反方向等额变动;而当涉及会计平衡公式的两方时,有关项目的数额必然会发生相同方向的等额变动,但始终不会打破会计等式的平衡关系。

真题解析

【例2-35】 (单选题)某公司月初资产总额为1 000万元,本月发生下列业务:
(1) 以银行存款购买原材料100万元;
(2) 向银行借款600万元,款项存入银行;
(3) 以银行存款归还欠货款300万元;
(4) 收回应收账款200万元,款项已存入银行。
则月末该公司资产总额为(　　)万元。
　　A. 1 000　　　　B. 1 100　　　　C. 1 300　　　　D. 1 600
【答案】 C
【解析】 月末该公司资产总额=1 000+600-300=1 300(万元)。

【例2-36】 (单选题)某公司1月初资产总额250 000元,负债总额为100 000元,1月份发生下列经济业务:取得收入共计70 000元,发生费用共计50 000元,则1月底该企业的所有者权益总额为(　　)元。
　　A. 310 000　　　B. 180 000　　　C. 100 000　　　D. 170 000
【答案】 D
【解析】 1月底该企业的所有者权益总额=(250 000-100 000)+70 000-50 000=170 000(元)。

【例2-37】 (单选题)某企业从银行提取现金50万元,准备向员工发放工资,该事项会导致(　　)。
　　A. 负债不变,资产内部项目之间有增有减
　　B. 资产减少50万元,负债减少50万元
　　C. 资产增加50万元,负债总额不变

D. 资产总额不变,负债减少 50 万元

【答案】 A

【解析】 此业务引起资产内部一增一减,负债和所有者权益不变。

【例2-38】 (单选题)一项资产增加、一项负债增加的经济业务发生后,都会使资产与权益原来的总额(　　)。

　　A. 发生同减的变动　　　　　　B. 发生同增的变动
　　C. 发生不等额的变动　　　　　D. 不会变动

【答案】 B

【解析】 一项资产增加、一项负债增加的经济业务发生后,都会使资产与权益原来的总额发生同增的变动。

【例2-39】 (单选题)在下列经济业务中,只能引起同一个会计要素内部增减变动的业务是(　　)。

　　A. 用银行存款归还前欠货款　　B. 取得借款存入银行
　　C. 赊购原材料　　　　　　　　D. 用银行存款购买材料

【答案】 D

【解析】 选项 ABC 引起资产和负债两个会计要素增减变动。

【例2-40】 (多选题)企业销售产品一批,成本 50 万元,售价 80 万元,已收款 60 万元,其余 20 万元尚未收到(假设不考虑税金)。该项业务会引起(　　)。

　　A. 资产增加 10 万元　　　　　B. 资产增加 30 万元
　　C. 收入增加 80 万元　　　　　D. 收入增加 60 万元

【答案】 BC

【解析】 此项经济业务引起资产和收入同时增加,资产增加 80－50＝30(万元),收入增加 80 万元。

【例2-41】 (判断题)资产和负债不会发生一增一减的变化。(　　)

【答案】 √

【解析】 根据会计等式"资产＝负债＋所有者权益",所有者权益不变,资产和负债不会发生一增一减的变化。

项目小结

企业的会计对象为资金运动,会计的具体对象即为"会计要素"。会计要素包括资产、负债、所有者权益、收入、费用、利润六大要素。本项目主要讲述了会计要素的含义、特征、确认和分类以及会计等式的内容。

实践演练

一、单项选择题

1. 下列关于所有者权益的说法,不正确的是(　　)。
　　A. 所有者权益包括实收资本(或股本)、资本公积、盈余公积和未分配利润等

B. 所有者权益的金额等于资产减去负债后的余额

C. 盈余公积和未分配利润又统称为留存收益

D. 所有者权益包括实收资本(或股本)、资本公积、盈余公积和留存收益等

2. 下列对资产的表述中,不正确的是(　　)。

　　A. 资产是由过去的交易或事项形成的

　　B. 资产必须为企业拥有或控制

　　C. 资产预期会给企业带来经济利益

　　D. 资产预期会导致经济利益流出企业

3. 下列等式不正确的是(　　)。

　　A. 资产＝负债＋所有者权益

　　B. 期末资产＝期末负债＋期初所有者权益

　　C. 期末资产＝期末负债＋期初所有者权益＋本期增加的所有者权益－本期减少的所有者权益

　　D. 债权人权益＋所有者权益＝负债＋所有者权益

4. 下列关于收入的表述中,不正确的是(　　)。

　　A. 收入是企业在销售商品,提供劳务及让渡资产使用权等日常活动中所形成的经济利益的总流入

　　B. 收入包括主营业务收入和其他业务收入

　　C. 收入包括主营业务收入、其他业务收入和营业外收入

　　D. 企业应当根据收入的性质,按照收入的确认原则,合理地确认和计量各项收入

5. 下列项目中不属于期间费用的是(　　)。

　　A. 制定费用　　B. 管理费用　　C. 财务费用　　D. 销售费用

6. (　　)是对会计对象的基本分类。

　　A. 会计科目　　B. 会计账户　　C. 会计要素　　D. 会计方法

7. 资本溢价是所有者投入资本中超过(　　)的部分。

　　A. 全部资本　　B. 注册资本　　C. 资本公积　　D. 盈余公积

8. 所有者权益是企业投资人对企业(　　)的所有权。

　　A. 资产　　　　B. 负债　　　　C. 净资产　　　D. 收入

9. 以下费用中可计入产品成本的有(　　)。

　　A. 销售费用　　B. 管理费用　　C. 财务费用　　D. 制造费用

10. 企业从银行取得借款直接偿还应付购货款,所属经济业务类型是(　　)。

　　A. 资产项目之间此增彼减　　　　B. 权益项目之间此增彼减

　　C. 资产项目和权益项目同增　　　D. 资产项目和权益项目同减

11. 收回应收账款 65 000 元,存入银行。这一业务引起的会计要素的变动是(　　)。

　　A. 资产总额不变　　　　　　　　B. 资产增加,负债增加

　　C. 资产增加,负债减少　　　　　D. 资产减少,负债增加

12. 在"资产＝负债＋所有者权益"这一会计恒等式的右端,两个因素的位置(　　)。

　　A. 不能颠倒　　　　　　　　　　B. 可以颠倒

　　C. 没有顺序要求　　　　　　　　D. 在一定条件下可以颠倒

13. 引起资产和负债同时增加的交易或事项是( )。
    A. 以银行存款购入原材料一批　　B. 以银行存款支付前欠货款
    C. 收回应收账款存入银行　　　　D. 购入电视机一台,款暂欠
14. 经济业务发生仅涉及负债这一会计要素时,只引起该要素中某些项目发生( )变动。
    A. 同增　　　B. 同减　　　C. 一增一减　　　D. 不增不减
15. ( )既反映了会计对象要素间的基本数量关系,同时也是复式记账法的理论依据。
    A. 会计科目　　B. 会计平衡公式　　C. 计账符号　　D. 账户
16. 表明资产与权益任一时点在数量上均保持平衡关系的等式是( )。
    A. 期初余额+本期增加额-本期减少额=期末余额
    B. 总分类账户余额=所属明细分类账户余额之和
    C. 总分类账户发生额=所属明细分类账户发生额之和
    D. 资产=负债+所有者权益
17. 会引起一项负债减少,而另一项负债增加的经济业务是( )。
    A. 用银行存款购买材料　　　　　B. 以银行存款偿还银行贷款
    C. 以银行借款偿还应付账款　　　D. 将银行存款存入银行
18. 属于非流动负债的项目是( )。
    A. 应付账款　　B. 预付账款　　C. 应付债券　　D. 应付股利
19. 属于企业主营业务收入的是( )。
    A. 销售商品收入　　　　　　　　B. 材料销售收入
    C. 转让无形资产使用权收入　　　D. 包装物出租收入
20. 营业外收入应计入企业的( )。
    A. 资产　　　B. 所有者权益　　　C. 收入　　　D. 利润

二、多项选择题

1. 资产具有的基本特征有( )。
    A. 是由于过去交易或事项产生的　　B. 是有形的
    C. 是企业拥有或控制的　　　　　　D. 未来能够给企业带来经济利益
2. 收入是指企业在( )等日常活动中形成的经济利益的总流入。
    A. 销售商品　　　　　　　　　　B. 提供劳务
    C. 让渡资产使用权　　　　　　　D. 进行证券投资
3. 所有者权益包括( )。
    A. 实收资本　　B. 资本公积　　C. 盈余公积　　D. 未分配利润
4. 与计算主营业务利润有关的项目有( )。
    A. 营业务收入　　　　　　　　　B. 主营业务成本
    C. 主营业务税金及附加　　　　　D. 营业费用
5. 属于长期负债的有( )。
    A. 长期借款　　B. 应付债券　　C. 长期应付款　　D. 应付账款

6. 生产成本分为( )等成本项目。
   A. 直接材料   B. 直接人工   C. 制造费用   D. 管理费用
7. 经济业务的类型包括( )。
   A. 引起资产与权益同时增加的业务
   B. 引起资产内部有增有减、总额不变的业务
   C. 引起资产与权益同时减少的业务
   D. 引起权益内部有增有减、总额不变的业务
8. 取得收入可能会导致下列会计要素变动的情况有( )。
   A. 资产和收入同时增加
   B. 收入、资产增加,负债减少
   C. 收入增加,负债减少
   D. 收入、资产减少,负债增加
9. 下列关于会计等式的说法中,正确的有( )。
   A. "资产=负债+所有者权益"是最基本的会计等式,表明了会计主体在某一特定时期所拥有的各种资产与债权人、所有者之间的动态关系
   B. "收入-费用=利润"这一等式动态地反映经营成果与相应期间的收入和费用之间的关系,是企业编制利润表的基础
   C. "资产=负债+所有者权益"这一会计等式说明了企业经营成果对资产和所有者权益所产生的影响,体现了会计六要素之间的内在联系
   D. 企业各项经济业务的发生并不会破坏会计基本等式的平衡关系
10. 反映资产或者负债的现时成本或者现时价值的计量属性有( )。
    A. 重置成本   B. 可变现净值   C. 公允价值   D. 现值
11. 属于企业债权的有( )。
    A. 应收账款   B. 应付账款   C. 预收账款   D. 预付账款
12. 引起资产和负债同时增加的经济业务有( )。
    A. 赊购材料   B. 从银行提取现金
    C. 以银行存款购入材料   D. 向银行借款并将款项存入银行
13. 反映企业财务状况的会计要素有( )。
    A. 资产   B. 负债   C. 所有者权益   D. 利润
14. 利润是指企业在一定会计期间的经营成果,包括( )。
    A. 投资收益   B. 营业利润   C. 营业外收支   D. 净利润
15. 属于企业流动资产的有( )。
    A. 库存现金和银行存款   B. 预收账款
    C. 应收账款   D. 存货
16. 属于存货的有( )。
    A. 库存现金   B. 厂房
    C. 库存原材料   D. 尚未出售的产成品
17. 属于固定资产的有( )。
    A. 机器设备   B. 运输车辆   C. 仓库   D. 原材料

18. 一项所有者权益减少的同时,可能会引起( )。
    A. 一项资产增加　　　　　　B. 一项负债增加
    C. 一项负债减少　　　　　　D. 一项资产减少
19. "资产 = 负债 + 所有者权益"是( )的理论基础或理论依据。
    A. 编制利润表　　　　　　　B. 编制资产负债表
    C. 编制现金流量表　　　　　D. 复式记账法
20. 属于资产项目与负债项目同时增加的有( )。
    A. 向银行借入款项存入银行　B. 销货款存入银行
    B. 购进商品,货款未付　　　　D. 商品售出,货款未收

三、判断题

1. 会计要素是指对会计对象进行的基本分类,是会计对象的具体化,也是会计核算内容的具体化。( )
2. 资产、负债和所有者权益三项会计要素是资金运动的动态表现,反映企业的财务状况,是资产负债表的基本要素。( )
3. 会计恒等式是复式记账法的理论基础和编制利润表的依据。( )
4. 库存中已失效或已毁损的商品,由于企业对其拥有所有权并且能够实际控制,因此应该作为本企业的资产。( )
5. "坏账准备"、"长期投资减值准备"、"累计折旧"、"无形资产减值准备"科目均属于资产类科目。( )
6. 所有者权益是企业所有者在企业资产中享有的经济利益,其金额为企业的资产总额减去流动负债总额。( )
7. 按照我国的会计准则,负债不仅指现时已经存在的债务责任,还包括某些将来可能发生的、偶然事项形成的债务责任。( )
8. 企业在采用历史成本的情况下,要求对企业的资产、负债、所有者权益等项目的计量应当基于经济业务的实际交易成本,而不考虑随后市场变化的影响。( )
9. 利润包括收入减去费用后的净额、直接计入当期利润的利得和损失等。( )
10. 所有者权益和负债的区别包括两者的对象不同、两者体现的经济关系不同、两者的偿还期限不同、两者承担的风险不同。( )
11. 资产和权益在数量上始终是相等的。( )
12. 所有经济业务的发生,都会引起会计恒等式两边同时发生变化。( )
13. 资产与权益是同一事物两个不同的侧面,两者是辩证统一的。( )
14. 负债是企业现在的交易或事项所引起的现有义务。( )
15. 资产按流动性分为流动资产和固定资产。( )
16. 凡是长期收不回来的资产都属于长期投资。( )
17. 某一财产物资要成为企业的资产,其所有权必须属于企业。( )
18. 企业接受投资者投入及无偿捐赠的实物和货币,均属于企业的实收资本(或股本)。( )
19. 收入是指企业在销售商品、提供劳务及让渡资产使用权等日常活动中所形成的经济利益的总流入。( )

20. 若某项资产不能为企业带来经济利益，即使是由企业拥有或控制的，也不能作为企业的资产在资产负债表中列示。（　　）

四、业务题

（一）【资料】　某企业 2016 年年初资产总额 600 万元，负债 200 万元，所有者权益 400 万元，假设本年度 1 月份发生以下经济业务：

（1）收到外单位投资 40 万元存入银行；

（2）以现金存入银行存款 12 万元；

（3）以银行存款 10 万元偿还银行借款；

（4）以盈余公积 20 万元转增资本；

（5）采购员出差预借差旅费 1 万元；

（6）购买材料一批，货款 30 万元，增值税 5.1 万元，货款和税金尚未支付。

【要求】　根据以上资料计算业务发生后 1 月末的资产、负债、所有者权益各为多少。

（二）【资料】　新华工厂 2016 年 1 月 1 日资产、负债及所有者权益状况如表 2-16 所示。

表 2-16　　　　　新华工厂资产负债及所有者权益状况表

2016 年 1 月 1 日

内　容	金　额	会计要素名称	资金项目	金额(元)		
				资产	负债	所有者权益
生产车间厂房	150 000	资产	固定资产	150 000		
生产车床用的各种机床设备	300 000					
运输卡车	80 000					
正在装配中的车床	120 000					
已完工入库的车床	50 000					
制造车床用的库存钢材	100 000					
向新沪厂购入钢材的未付款项	25 000					
尚未缴纳的税金	10 000					
出借包装物收取的押金	1 200					
供应科采购员预借的差旅费	200					
国家投入的资本	600 000					
本月实现的利润	70 000					
生产科用的电子计算机	40 000					
从银行借入的短期借款	50 000					

续表

内容	金额	会计要素名称	资金项目	金额(元) 资产	负债	所有者权益
库存生产用汽油和油漆	3 300					
股东投入的资本	220 000					
存在银行的款项	133 000					
外商投入的资本	40 000					
财会部门库存现金	500					
库存生产用煤	1 000					
仓库用房屋	30 000					
应付供电局代扣职工电费	3 800					
应收售给光明厂的车床货款	35 000					
企业提存的应付福利费	20 000					
库存机器用润滑油	1 300					
生产用锅炉	31 000					
应付新星工厂的货款	107 300					
国家投入机器设备	516 000					
国家投入原材料	212 000					
厂部办公大楼	800 000					
合　计						

【要求】

1. 根据所给资料,区分资产、负债、所有者权益会计要素,并分别计算其合计数。
2. 分别写出上述各项内容合适的资金项目或会计要素项目。

项目三

设置会计科目与开设会计账户

项目简介

会计科目是对会计要素具体内容进行分类核算的项目;账户是根据会计科目设置的,具有一定格式和结构,用于分类反映会计要素增减变动及其结果的载体。本项目主要讲述会计科目的概念、分类和设置;账户的概念、分类和结构;账户与会计科目的关系。

知识目标(大纲要求)

1. 了解会计科目与账户的概念和分类;
2. 熟悉会计科目设置的原则;
3. 熟悉常用的会计科目;
4. 掌握账户的结构;
5. 掌握账户与会计科目的关系。

能力目标

1. 熟悉会计科目分类;
2. 能熟练地设置账户,正确识别账户的基本结构。

知识准备

会计六要素是对会计对象的基本分类,而为了对经济业务进行详细的核算,企业对会计要素进行了更为具体的分类,即设置会计科目。如果把会计要素比喻成六个大家庭,会计科目就是组成家庭的主要成员,在会计科目的基础上通过设置账户,可以连续、系统、完整地反映在经济活动中各会计要素增减变动和结果的具体信息,在会计核算中起着重要的作用。

任务一 设置会计科目

一、会计科目的概念和分类

（一）会计科目的概念

会计科目，简称科目，是对会计要素的具体内容进行分类核算的项目。

$$会计对象 \xrightarrow{基本分类} 会计要素 \xrightarrow{具体分类} 会计科目$$

会计科目是进行各项会计记录和提供各项会计信息的基础，在会计核算中具有重要意义。

第一，会计科目是复式记账的基础，复式记账要求每一笔经济业务在两个或两个以上相互联系的账户中进行登记，以反映资金运动的来龙去脉；账户是依据会计科目开设的。

第二，会计科目是编制记账凭证的基础，在我国，会计凭证是确定所发生的经济业务应计入何种会计科目以及分门别类登记账簿的凭据。

第三，会计科目为成本计算与财产清查提供了前提条件。通过会计科目的设置，有助于成本核算，使各种成本计算成为可能，而通过账面记录与实际结存核对，又为财产清查、保证账实相符提供了必要的条件。

第四，会计科目为编制财务报表提供了方便，财务报表是提供会计信息的主要手段，为了保证会计信息的质量及其提供的及时性，财务报表中的许多项目与会计科目是一致的，并根据会计科目的本期发生额或余额填列。

真题解析

【例3-1】 （单选题）会计科目是指对（　　）的具体内容进行分类核算的项目。
　　A. 会计要素　　　B. 会计账户　　　C. 经济业务　　　D. 会计对象
【答案】　A
【解析】　会计科目，简称科目，是对会计要素的具体内容进行分类核算的项目。

【例3-2】 （单选题）下列各选项，属于会计对象第三层次的是（　　）。
　　A. 会计要素　　　B. 资金运动　　　C. 会计科目　　　D. 经济业务
【答案】　C
【解析】　会计对象的第一个层次是资金运动，第二个层次是会计要素，第三个层次是会计科目。

（二）会计科目的分类

会计科目可按其反映的经济内容（即所属会计要素）、所提供信息的详细程度及其统驭关系分类。

1. 按反映的经济内容分类

会计科目按其反映的经济内容不同,可分为六大类:资产类科目、负债类科目、共同类科目、所有者权益类科目、成本类科目和损益类科目。

(1) 资产类科目,是对资产要素的具体内容进行分类核算的科目,按资产的流动性分为反映流动资产的科目和反映非流动资产的科目。反映流动资产的科目,如库存现金、银行存款、预付账款等;反映非流动资产的科目,如固定资产、无形资产、长期股权投资等。

(2) 负债类科目,是对负债要素的具体内容进行分类核算的科目,按负债的偿还期限分为反映流动负债的科目和反映长期负债的科目。反映流动负债的科目如短期借款、应付账款、预收账款等,反映非流动负债的科目如长期借款、应付债券等。

(3) 共同类科目,是既有资产性质又有负债性质的科目,主要有"清算资金往来"、"外汇买卖"、"衍生工具"、"套期工具"、"被套期项目"等。

(4) 所有者权益类科目,是按所有者权益要素的具体内容进行分类核算的科目,可分为反映资本的科目和反映留存收益的科目。反映资本的科目如实收资本(或股本)、资本公积,反映留存收益的科目如盈余公积、本年利润、利润分配等。

(5) 成本类科目,按成本内容和性质的不同可以分为反映制造成本的科目和反映劳务成本的科目。反映制造成本的科目如生产成本、制造费用等,反映劳务成本的科目如劳务成本等。

(6) 损益类科目,是对收入费用的具体内容进行分类核算的科目。按照损益与企业日常生产经营活动是否相关,可分为反映营业损益的科目和反映非营业损益的科目。反应营业损益的科目如主营业务收入、其他业务收入、主营业务成本、其他业务成本、销售费用、管理费用、财务费用等,反映非营业损益的科目如营业外收入、营业外支出等。

真题解析

【例3-3】 (多选题)下列会计科目中,属于资产类会计科目的有(   )。
 A. 坏账准备　　　B. 待处理财产损溢　　C. 累计折旧　　D. 资本公积
【答案】 ABC
【解析】 "资本公积"属于所有者权益类科目。

【例3-4】 (多选题)按反映经济业务内容性质不同,下列科目属于损益类科目的有(   )。
 A. 主营业务成本　B. 生产成本　　　　C. 制造费用　　D. 管理费用
【答案】 AD
【解析】 "生产成本"和"制造费用"是属于成本类科目。

【例3-5】 (多选题)下列属于成本类科目的是(   )。
 A. 生产成本　　　B. 主营业务成本　　　C. 制造费用　　D. 销售费用
【答案】 AC
【解析】 成本类科目主要包括三个会计科目,即生产成本、制造费用和劳务成本。

2. 会计科目按其提供信息的详细程度及其统驭关系分类

会计科目按其提供信息的详细程度及其统驭关系,可以分为总分类科目和明细分类科目。

(1) 总分类科目,又称总账科目或一级科目,是对会计要素的具体内容进行总括分类,提供总括信息的会计科目。

(2) 明细分类科目,又称明细科目,是对总分类科目作进一步分类,提供更为详细和具体会计信息的科目。如果某一总分类科目所属的明细分类科目较多,可在总分类科目下设置二级明细科目,在二级明细科目下设置三级明细科目。

总分类科目对明细分类科目具有统驭和控制作用,而明细分类科目是对其所属的总分类科目的补充和说明。

表 3-1 总分类科目和明细分类科目示例

总分类科目 (一级科目、总目)	明细分类科目	
	二级科目(子目)	三级明细科目(细目)
原材料	原料及主要材料	钢材
	辅助材料	油漆、铆钉
应交税费	应交增值税	销项税额、进项税额

注意:
并不是所有的总分类科目都需要设置明细科目。

真题解析

【例3-6】 (多选题)下列关于总分类会计科目与明细分类会计科目的表述中,正确的是( )。

A. 明细分类会计科目概括地反映会计对象的具体内容
B. 总分类会计科目详细地反映会计对象的基本内容
C. 总分类科目对明细分类科目具有控制作用
D. 明细分类会计科目是对总分类会计科目的补充和说明

【答案】 CD

【解析】 总分类科目,是对会计要素的具体内容进行总括分类、提供总括信息的会计科目。明细分类科目,是对总分类科目作进一步分类,提供更为详细和具体会计信息的科目。总分类科目对明细分类科目具有统驭和控制作用,而明细分类科目是对其所属的总分类科目的补充和说明。

二、会计科目的设置

(一) 会计科目设置的原则

各单位由于经济业务活动的具体内容、规模大小与业务繁简程度等情况不尽相同,在具

体设置会计科目时,应考虑其自身特点和具体情况,但设置会计科目时都应遵循以下原则:

(1) 合法性原则:指所设置的会计科目应当符合国家统一的会计制度的规定。在我国,总分类科目原则上由财政部统一制定。

(2) 相关性原则:指所设置的会计科目应当为提供有关各方所需要的会计信息服务,满足对外报告与对内管理的要求。

(3) 实用性原则:指所设置的会计科目应符合单位自身特点,满足单位实际需要。

真题解析

【例3-7】 (单选题)关于会计科目,下列说法中不正确的是(　　)。
   A. 会计科目是对会计要素的进一步分类
   B. 会计科目按其所提供信息的详细程度不同,可分为总分类科目和明细分类科目
   C. 会计科目可以根据企业的具体情况自行设定
   D. 会计科目是复式记账和编制记账凭证的基础

【答案】 C

【解析】 我国企业会计准则规定,总账科目由财政部统一制定,明细科目除会计准则规定设置的以外,企业可以根据实际需要自行设置,所以选项C是错误的。

【例3-8】 (单选题)所设置的会计科目应符合单位自身特点,满足单位实际需要,这一点符合(　　)原则。
   A. 实用性   B. 合法性
   C. 谨慎性   D. 相关性

【答案】 A

【解析】 企业在合法性的基础上,根据企业自身的特点,设置符合企业实际情况的会计科目,这是会计科目设置原则中实用性的要求。

【例3-9】 (单选题)下列项目中,不属于会计科目设置原则的是(　　)。
   A. 重要性原则   B. 合法性原则
   C. 实用性原则   D. 相关性原则

【答案】 A

【解析】 设置会计科目应遵循合法性、相关性、实用性原则。

【例3-10】 (判断题)各单位设置会计科目时应遵循合法性原则、相关性原则、实用性原则,不用考虑其自身特点和具体情况。(　　)

【答案】 ×

【解析】 企业在合法性的基础上,根据企业自身的特点,设置符合企业实际情况的会计科目,这是会计科目设置原则中实用性的要求。

(二) 常用会计科目

常用的会计科目如表3-2所示。

表 3-2　　　　　　　　　　　　常用会计科目参照表

编号	会计科目名称	编号	会计科目名称	编号	会计科目名称
	一、资产类	1603	固定资产减值准备		四、所有者权益类
1001	库存现金	1604	在建工程	4001	实收资本（股本）
1002	银行存款	1605	工程物资	4002	资本公积
1012	其他货币资金	1606	固定资产清理	4101	盈余公积
1101	交易性金融资产	1701	无形资产	4103	本年利润
1121	应收票据	1702	累计摊销	4104	利润分配
1122	应收账款	1703	无形资产减值准备	4201	库存股
1123	预付账款	1711	商誉		
1131	应收股利	1801	长期待摊费用		五、成本类
1132	应收利息	1811	递延所得税资产	5001	生产成本
1221	其他应收款	1901	待处理财产损溢	5101	制造费用
1231	坏账准备			5201	劳务成本
1402	在途物资		二、负债类	5301	研发支出
1401	材料采购	2001	短期借款		
1403	原材料	2201	应付票据		六、损益类
1404	材料成本差异	2202	应付账款	6001	主营业务收入
1405	库存商品	2203	预收账款	6051	其他业务收入
1406	发出商品	2211	应付职工薪酬	6101	公允价值变动损益
1407	商品进销差价	2221	应交税费	6111	投资损益
1408	委托加工物资	2231	应付利息	6301	营业外收入
1412	周转材料	2232	应付股利	6401	主营业务成本
1471	存货跌价准备	2241	其他应付款	6402	其他业务成本
1501	持有至到期投资	2501	长期借款	6403	营业税金及附加
1502	持有至到期投资减值准备	2502	应付债券	6601	销售费用
1503	可供出售金融资产	2701	长期应付款	6602	管理费用
1511	长期股权投资	2711	专项应付款	6603	财务费用
1512	长期股权投资减值准备	2801	预计负债	6701	资产减值损失
1521	投资性房地产	2901	递延所得税负债	6711	营业外支出
1531	长期应收款			6801	所得税费用
1601	固定资产		三、共同类（略）	6901	以前年度损益调整
1602	累计折旧				

每个会计科目都有确定的号码作为顺序号,一方面便于了解使用会计科目的总数,同时也是会计科目的代码,便于登记账册和查阅账目,为会计电算化提供了条件。

任务二　开设会计账户

一、账户的概念与分类

(一)账户的概念

账户是根据会计科目设置的,具有一定格式和结构,用于分类反映会计要素增减变动情况及其结果的载体。

会计科目只是对会计要素的具体内容进行了分类,不能进行具体的会计核算,为了全面、序时、连续、系统地记录由于经济业务的发生而引起的会计要素的增减变动,还必须根据规定的会计科目在账簿中开设账户。

真题解析

【例3-11】 (单选题)账户是根据(　　)设置的,具有一定格式和结构,用于分类反映会计要素增减变动及其结果的载体。

A. 会计科目　　　　B. 会计要素　　　　C. 会计信息　　　　D. 会计对象

【答案】 A

【解析】 账户是根据会计科目设置的,具有一定格式和结构,用于分类反映会计要素增减变动情况及其结果的载体。

(二)账户的分类

账户是根据会计科目设置的,它的分类同会计科目具有相似性,即根据核算的经济内容和提供信息的详细程度分类。

1. 根据核算的经济内容分类

可分为:资产类账户、负债类账户、共同类账户、所有者权益类账户、成本类账户和损益类账户。

其中,有些账户存在备抵账户,如"累计折旧""固定资产减值准备"是"固定资产"的备抵账户;"坏账准备"是应收账款的备抵账户;"累计摊销""无形资产减值准备"是无形资产的备抵账户,"利润分配"是"本年利润"的备抵账户。

备抵账户,又称抵减账户,是指用来抵减被调整账户余额,以确定被调整账户实有数额而设置的独立账户。

2. 根据提供信息的详细程度及其统驭关系分类

(1)总分类账户:是指根据总分类会计科目设置的,用于对会计要素具体内容进行总括分类核算的账户,简称总账,一般只用货币计量。如:借贷记账法下根据"原材料"科目开设的"原材料"账户,提供的是企业所拥有的原材料总额。具体如表3-3所示。

表3-3　　　　　　　　　　　　　原材料总分类账

2015年		凭证		摘要	借方	贷方	借或贷	余额
月	日	种类	号数					
5	1			月初余额			借	60 000
	22	银付	2	购买材料	30 000			
	28	转	2	生产领料		20 000		
	31			本月合计	30 000	20 000	借	70 000

(2)明细分类账户:是根据明细分类科目设置的,用来对会计要素具体内容进行明细分类核算的账户,简称明细账。明细分类账户可以提供具体经济业务活动的详细资料,除可以用货币计量外,有的还用实物量度(个、千克、台)等辅助计量。具体如表3-4、3-5所示,原材料——甲材料、乙材料的明细分类账,就反映了数量、单价、金额指标。

表3-4　　　　　　　　　　　　　甲材料明细分类账

2015年		凭证		摘要	单价	借方		贷方		余额	
月	日	种类	号数			数量	金额	数量	金额	数量	金额
5	1			月初余额	10					2 000	20 000
	22	银付	2	购料	10	1 000	10 000				
	28	转	2	生产领料	10			500	5 000		
	31			本月合计						2 500	25 000

表3-5　　　　　　　　　　　　　乙材料明细分类账

2015年		凭证		摘要	单价	借方		贷方		余额	
月	日	种类	号数			数量	金额	数量	金额	数量	金额
5	1			月初余额	20					2 000	40 000
	22	银付	2	购料	20	1 000	20 000				
	28	转	2	生产领料	20			750	15 000		
	31			本月合计						2 250	45 000

总分类账户和所属明细分类账户核算的内容相同,只是反映内容的详细程度有所不同,两者相互补充、相互制约、相互核对。总分类账户统驭和控制所属明细分类账户,明细分类账户从属于总分类账户。总分类账户与其所属明细分类账户在总金额上应该相等。如表3-3中原材料总分类账的期末余额70 000元就是所属甲、乙材料明细账期末余额25 000元和45 000元之和。

真题解析

【例3-12】 （单选题）下列关于总分类账户与明细分类账户关系的表述中,不正确的是（　　）。

A. 两者所反映的经济业务的内容相同　　B. 反映经济业务内容的详细程度不同

C. 登记账簿的原始凭证不同　　　　　　D. 两者作用不同

【答案】　C

【解析】　总分类账和明细分类账登记账簿的原始凭证相同,总账反映总括的资料,明细账反映具体的、详细的资料。

【例3-13】 （多选题）下列表述正确的是（　　）。

A. 总分类账户对明细分类账户具有统驭控制作用

B. 明细分类账户对总分类账户具有补充说明作用

C. 总分类账户期末余额与其所属明细分类账户的期末余额之和相等

D. 总分类账户与明细分类账户提供的指标不同

【答案】　ABC

【解析】　总分类账户与明细分类账户记账的依据相同,故提供的指标相同。

【例3-14】 （判断题）明细分类账户是根据明细分类科目设置的,用于对会计要素具体内容进行总括分类核算的账户。（　　）

【答案】　×

【解析】　明细分类账户是根据明细分类科目设置的,用于对会计要素具体内容进行明细分类核算的账户。

【例3-15】 （判断题）账户按其所反映的经济业务内容分类,可分为总分类账户和明细分类账户。（　　）

【答案】　×

【解析】　账户根据提供信息的详细程度及其统驭关系分类,可分为总分类账户和明细分类账户。

二、账户的功能与结构

（一）账户功能

账户的功能在于连续、系统、完整地提供企业经济活动中各会计要素增减变动及其结果的具体信息。

会计要素在特定会计期间增加和减少的金额,分别称为账户的"本期增加发生额"和"本期减少发生额",二者统称为账户的"本期发生额"。

会计要素在会计期末的增减变动结果,称为账户的"余额",具体表现为期初余额和期末余额,账户上期的期末余额转入本期,即为本期的期初余额。

账户本期的期末余额转入下期,即为下期的期初余额。

账户的期初余额、期末余额、本期增加发生额、本期减少发生额,统称为账户的四个金额要素。同一账户,它们的基本关系为:

期末余额＝期初余额＋本期增加发生额－本期减少发生额

（二）账户的结构（以借贷记账法为例）

账户的基本结构如表 3-6 所示。

（1）账户名称，即会计科目；

（2）日期，即所依据记账凭证中注明的日期；

（3）凭证字号，即所依据记账凭证的编号；

（4）摘要，即经济业务的简要说明；

（5）借方、贷方，即表明经济业务增减变动的情况；

（6）借或贷，即余额的方向；

（7）余额栏，表明经济业务增减变动后的结果。

表 3-6　　　　　　　　　　账户名称（会计科目）

年		凭证编号	摘　要	借　方	贷　方	借或贷	余　额
月	日						

在会计教学中，为方便起见，通常将账户的结构简化为 T 字账结构，如图 3-1 所示。

借方　　　　　账户名称（会计科目）　　　　　贷方

图 3-1　借贷记账法下账户 T 型结构

真题解析

【例 3-16】（多选题）账户中各项金额的关系可用（　　）表示。

A. 本期期末余额＝期初余额＋本期增加发生额－本期减少发生额

B. 期初余额＋本期增加发生额＝本期期末余额＋本期减少发生额

C. 本期期末余额＝本期增加发生额＋本期减少发生额

D. 本期期初余额＝上期期末余额

【答案】　ABD

【解析】　选项 C，本期期末余额＝期初余额＋本期增加发生额－本期减少发生额。

【例 3-17】（多选题）下列说法正确的有（　　）。

A. 账户的期末余额等于期初余额

B. 余额一般与增加额在同一方向

C. 账户的左方发生额等于右方发生额

D. 如果一个账户的左方记增加额，右方就记减少额

【答案】　BD

【解析】 选项A，正确的表述为本期账户的期末余额等于下期的期初余额；选项C，账户的左方发生额不一定等于右方发生额。

三、账户与会计科目的关系

从理论上讲，会计科目与账户是两个不同的概念，二者既有联系，又有区别。

两者的共同点：会计科目与账户都是对会计对象具体内容的分类，两者核算内容一致，性质相同。

两者的区别：会计科目是账户的名称，是设置账户的依据，没有结构和格式；账户是会计科目的具体运用，具有一定的结构和格式，并通过其结构反映某项经济内容的增减变动及其余额。

真题解析

【例3-18】 （多选题）下列有关会计科目与账户的说法中，正确的有（　　）。
　　A. 会计科目和账户所反映的会计对象的具体内容是相同的
　　B. 会计科目是账户的名称，也是设置账户的依据
　　C. 账户具有一定的格式和结构，而会计科目没有
　　D. 会计科目和账户的作用是完全相同的
【答案】 ABC
【解析】 账户能够连续、系统、完整地提供企业经济活动中各会计要素增减变动及其结果的具体信息，会计科目只是对会计要素的具体内容进行了分类，不能进行具体的会计核算，两者的作用不相同。

【例3-19】 （单选题）会计科目和账户之间的区别主要在于（　　）。
　　A. 反映的经济内容不同
　　B. 记录资产和权益的增减变动情况不同
　　C. 记录资产和权益的结果不同
　　D. 账户有结构而会计科目无结构
【答案】 D
【解析】 会计科目是账户的名称，没有结构或格式；账户是核算的载体，具有一定的结构和格式，可以记录经济业务增加、减少和增减相抵后的余额。

项目小结

本项目主要介绍了会计科目的概念、分类和设置；账户的概念、分类和结构；账户与会计科目的关系。通过本项目的学习，我们了解到会计科目是对会计要素具体内容进行分类核算的项目，在会计科目的基础上设置账户可以对经济业务进行连续、系统、完整的核算，通过熟悉常用的会计科目、掌握账户的结构，可以为下面学习借贷记账法奠定良好的基础。

实践演练

一、单项选择题

1. 会计要素在特定会计期间增加和减少的金额,分别称为账户的"本期增加发生额"和"本期减少发生额",二者统称为账户的( )。
   A. 本期变动额   B. 本期发生额
   C. 本期余额   D. 本期计算额

2. ( )是用来抵减被调整账户的余额,以确定被调整账户实有数额而设置的独立账户。
   A. 备抵账户   B. 所有者权益账户
   C. 资产账户   D. 负债账户

3. 下列各项中,( )不属于总分类科目。
   A. 销售费用   B. 应收账款
   C. 辅助材料   D. 工程物资

4. 根据会计科目所属会计要素分类,下列各项中,( )至少有两个科目归属于资产要素。
   A. 应交税费,资本公积,劳务成本,投资收益
   B. 预付账款,预收账款,应收股利,银行存款
   C. 本年利润,应付职工薪酬,制造费用,营业外收入
   D. 盈余公积,其他应付款,待处理财产损溢,主营业务成本

5. 关于会计科目的设置,下列说法正确的是( )。
   A. 企业必须遵守相关法规的规定设置科目,不得增减、合并或分拆
   B. 企业可以完全自行设置总分类科目以及明细分类科目
   C. 企业会计科目的设置只要满足对外报告的要求即可
   D. 明细分类科目的设置应符合单位自身特点,满足单位实际需要

6. 下列关于会计科目分类的表述中,不正确的是( )。
   A. 二级明细科目是对明细科目进一步分类的科目
   B. 明细分类科目是对其所归属的总分类科目的补充和说明
   C. 明细分类科目反映各种经济业务的详细情况
   D. 明细分类科目又称明细科目,是对总分类科目作进一步分类的科目

7. 下列项目中,与"制造费用"属于同一类科目的是( )。
   A. 固定资产   B. 其他业务成本
   C. 生产成本   D. 主营业务成本

8. 下列各项中,不属于损益类科目的是( )。
   A. "制造费用"科目   B. "资产减值损失"科目
   C. "投资收益"科目   D. "其他业务成本"科目

9. 总分类会计科目一般按( )进行设置。
   A. 企业管理的需要   B. 统一会计制度的规定

C. 会计核算的需要　　　　　　　D. 经济业务的种类不同

10. 损益类账户的期末余额及方向表现为(　　)。
    A. 有借方余额　　　　　　　　B. 有贷方余额
    C. 有借贷方余额　　　　　　　D. 期末结转后无余额

11. 所有者权益类的会计科目中,盈余公积与(　　)统称为留存收益。
    A. 实收资本　　B. 资本公积　　C. 未分配利润　　D. 本年利润

12. 某账户的期末余额为4 700元,本期增加发生额为920元,本期减少发生额为1 800元,则该账户的期初余额为(　　)。
    A. 3 820元　　B. 5 580元　　C. 5 620元　　D. 2 900元

13. 下列会计科目中属于损益类的是(　　)。
    A. 财务费用　　B. 生产成本　　C. 累计摊销　　D. 制造费用

14. 下列账户中,年末一定无余额的是(　　)。
    A. "生产成本"账户　　　　　　B. "营业外收入"账户
    C. "应付职工薪酬"账户　　　　D. "盈余公积"账户

15. 资产类账户的期末余额一般在(　　)。
    A. 借方　　B. 借方或贷方　　C. 贷方　　D. 借方和贷方

二、多项选择题

1. 以下属于备抵账户的是(　　)。
   A. 坏账准备　　B. 累计摊销　　C. 累计折旧　　D. 资产减值损失

2. 下列关于账户与会计科目的联系与区别的表述中正确的有(　　)。
   A. 会计科目是账户的名称,也是设置账户的依据;账户是根据会计科目设置的,账户是会计科目的具体运用
   B. 会计账户的性质决定了会计科目的性质,两者的分类一样
   C. 会计科目和账户对会计对象经济内容分类的方法、分类的用途和分类的结果是完全相同的
   D. 没有会计科目,账户便失去了设置的依据;没有账户,就无法发挥会计科目的作用

3. 下列各项中,(　　)属于会计科目分类方法。
   A. 按反映的经济内容分类
   B. 按其核算的具体内容分类
   C. 按其企业内部管理与外部信息需要分类
   D. 按其提供信息的详细程度及统驭关系分类

4. 按照实用性原则,制造业企业需要设置的科目有(　　)。
   A. 生产成本　　B. 制造费用　　C. 库存商品　　D. 销售费用

5. 下列属于负债类科目的有(　　)。
   A. 短期借款　　B. 预计负债　　C. 应付职工薪酬　　D. 应交税费

6. 根据提供信息的详细程度及其统驭关系,账户分为(　　)。
   A. 总分类账户　　B. 明细分类账户　　C. 资产类账户　　D. 负债类账户

7. 下列属于资产类会计科目的有(　　)。
   A. 应收账款　　　B. 在途物资　　　C. 预收账款　　　D. 预付账款
8. 会计科目按反映的经济内容分为(　　)科目。
   A. 资产类　　　　B. 负债类　　　　C. 所有者权益类　D. 成本、损益类
9. 下列(　　)属于资产类科目。
   A. 交易性金融资产　B. 固定资产　　　C. 预收账款　　　D. 实收资本
10. 下列(　　)属于负债类科目。
    A. 应付职工薪酬　B. 预付账款　　　C. 所得税费用　　D. 长期借款
11. 下列(　　)属于所有者权益类科目。
    A. 应付股利　　　　　　　　　　　B. 实收资本
    C. 盈余公积　　　　　　　　　　　D. 利润分配——未分配利润
12. 下列账户中,反映流动负债的账户有(　　)。
    A. 应付账款　　　B. 预收账款　　　C. 预付账款　　　D. 应付债券
13. 设置会计科目应遵循的原则有(　　)。
    A. 合法性原则　　B. 谨慎性原则　　C. 相关性原则　　D. 实用性原则
14. 下列属于账户要素的有(　　)。
    A. 本期增加额　　B. 期初余额　　　C. 本期减少额　　D. 期末余额
15. 下列各项中,属于成本类会计科目的有(　　)。
    A. 制造费用　　　B. 生产成本　　　C. 劳务成本　　　D. 工程物资

三、判断题

1. 为了保证企业会计核算指标、口径的一致性,企业不得自行设置二级会计科目。(　　)
2. 其他业务成本账户属于成本类账户。(　　)
3. 对明细账核算,除用货币计量反映经济业务外,必要时还需要用实物计量或劳动计量单位从数量和时间上进行反映,以满足经营管理的需要。(　　)
4. 账户是根据会计科目设置的,具有一定的格式和结构,用于分类反映会计要素增减变动情况和结构的载体。(　　)
5. 实际工作中,具体会计科目设置一般是从会计要素出发,将会计科目分为资产、负债、所有者权益、收入、费用、利润六大类。(　　)
6. 资金运动的第三层次是会计科目。(　　)
7. 总分类科目与其所属的明细分类科目的核算内容相同,所不同的是前者提供的信息比后者更加详细。(　　)
8. "坏账准备"、"长期股权投资减值准备"、"累计折旧"、"无形资产减值准备"科目均属于资产类科目。(　　)
9. 会计科目是账户的名称,账户是会计科目的载体和具体运用。(　　)
10. 设置会计科目的相关性原则是指所设置的会计科目应当符合国家统一的会计制度的规定。(　　)

四、业务题

【资料】　某公司2016年5月有关账户发生额、余额如表3-7所示。

表3-7

账户名称	期初余额	本期增加发生额	本期减少发生额	期末余额
银行存款	400 000	300 000	200 000	(1)
应收账款	32 000	(2)	20 000	18 000
库存商品	700 000	(3)	400 000	500 000
应付账款	50 000	30 000	(4)	30 000
应交税费	100 000	240 000	(5)	80 000
实收资本	12 000 000	3 000 000	(6)	15 000 000
盈余公积	400 000	200 000	(7)	300 000

【要求】 根据账户发生额、余额之间的关系填写上表。

项目四

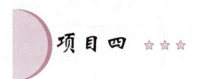

会计记账方法

★ 项目简介

记账方法就是根据一定的原理、记账符号,采用一定的计量单位,利用文字和数字将经济业务发生所引起的各会计要素的增减变动在有关账户中进行记录的方法。本项目介绍了会计记账方法的种类,并重点讲述了复式记账法中借贷记账法的基本原理、账户结构,会计分录的概念、分类及编制步骤,以及借贷记账法下的试算平衡。

知识目标(大纲要求)

1. 了解复式记账法的概念和种类;
2. 熟悉借贷记账法的原理;
3. 掌握借贷记账法下的账户结构;
4. 了解会计分录的分类;
5. 掌握借贷记账法下的试算平衡。

能力目标

1. 能熟练编制简单的会计分录;
2. 能借助试算平衡原理编制试算平衡表。

 知识准备

为了对会计要素进行核算和监督,在按一定原则设置了会计科目并根据会计科目开设了账户之后,就需要采用一定的记账方法将会计要素的增减变动登记在账户里。

任务一 了解会计记账方法的种类

记账方法就是根据一定的原理、记账符号,采用一定的计量单位,利用文字和数字将经济业务发生所引起的各会计要素的增减变动在有关账户中进行记录的方法。从会计发展的历史来看,人类曾使用过两类记账方法,一类是单式记账法,另一类是复式记账法。

一、单式记账法

单式记账法是指对发生的每一项经济业务,只在一个账户中加以登记的记账方法。单式记账法只着重考虑库存现金、银行存款的收支,债权债务的结算,例如用银行存款 10 000 元购买一批原材料,在记账时只记录银行存款减少了 10 000 元,不记录原材料的增加。因此单式记账法记账手续较为简单,但是不能全面、系统地反映经济业务的来龙去脉,也不便于检查账簿记录的正确性。单式记账法在我国企业基本不采用,但是因为其简便易学,适合所有权和经营权合一的个体经营者使用。

二、复式记账法

(一) 复式记账法的概念

复式记账法是指对于每一笔经济业务,都必须用相等的金额在两个或两个以上相互联系的账户中进行登记,全面系统地反映会计要素增减变化的一种记账方法。如上述例子中,企业用银行存款 10 000 元购买原材料一批,材料已验收入库,在复式记账法下,既要登记银行存款减少了 10 000 元,同时还要登记原材料增加了 10 000 元。由此可见,复式记账法能够清楚地反映经济业务的来龙去脉。

目前在我国乃至世界各国的营利组织和非营利组织都普遍采用复式记账法来记录经济业务。

(二) 复式记账法的优点

与单式记账法相比,复式记账法的优点主要有:
(1) 能够全面反映经济业务内容和资金运动的来龙去脉;
(2) 能够进行试算平衡,便于查账和对账。

(三) 复式记账法的种类

复式记账法可分为借贷记账法、增减记账法和收付记账法等。借贷记账法是目前国际上通用的记账方法,我国《企业会计准则》规定企业应当采用借贷记账法记账。

真题解析

【例 4-1】 (单选题)复式记账法是以( )为记账基础的一种记账方法。
A. 试算平衡　　　　　　　　　B. 资产和权益平衡关系
C. 会计科目　　　　　　　　　D. 经济业务

【答案】 B
【解析】 复式记账法是以资产与权益平衡关系作为记账基础的记账方法。

【例4-2】 (多选题)关于复式记账法的表述,正确的有(　　)。

A. 复式记账法能全面反映资金运动的来龙去脉
B. 复式记账法记账手续简单
C. 复式记账法对于每一项经济业务,都要在两个或两个以上相互联系的账户中进行记录
D. 复式记账法便于核对和检查账户记录结果

【答案】 ACD
【解析】 选项 B 是单式记账法的优点。

任务二　掌握借贷记账法

一、借贷记账法的概念

借贷记账法是指以"借"和"贷"为记账符号,对每一笔经济业务都要在两个或两个以上相互联系的账户中以借贷相等的金额进行登记的一种复式记账方法。

"借"、"贷"二字最早是有字面含义的,发展到今天,"借"、"贷"已失去其原有的含义,变成纯粹的记账符号。

二、借贷记账法下账户的结构

(一)基本结构

在借贷记账法下,账户左方为借方,账户右方为贷方,如图4-1所示。

所有账户的借方和贷方按相反方向记录增加数和减少数,即一方登记增加额,另一方就登记减少额。至于"借"表示增加,还是"贷"表示增加,则取决于账户的性质与所记录经济内容的性质。

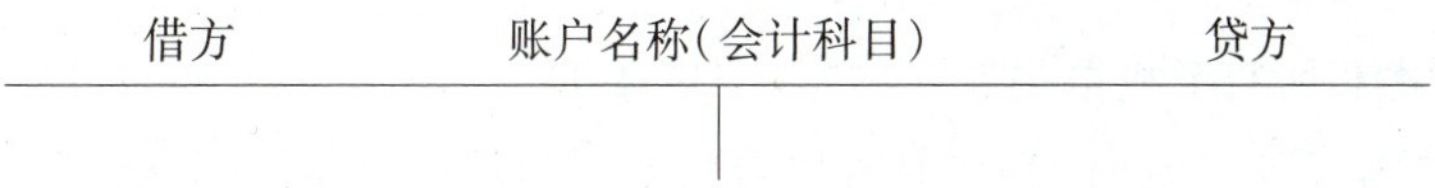

借方	账户名称(会计科目)	贷方

图4-1　借贷记账法下 T 型账户的基本结构

(二)在借贷记账法下,各类不同性质账户结构

1. 资产类、成本类账户的结构(图4-2)

在借贷记账法下,资产类和成本类账户结构相同,借方登记增加额,贷方登记减少额。资产类账户期末一般都有余额,余额的方向一般在借方;成本类账户期末如有余额,通常也在借方,如生产成本期末有余额就表示尚未完工的在产品。

借方	(资产和成本类账户)账户名称	贷方
期初余额		
本期增加额		本期减少额
(本期借方发生额)		(本期贷方发生额)
期末余额		

图 4-2　资产类、成本类账户的结构

资产类、成本类账户发生额、余额计算公式为：

期初借方余额 + 本期借方发生额 − 本期贷方发生额 = 期末借方余额

需要注意的是，资产类账户中备抵账户的结构与一般资产类账户的结构正好相反，如累计折旧、坏账准备，它们在贷方登记增加数，借方登记减少数。以累计折旧为例，折旧的计提意味着资产价值的减少，所以计提折旧时应在贷方登记。

真题解析

【例 4-3】（单选题）某企业的银行存款账户期初余额为 800 000 元，本期银行存款借方发生额合计为 200 000 元，本期银行存款贷方发生额合计为 400 000 元，则银行存款账户的期末余额为（　　）元。

A. 借方 600 000　　　　　　B. 贷方 100 000
C. 借方 500 000　　　　　　D. 借方 1 400 000

【答案】　A

【解析】　根据资产余额计算公式：期末借方余额 = 期初借方余额 800 000 + 本期借方发生额 200 000 − 本期贷方发生额 400 000 = 600 000（元）。

【例题 4-4】（单选题）符合资产类账户结构的是（　　）。

A. 增加记借方　　　　　　　B. 增加记贷方
C. 减少记借方　　　　　　　D. 期末若有余额，在贷方

【答案】　A

【解析】　资产类账户借方登记增加额，贷方登记减少额，期末若有余额一般在借方。

2. 负债类和所有者权益类账户的结构（图 4-3）

在借贷记账法下，负债类和所有者权益类账户与资产类账户的结构相反。

贷方登记增加额，借方登记减少额，期末若有余额一般在贷方。

借方	(负债和所有者权益类账户)账户名称	贷方
		期初余额
本期减少额		本期增加额
(本期借方发生额)		(本期贷方发生额)
		期末余额

图 4-3　负债类、所有者权益类账户的结构

负债、所有者权益类账户余额计算公式为:

期初贷方余额 + 本期贷方发生额 − 本期借方发生额 = 期末贷方余额

> **真题解析**

【例4-5】（单选题）某企业应付账款期初余额为600 000元,本期应付账款贷方发生额合计为400 000元,本期应付账款借方发生额合计为200 000元。则应付账款账户的期末余额为（　　）元。

　　A. 贷方800 000　　　　　　　　B. 贷方400 000
　　C. 借方600 000　　　　　　　　D. 借方800 000

【答案】 A

【解析】 运用负债、所有者权益类账户余额计算公式:
期末贷方余额 = 期初贷方余额 + 本期贷方发生额 − 本期借方发生额
　　　　　　 = 600 000 + 400 000 − 200 000 = 800 000（元）

【例4-6】（单选题）应付账款账户期初贷方余额为1 000元,本期贷方发生额为5 000元,本期贷方余额为2 000元,该账户借方发生额为（　　）元。

　　A. 借方3 000　　B. 借方4 000　　C. 借方2 000　　D. 贷方2 000

【答案】 B

【解析】 应付账款账户属于负债类账户,期末贷方余额 = 期初贷方余额 + 本期贷方发生额 − 本期借方发生额,所以本期借方发生额 = 期初贷方余额 + 本期贷方发生额 − 期末贷方余额 = 1 000 + 5 000 − 2 000 = 4 000（元）。

【例4-7】（多选题）所有者权益类账户的期末余额根据（　　）计算。

　　A. 贷方期末余额 = 贷方期初余额 + 贷方本期发生额 − 借方本期发生额
　　B. 贷方期末余额 = 贷方期初余额 + 借方本期发生额 − 贷方本期发生额
　　C. 借方本期发生额 = 贷方期初余额 + 贷方本期发生额 − 贷方期末余额
　　D. 借方期末余额 = 借方期初余额 + 借方本期发生额 − 贷方本期发生额

【答案】 AC

【解析】 所有者权益类账户,贷方记增加,借方记减少,期末余额一般在贷方,期末贷方余额 = 期初贷方余额 + 本期贷方发生额 − 本期借方发生额;借方发生额 = 期初贷方余额 + 本期贷方发生额 − 期末贷方余额。

3. 损益类账户的结构

损益类账户主要包括收入和费用类账户。损益类账户是为了计算损益而开设的,因而会计期末应将收入、费用全部结转到"本年利润"账户,以计算利润。收入、费用转出后,损益类账户期末无余额。

（1）收入类账户的结构,如图4-4所示。

借方	(收益类)账户名称	贷方
本期减少额		本期增加额
(本期借方发生额)		(本期贷方发生额)
		期末无余额

图 4-4 收入类账户的结构

收入的增加通常会使所有者权益增加,所以收入类账户与权益(权益包括负债和所有者权益)类账户结构基本相同,贷方登记收入的增加额,借方登记收入的减少额,本期收入净额在期末转入"本年利润"账户,用来计算当期损益,结转后无余额。

(2) 费用类账户的结构,如图 4-5 所示。

借方	(费用类)账户名称	贷方
本期增加额		本期减少额
(本期借方发生额)		(本期贷方发生额)
		期末无余额

图 4-5 费用类账户的结构

费用的产生会导致所有者权益减少,所以以费用类账户与所有者权益类账户结构相反,借方登记增加额,贷方登记减少额,本期费用净额在期末转入"本年利润"账户,用来计算当期损益,结转后无余额。

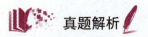

真题解析

【例题 4-8】 (单选题)年末所有损益类科目的余额均为零,表明( )。

A. 当年收入一定为零
B. 当年费用一定为零
C. 损益类科目发生额在结账时均已转入"本年利润"科目
D. 当年利润一定是零

【答案】 C

【解析】 损益类账户是为了计算损益而开设的,因而会计期末应将收入、费用全部结转到"本年利润"账户,以计算利润。收入、费用转出后,损益类账户期末无余额。

【例题 4-9】 (单选题)在借贷记账法下,一般有借方余额的会计科目是( )。

A. 成本类会计科目　　　　　　B. 负债类会计科目
C. 损益类会计科目　　　　　　D. 费用类会计科目

【答案】 A

【解析】 资产类和成本类会计科目一般有借方余额。选项 B 贷方有余额;选项 C、D 无余额。

【例题 4-10】 （多选题）借贷记账法下，借方登记本期减少发生额的账户有( )。
　　A. 资产类账户　　B. 负债类账户　　C. 收入类账户　　D. 费用类账户
【答案】　BC
【解析】　选项 AD，借方登记本期增加发生额。

三、借贷记账法的记账规则

记账规则是指采用某种记账方法登记具体经济业务时应当遵循的规律。借贷记账法的记账规则是："有借必有贷，借贷必相等。"即发生任何一项经济业务时，记入一个账户的借方，同时也要记入另一个或几个账户的贷方；或者记入一个账户的贷方，同时也要记入另一个或几个账户的借方。记入借方的金额合计数必须等于记入贷方的金额合计数。

如企业从银行提取现金 2 000 元，该笔业务引起了库存现金的增加，记入库存现金的借方，同时也导致了银行存款的减少，记入银行存款的贷方，且金额相等都是 2 000 元。计入 T 型账户后如图 4-6 所示。

借	库存现金	贷		借	银行存款	贷
2 000						2 000

图 4-6　借贷记账法记账规则举例

真题解析

【例题 4-11】 （判断题）复式记账法的记账规则是：有借必有贷，借贷必相等。( )
【答案】　×
【解析】　"有借必有贷，借贷必相等"是借贷记账法的记账规则。

四、借贷记账法下的账户对应关系与会计分录

（一）账户的对应关系
账户的对应关系是指采用借贷记账法对每笔交易或事项进行记录时，相关账户之间形成的应借、应贷的相互关系。存在对应关系的账户称为对应账户。

（二）会计分录
1. 会计分录含义
会计分录，简称分录，是对每项经济业务列示出应借、应贷的账户名称及其金额的一种记录。
会计分录由应借应贷方向、相互对应的科目及其金额三个要素构成。
在我国，会计分录记载于记账凭证中。
2. 会计分录的书写格式
(1) 先借后贷，分行列示，"贷"字与借方科目的首个文字对齐。
(2) 在复合会计分录中，"借""贷"通常只列示在第一个借方科目和第一个贷方科目前。

(3) 当分录中需要列示明细科目时,应按科目级次高低从左向右列示,二级科目前加破折号,三级科目放在小括号中。

如:借:原材料——甲材料   10 000
　　　　应交税费——应交增值税(进项税额)   1 700
　　　　贷:银行存款   11 700

3. 会计分录的分类

按照所涉及账户的多少,会计分录分为简单会计分录和复合会计分录。简单会计分录指只涉及一个账户借方和另一个账户贷方的会计分录,即一借一贷的会计分录。如企业从银行提取现金2 000元,编制分录为:

借:库存现金   2 000
　　贷:银行存款   2 000

复合会计分录指由两个以上(不含两个)对应账户组成的会计分录,即一借多贷、多借一贷或多借多贷的会计分录,如企业月末计提固定资产折旧5 000元,其中生产车间3 000元,管理部门2 000元。编制分录为:

借:制造费用   3 000
　　管理费用   2 000
　　贷:累计折旧   5 000

必要时可以将复合会计分录分解为几个简单会计分录,如上例中可以分解为:

借:制造费用   3 000   借:管理费用   2 000
　　贷:累计折旧   3 000   　　贷:累计折旧   2 000

需要注意的是不允许将不同的经济业务合并编制多借多贷的会计分录。

4. 会计分录的编制步骤

(1) 分析经济业务所涉及的会计科目;

(2) 确定经济业务使各会计科目增加或减少的金额,再根据会计科目所属类别及其用途,明确各会计科目应借应贷的方向及其金额;

(3) 按正确的格式编制会计分录,并检查是否符合记账规则。

例如:企业收到购货方所欠货款20 000元,已存入银行。编制分录步骤如下:

首先,该项经济业务涉及到银行存款和应收账款两个会计科目;

第二,本经济业务的发生使得银行存款增加20 000元,银行存款属于资产类,增加计入借方;应收账款减少20 000元,应收账款也属于资产类,减少应计入贷方;

最后,按照格式编制成会计分录为:

借:银行存款   20 000
　　贷:应收账款   20 000

上述分录有借有贷,借贷相等,符合借贷记账法的记账规则。

5. 会计分录编制举例

下面以光明工厂2016年6月份发生的有关经济业务为例编制会计分录(暂不考虑增值税)。

(1) 向银行申请三个月期限的临时周转借款金额100 000元,款已划入企业银行存款户。

分析:该笔经济业务使企业的银行存款增加了100 000元,同时使企业的短期借款增加了100 000元。按照"有借必有贷,借贷必相等"的记账规则,应做会计分录如下:

借:银行存款　　　　　　　　　　　　　　　　　　　　100 000
　贷:短期借款　　　　　　　　　　　　　　　　　　　　　　　100 000

（2）出纳员向银行提取现金800元备用。

分析:该笔经济业务使企业的库存现金增加了800元,同时使企业的银行存款减少了800元。按照"有借必有贷,借贷必相等"的记账规则,应做会计分录如下:

借	库存现金	贷		借	银行存款	贷
800						800

借:库存现金　　　　　　　　　　　　　　　　　　　　　800
　贷:银行存款　　　　　　　　　　　　　　　　　　　　　　　800

（3）采购员李红预借差旅费1 000元,以现金支付。

分析:该笔经济业务使企业的其他应收款增加了1 000元,同时使企业的库存现金减少了1 000元。按照"有借必有贷,借贷必相等"的记账规则,应做会计分录如下:

借	其他应收款	贷		借	库存现金	贷
1 000						1 000

借:其他应收款——李红　　　　　　　　　　　　　　　1 000
　贷:库存现金　　　　　　　　　　　　　　　　　　　　　　　1 000

（4）购入材料一批,金额150 000元,材料已验收入库,货款以银行存款付讫。

分析:该笔经济业务使企业的原材料增加了150 000元,同时使企业的银行存款减少了150 000元。按照"有借必有贷,借贷必相等"的记账规则,应做会计分录如下:

借	原材料	贷		借	银行存款	贷
150 000						150 000

借:原材料　　　　　　　　　　　　　　　　　　　　　150 000
　贷:银行存款　　　　　　　　　　　　　　　　　　　　　　150 000

（5）生产车间为生产产品领用材料一批,金额30 000元。

分析:该笔经济业务使企业的生产成本增加了30 000元,同时使企业的原材料减少了30 000元。按照"有借必有贷,借贷必相等"的记账规则,应做会计分录如下:

借	生产成本	贷		借	原材料	贷
30 000						30 000

借:生产成本　　　　　　　　　　　　　　　　　　　　30 000
　贷:原材料　　　　　　　　　　　　　　　　　　　　　　　30 000

(6) 接受外单位以货币资金的投资 200 000 元,已存入银行。

分析:该笔经济业务使企业的实收资本增加了 200 000 元,同时使企业的银行存款增加了 200 000 元。按照"有借必有贷,借贷必相等"的记账规则,应做会计分录如下:

借	银行存款	贷		借	实收资本	贷
200 000						200 000

借:银行存款　　　　　　　　　　　　　　　　　200 000
　　贷:实收资本　　　　　　　　　　　　　　　　　　200 000

(7) 以银行存款偿还前欠外单位的材料款,金额 70 000 元。

分析:该笔经济业务使企业的银行存款减少了 70 000 元,同时使企业的应付账款减少了 70 000 元。按照"有借必有贷,借贷必相等"的记账规则,应做会计分录如下:

借	应付账款	贷		借	银行存款	贷
70 000						70 000

借:应付账款　　　　　　　　　　　　　　　　　70 000
　　贷:银行存款　　　　　　　　　　　　　　　　　　70 000

(8) 购入办公用品金额 300 元,以现金付讫,交管理部门使用。

分析:该笔经济业务使企业的库存现金减少了 300 元,同时使企业的管理费用增加了 300 元。按照"有借必有贷,借贷必相等"的记账规则,应做会计分录如下:

借	管理费用	贷		借	库存现金	贷
300						300

借:管理费用　　　　　　　　　　　　　　　　　300
　　贷:库存现金　　　　　　　　　　　　　　　　　　300

(9) 采购员李红出差回来,报销差旅费 800 元,以现金交回余款 200 元,结清以前预借款项。

分析:该笔经济业务使企业的库存现金增加了 200 元,报销的差旅费作为管理费用增加了 800 元,同时使其他应收款减少了 1 000 元。按照"有借必有贷,借贷必相等"的记账规则,应做会计分录如下:

借	管理费用	贷	借	库存现金	贷	借	其他应收款	贷
800			200					1 000

借:管理费用　　　　　　　　　　　　　　　　　800
　　库存现金　　　　　　　　　　　　　　　　　200
　　贷:其他应收款——李红　　　　　　　　　　　　1 000

(10) 期末将管理费用 1 100 元结转至本年利润账户。

分析:该笔经济业务使企业的本年利润减少了 1 100 元,管理费用减少了 1 100 元。按照"有借必有贷,借贷必相等"的记账规则,应做会计分录如下:

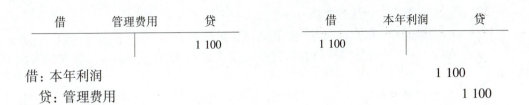

借：本年利润 1 100
　　贷：管理费用 1 100

真题解析

【例题 4-12】（单选题）借贷记账法下账户的对应关系是指(　　)。
A. 成本类账户与损益类账户之间的关系
B. 资产类账户与负债类账户之间的关系
C. 总分类账户与明细分类账户之间的关系
D. 有关账户之间的应借应贷关系

【答案】 D
【解析】 账户的对应关系是指所有交易和事项在进行会计记录时，必须同时计入两个或两个以上有关会计账户中，会计账户之间形成相互关联、相互依存的应借应贷关系。

【例题 4-13】（多选题）会计分录的内容包括(　　)。
A. 经济业务内容摘要　　　　B. 账户名称
C. 经济业务发生金额　　　　D. 应借应贷方向

【答案】 BCD
【解析】 会计分录由应借应贷方向、相互对应的科目及金额三个要素构成。

五、借贷记账法下的试算平衡

试算平衡是指根据借贷记账法的记账规则和资产与权益的恒等关系，通过对所有账户的发生额和余额的汇总计算和比较，来检查账户记录是否正确的一种方法。

（一）发生额试算平衡

它是指全部账户本期借方发生额合计与全部账户本期贷方发生额合计保持平衡。
理论依据：借贷记账法记账规则："有借必有贷，借贷必相等。"
公式为：全部账户本期借方发生额合计 = 全部账户本期贷方发生额合计

（二）余额试算平衡

它是指全部账户借方期末(初)余额合计与全部账户贷方期末(初)余额合计保持平衡。
理论依据：资产与权益的恒等关系等式，资产 = 负债 + 所有者权益
公式：全部账户期初借方余额合计 = 全部账户期初贷方余额合计
　　　全部账户期末借方余额合计 = 全部账户期末贷方余额合计

（三）试算平衡表的编制

试算平衡是通过编制试算平衡表进行的。
试算平衡表通常是在期末结出各账户的本期发生额合计和期末余额后编制的，试算平衡表中一般应设置"期初余额"、"本期发生额"和"期末余额"三大栏目，其下分设"借方"和"贷方"两个小栏。

编制试算平衡表时的注意事项：

(1) 必须保证所有账户的余额均已记入试算平衡表。

(2) 如果试算平衡表借贷不相等，账户记录肯定有错误，应认真查找，直到实现平衡为止。

(3) 即便实现了有关三栏的平衡关系，并不能说明账户记录绝对正确，因为有些错误并不会影响借贷双方的平衡关系：

① 漏记某项经济业务；

② 重记某项经济业务；

③ 某项经济业务记错有关账户；

④ 某项经济业务在账户记录中，颠倒了记账方向；

⑤ 借方或贷方发生额中，偶然发生多记或少记并相互抵消，借贷仍然平衡；

⑥ 某项经济业务记录的应借应贷科目正确，但借贷双方金额同时多记或少记，且金额一致，借贷仍然平衡。

下面根据光明工厂2016年6月初各总分类账户的余额(见表4-5)及前例中光明工厂6月份有关经济业务，编制试算平衡表。

表4-5　　　　　　　　　　　　光明工厂账户余额表

2015年6月1日　　　　　　　　　　　　　　　　　　单位：元

资　产	余　额	负债及所有者权益	余　额
库存现金	400	短期借款	180 000
银行存款	500 000	应付票据	105 000
其他应收款	1 000	应付账款	115 000
原材料	450 000	实收资本	1 700 000
库存商品	468 600	本年利润	100 000
生产成本	80 000		
固定资产	900 000		
累计折旧	-200 000		
合　计	2 200 000	合　计	2 200 000

首先开设"T"型账户，分别登记期初余额、本期发生额，并计算期末余额。

借	库存现金	贷	借	银行存款	贷
期初余额 400		本期发生额	期初余额 500 000		本期发生额
本期发生额		(3) 1 000	本期发生额		(2) 800
(2) 800		(8) 300	(1) 100 000		(4) 150 000
(9) 200			(6) 200 000		(7) 70 000
本期发生额 1 000		本期发生额 1 300	本期发生额 300 000		本期发生额 220 800
期末余额 100			期末余额 579 200		

借 其他应收款 贷		借 原材料 贷	
期初余额 1 000 本期发生额 (3) 1 000	本期发生额 (9) 1 000	期初余额 450 000 本期发生额 (4) 150 000	本期发生额 (5) 30 000
本期发生额 1 000 期末余额 1 000	本期发生额 1 000	本期发生额 150 000 期末余额 570 000	本期发生额 30 000

借 库存商品 贷		借 固定资产 贷	
期初余额 468 600 本期发生额	本期发生额	期初余额 900 000 本期发生额	本期发生额
本期发生额 0 期末余额 468 600	本期发生额 0	本期发生额 0 期末余额 900 000	本期发生额 0

借 生产成本 贷		借 管理费用 贷	
期初余额 80 000 本期发生额 (5) 30 000	本期发生额	本期发生额 (8) 300 (9) 800	本期发生额 (10) 1 100
本期发生额 30 000 期末余额 110 000	本期发生额 0	本期发生额 1 100	本期发生额 1 100

借 短期借款 贷		借 应付票据 贷	
本期发生额	期初余额 180 000 本期发生额 (1) 100 000	本期发生额	期初余额 105 000 本期发生额
本期发生额 0	本期发生额 100 000 期末余额 280 000	本期发生额 0	本期发生额 0 期末余额 105 000

借 应付账款 贷		借 实收资本 贷	
本期发生额 (7) 70 000	期初余额 115 000 本期发生额	本期发生额	期初余额 1 700 000 本期发生额 (6) 200 000
本期发生额 70 000	本期发生额 0 期末余额 45 000	本期发生额 0	本期发生额 200 000 期末余额 1 900 000

借 累计折旧 贷		借 本年利润 贷	
本期发生额	期初余额 200 000 本期发生额	本期发生额 (10) 1 100	期初余额 100 000 本期发生额
本期发生额 0	本期发生额 0 期末余额 200 000	本期发生额 1 100	本期发生额 0 期末余额 98 900

根据上述资料编制试算平衡表(表4-6)。

表4-6　　　　　　　　　　　　　　**试算平衡表**

2016年6月30日

账户名称	期初余额		本期发生额		期末余额	
	借方	贷方	借方	贷方	借方	贷方
库存现金	400		1 000	1 300	100	
银行存款	500 000		300 000	220 800	579 200	
其他应收款	1 000		1 000	1 000	1 000	
原材料	450 000		150 000	30 000	570 000	
库存商品	468 600				468 600	
固定资产	900 000				900 000	
生产成本	80 000		30 000		110 000	
管理费用			1 100	1 100		
短期借款		180 000		100 000		280 000
应付票据		105 000				105 000
应付账款		115 000	70 000			45 000
实收资本		1 700 000		200 000		1 900 000
本年利润		100 000	1 100			98 900
累计折旧		200 000				200 000
合计	2 400 000	2 400 000	554 200	554 200	2 628 900	2 628 900

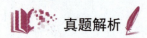

【例题4-14】　(单选题)关于借贷记账法试算平衡的表述中,不正确的是(　　)。

A. 试算平衡是为了检验一定时期内所发生经济业务在账户中记录的正确性

B. 试算平衡的方法包括发生额试算平衡法和余额平衡法

C. 试算平衡表借贷不相等,说明账户记录有错误

D. 试算平衡表是平衡的,说明账户记录正确

【答案】　D

【解析】　有些错误并不会影响借贷双方的平衡关系,如漏记某项经济业务、重记某项经济业务等。

【例题4-15】　(多选题)用公式表示试算平衡关系,正确的是(　　)。

A. 全部账户本期借方发生额合计=全部账户本期贷方发生额合计

B. 全部账户本期借方期初余额合计=全部账户本期贷方期初余额合计

C. 负债类账户借方发生额合计=负债类账户贷方发生额合计

D. 全部账户本期借方期末余额合计＝全部账户本期贷方期末余额合计

【答案】 ABD

【解析】 发生额试算平衡公式为：全部账户本期借方发生额合计＝全部账户本期贷方发生额合计；余额试算平衡公式为：全部账户期初借方余额合计＝全部账户期初贷方余额合计；全部账户期末借方余额合计＝全部账户期末贷方余额合计。

【例题 4-16】 （多选题）通过试算平衡不能发现的错误有（　　）。

A. 借贷方向完全相反 B. 重记经济业务
C. 漏记了贷方账户 D. 借贷金额不相等

【答案】 ABC

【解析】 重记、漏记经济业务均不会破坏试算平衡关系。

项目小结

本项目介绍了会计记账方法的种类，并重点讲述了复式记账法中借贷记账法的基本原理、账户结构，会计分录的概念、分类及编制步骤，以及借贷记账法下的试算平衡。通过本项目的学习应掌握借贷记账法的记账规则、账户结构，能熟练编制简单的会计分录，并能运用试算平衡原理正确编制试算平衡表。

一、单项选择题

1. 一项经济业务发生，不可能引起（　　）。
   A. 资产、所有者权益同时增加　　B. 资产、负债同时增加
   C. 资产、所有者权益同时减少　　D. 一项负债增加，一项所有者权益增加

2. 下列会计业务中会使企业月末资产总额发生变化的是（　　）。
   A. 从银行提取现金　　B. 购买原材料，货款未付
   C. 购买原材料，货款已付　　D. 现金存入银行

3. 某企业资产总额600万元，发生下列经济业务：（1）收到外单位投资40万元存入银行；（2）以银行存款支付前欠材料款12万元；（3）以银行存款偿还银行借款10万元。如此一来，企业资产总额应为（　　）万元。
   A. 636　　B. 628　　C. 648　　D. 618

4. 某企业资产总额为500万元，所有者权益为400万元。向银行借入70万元借款后，负债总额为（　　）万元。
   A. 470　　B. 170　　C. 570　　D. 30

5. 复式记账法是指每一项经济业务发生，都要在（　　）相互关联的账户中，以相同金额同时进行登记的记账方法。
   A. 一个　　B. 两个　　C. 两个以上　　D. 两个或两个以上

6. 简单会计分录是指（　　）。
   A. 一贷多借　　B. 一借多贷　　C. 一借一贷　　D. 多借多贷

7. 借贷记账法下的发生额平衡是由( )决定的。
   A. 记账规则   B. 账户结构   C. 会计等式   D. 平行登记要点
8. 借贷记账法下的余额试算平衡公式是( )。
   A. 每个账户发生额 = 每个账户贷方发生额
   B. 全部账户本期借方发生额合计 = 全部账户本期贷方发生额合计
   C. 全部账户期末借方余额合计 = 全部账户期末贷方余额合计
   D. 每个账户期末借方余额 = 每个账户期末贷方余额
9. 借贷记账法的理论依据是( )。
   A. 会计恒等式   B. 有借必有贷   C. 借贷必相等   D. 账户对应关系
10. 运用复式记账法登记账户时,有关账户之间存在着( )。
    A. 从属关系   B. 对应关系   C. 统驭关系   D. 一致关系
11. 在借贷记账法下,账户的期末余额一般登记在( )。
    A. 增加额一方   B. 减少额一方   C. 借方   D. 贷方
12. 下列记账错误中,可以通过编制试算平衡表判断的记账错误是( )。
    A. 漏记了某项经纪业务
    B. 错误地使用了应借记的会计科目
    C. 只登记了会计分录的借方或贷方,漏记了另一方
    D. 颠倒了记账方向
13. 账户的对应关系是指( )。
    A. 总分类账户与明细分类账户之间的关系
    B. 有关账户之间的应借应贷关系
    C. 资产类账户与负债类账户之间的关系
    D. 成本类账户与损益类账户之间的关系
14. ( )账户的余额一般在贷方。
    A. 管理费用   B. 实收资本   C. 主营业务成本   D. 制造费用
15. 下列账户中,借方登记增加额、贷方登记减少额的是( )。
    A. 固定资产   B. 预收账款   C. 应付职工薪酬   D. 盈余公积
16. ( )通常没有期末余额。
    A. 资产类账户   B. 负债类账户
    C. 所有者权益类账户   D. 损益类账户
17. 资产类账户与权益类账户的结构是( )。
    A. 相同的   B. 相反的   C. 不稳定的   D. 相似的
18. 资产类账户期末余额的计算公式是( )。
    A. 期初借方余额 + 本期借方发生额 − 本期贷方发生额
    B. 期初贷方余额 + 本期贷方发生额 − 本期借方发生额
    C. 本期借方发生额 − 期初借方余额 + 本期贷方发生额
    D. 本期贷方发生额 − 期初贷方余额 + 本期借方发生额
19. 采用借贷记账法,费用类账户的结构特点是( )。
    A. 借记增加,贷记减少,余额在借方

B. 借记减少,贷记增加,余额在贷方

C. 借记增加,贷记减少,一般无余额

D. 借记减少,贷记增加,一般无余额

20. 公司职员因公出差预借差旅费 1 000 元,应借记(　　)。

　　A. 其他应付款　　B. 其他应收款　　C. 库存现金　　D. 管理费用

二、多项选择题

1. 复式记账法包括的基本要素有(　　)。

　　A. 平衡原理　　B. 记账符号　　C. 记账规则　　D. 试算平衡

2. 在借贷记账法下,账户借方登记(　　)。

　　A. 资产增加　　B. 负债增加　　C. 负债减少　　D. 所有者权益增加

3. 在借贷记账法下,账户贷方登记(　　)。

　　A. 资产增加　　B. 负债增加　　C. 所有者权益减少　　D. 费用转销

4. 借贷记账法的基本内容包括(　　)。

　　A. "借""贷"记账符号　　　　　　B. 记账规则

　　C. 账户结构　　　　　　　　　　D. 试算平衡

5. 试算平衡时所无法及时发现的错误包括(　　)。

　　A. 一笔会计分录被重复记账

　　B. 借贷方向、金额正确,但用错了账户

　　C. 一笔经济业务被漏记

　　D. 一笔经济业务的借方金额记错

6. 下列说法正确的有(　　)。

　　A. 账户的期末余额等于期初余额

　　B. 余额一般与增加额在同一方向

　　C. 账户的借方发生额等于贷方发生额

　　D. 如果左方记增加额,右方就记减少额

7. 借贷记账法下,"借"表示(　　)。

　　A. 权益的增加　　　　　　　　　B. 费用成本的增加

　　C. 资产的增加　　　　　　　　　D. 收入的增加

8. 在借贷记账法下,每笔会计分录必须具备的要素有(　　)。

　　A. 记账方法　　　　　　　　　　B. 所涉及的账户名称

　　C. 借贷方向　　　　　　　　　　D. 记账金额

9. 下列(　　)账户的结构与"短期借款"账户的结构相同。

　　A. 应付利息　　B. 应付账款　　C. 原材料　　D. 实收资本

10. 复式记账法主要包括(　　)。

　　A. 借贷记账法　　B. 收付记账法　　C. 增减记账法　　D. 单式记账法

11. 下列(　　)账户的结构与"财务费用"账户的结构相同。

　　A. 销售费用　　　　　　　　　　B. 预付账款

　　C. 主营业务成本　　　　　　　　D. 营业外支出

12. 下列( )账户的余额一般在贷方。
    A. 固定资产　　　　　　　　B. 预收账款
    C. 应付职工薪酬　　　　　　D. 实收资本
13. 总分类账户余额试算平衡关系有( )。
    A. 所有账户期初借方余额合计数和所有账户期末借方余额合计数相等
    B. 所有账户期初贷方余额合计数和所有账户期末贷方余额合计数相等
    C. 所有账户期初借方余额合计数和所有账户期初贷方余额合计数相等
    D. 所有账户期末借方余额合计数和所有账户期末贷方余额合计数相等
14. 借贷记账法的记账规则是( )。
    A. 有借必有贷　　　　　　　B. 借贷必相等
    C. 借方登记增加数　　　　　D. 贷方登记减少数
15. 下列说法中错误的有( )。
    A. 企业不能编制多借多贷的会计分录
    B. 从某一会计分录看,借方科目与贷方科目互为对应科目
    C. 通过试算平衡,若全部账户的借贷金额相等,则账户记录是正确的
    D. 从某个企业看,全部借方科目与全部贷方科目互为对应科目

三、判断题

1. "收入－费用＝利润",这一会计等式是复式记账法的理论基础,也是编制利润表的依据。( )
2. 复式记账法是以资产和权益之间的平衡关系作为记账理论基础的,对企业发生的每一项经济业务都要在两个相互联系的账户中登记。( )
3. 简单会计分录只有一借一贷,复合会计分录是多借多贷。( )
4. 借贷记账法下,借方可以表示资产增加、费用增加,以及负债及所有者权益的减少。( )
5. 试算平衡的方法可以用来检查账户记录的正确性,试算不平衡说明账户记录肯定有误,如果平衡就说明账户记录无误。( )
6. 累计折旧属于资产类账户,借方登记折旧的增加数,贷方登记折旧的减少数。( )
7. "短期借款"账户的期初余额为50 000元,本期借方发生额为40 000元,期末余额为30 000元,则该账户本期贷方发生额为60 000元。( )
8. 从数量金额上看,资产和权益始终保持平衡关系,因此任何经济业务的发生均不会改变资产和权益的总额。( )
9. 成本、费用类账户的结构与资产类账户的结构相同。( )
10. 在会计实际工作中,用试算平衡表来查验记账是否准确无误有一定的局限性。( )

四、业务题

【资料】 某公司2016年7月发生如下经济业务:
1. 向银行借入为期三个月的借款100 000元,款已划入企业银行存款户。
2. 出纳员王明从银行提取现金700元备用。

3. 采购员李红出差预借差旅费 500 元，以现金支付。
4. 以银行存款偿还上月所欠甲公司材料款 20 000 元。
5. 经批准将盈余公积 50 000 元转增资本。
6. 购入办公用品 400 元，以现金支付，交管理部门使用。

【要求】 根据以上资料，采用借贷记账法练习编制会计分录。

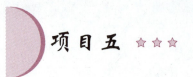

项目五

核算企业的主要经济业务

★ 项目简介

不同企业的经济业务各有特点,其生产经营业务流程也不尽相同,本项目主要介绍企业资金筹集、设备购置、材料采购、产品生产、商品销售和利润分配等经济业务。

针对企业生产经营过程中发生的上述经济业务,账务处理的主要内容有:(1) 资金筹集业务的账务处理;(2) 固定资产业务的账务处理;(3) 材料采购业务的账务处理;(4) 生产业务的账务处理;(5) 销售业务的账务处理;(6) 期间费用的账务处理;(7) 利润形成与分配业务的账务处理。

知识目标(大纲要求)

1. 了解企业资金的循环与周转过程;
2. 理解核算企业主要经济业务的会计科目;
3. 掌握企业主要经济业务的账务处理;
4. 掌握企业净利润的计算;
5. 掌握企业净利润的分配。

能力目标

通过本项目学习能正确处理会计主体的资金筹集、固定资产、材料采购、生产、销售、期间费用、利润形成与分配等业务。

知识准备

任何一个单位都应当在符合国家统一的会计制度规定的基础上,结合企业的自身特点设置会计科目与账户,采用复式记账原理中的借贷记账法确定一个单位发生或完成的每一笔经济业务的会计分录,并登记到各个账户中。

任务一 资金筹集业务的账务处理

企业的资金从货币资金开始,经过供、产、销三个过程,依次由货币资金转化为储备资金,再转化为生产资金、产品资金,最后又转化为货币资金的过程称为资金的循环。随着生产经营过程的不断进行,资金周而复始不断地循环叫做资金的周转。

企业的资金筹集业务按其资金来源通常分为所有者权益筹资和负债筹资。所有者权益筹资形成所有者的权益(通常称为权益资本),包括投资者的投资及其增值,这部分资本的所有者既享有企业的经营收益,也承担企业的经营风险;负债筹资形成债权人的权益(通常称为债务资本),主要包括企业向债权人借入的资金和结算形成的负债资金等,这部分资本的所有者享有按约收回本金和利息的权利。

一、所有者权益筹资业务

(一) 所有者投入资本的构成

所有者投入资本按照投资主体的不同可以分为国家资本金、法人资本金、个人资本金和外商资本金等。

所有者投入的资本主要包括实收资本(或股本)和资本公积。

实收资本(或股本)是指企业的投资者按照企业章程、合同或协议的约定,实际投入企业的资本金以及按照有关规定由资本公积、盈余公积等转增资本的资金。

资本公积是企业收到投资者投入的超出其在企业注册资本(或股本)中所占份额的投资,以及直接计入所有者权益的利得和损失等。资本公积作为企业所有者权益的重要组成部分,主要用于转增资本。

(二) 账户设置

企业通常设置以下账户对所有者权益筹资业务进行核算:

1. "实收资本(或股本)"账户

"实收资本"账户(股份有限公司一般设置"股本"账户)属于所有者权益类账户,用以核算企业接受投资者投入的实收资本。该账户贷方登记所有者投入企业资本金的增加额,借方登记所有者投入企业资本金的减少额。期末余额在贷方,反映企业期末实收资本(或股本)总额。该账户可按投资者的不同设置明细账户,进行明细核算。

2. "资本公积"账户

"资本公积"账户属于所有者权益类账户,用以核算企业收到投资者出资额超出其在注册资本或股本中所占份额的部分,以及直接计入所有者权益的利得和损失等。该账户借方登记资本公积的减少额,贷方登记资本公积的增加额。期末余额在贷方,反映企业期末资本公积的结余数额。该账户可按资本公积的来源不同,分别按"资本溢价(或股本溢价)"、"其他资本公积"进行明细核算。

3. "银行存款"账户

"银行存款"账户属于资产类账户,用以核算企业存入银行或其他金融机构的各种款项,但是银行汇票存款、银行本票存款、信用卡存款、信用证保证金存款、存出投资款、外埠存款等,通过"其他货币资金"账户核算。该账户借方登记存入的款项,贷方登记提取或支出的存款。期末余额在借方,反映企业存在银行或其他金融机构的各种款项。该账户应当按照开户银行、存款种类等分别进行明细核算。

（三）账务处理

企业接受投资者投入的资本,借记"银行存款"、"固定资产"、"无形资产"、"长期股权投资"等科目,按其在注册资本或股本中所占份额,贷记"实收资本（或股本）"科目,按其差额,贷记"资本公积——资本溢价（或股本溢价）"科目。

真题解析

【例5-1】 甲公司收到投资者投入货币资金100 000元;投入原材料50 000元;投入机器一台,评估价为20 000元;投入专利技术一项,评估价为70 000元。假定不考虑增值税因素,请作甲公司的会计分录。

【答案】 借：银行存款　　　　　　　　　　　　　　　　100 000
　　　　　　原材料　　　　　　　　　　　　　　　　　　50 000
　　　　　　固定资产　　　　　　　　　　　　　　　　　20 000
　　　　　　无形资产　　　　　　　　　　　　　　　　　70 000
　　　　　贷：实收资本　　　　　　　　　　　　　　　　240 000

【解析】 该业务导致甲企业的银行存款增加了100 000元,原材料增加了50 000元,固定资产增加了20 000元,无形资产增加了70 000元。同时实收资本增加了240 000（100 000 + 50 000 + 20 000 + 70 000）元。

【例5-2】 乙公司收到投资者投入资本300 000元,其中200 000元作为实收资本,另100 000元作为资本公积,公司收到投资后存入银行,相关手续已办妥。请作乙公司的会计分录。

【答案】 借：银行存款　　　　　　　　　　　　　　　　300 000
　　　　　贷：实收资本　　　　　　　　　　　　　　　　200 000
　　　　　　　资本公积——资本溢价　　　　　　　　　　100 000

【解析】 该业务导致乙公司的银行存款增加了300 000元,同时实收资本增加了200 000元。超出注册资本的份额作资本公积处理。

二、负债筹资业务

（一）负债的主要构成

（1）短期借款：是指企业为了满足其生产经营对资金的临时性需要而向银行或其他金融机构等借入的偿还期限在一年以内（含一年）的各种借款。

（2）长期借款：是指企业向银行或其他金融机构等借入的偿还期限在一年以上（不含一年）的各种借款。

（3）结算形成的负债：主要有应付账款、应付职工薪酬、应交税费等。

（二）账户设置

企业通常设置以下账户对负债筹资业务进行会计核算：

1. "短期借款"账户

"短期借款"账户属于负债类账户，用以核算企业的短期借款。该账户贷方登记短期借款本金的增加额，借方登记短期借款本金的减少额。期末余额在贷方，反映企业期末尚未归还的短期借款。该账户可按借款种类、贷款人和币种进行明细核算。

2. "长期借款"账户

"长期借款"账户属于负债类账户，用以核算企业的长期借款。该账户贷方登记企业借入的长期借款本金，借方登记归还的本金和利息。期末余额在贷方，反映企业期末尚未偿还的长期借款。该账户可按贷款单位和贷款种类，分别"本金"、"利息调整"等进行明细核算。

3. "应付利息"账户

"应付利息"账户属于负债类账户，用以核算企业按照合同约定应支付的利息，包括吸收存款、分期付息到期还本的长期借款、企业债券等应支付的利息。该账户贷方登记企业按合同利率计算确定的应付未付利息，借方登记归还的利息。期末余额在贷方，反映企业应付未付的利息。该账户可按存款人或债权人进行明细核算。

4. "财务费用"账户

"财务费用"账户属于损益类账户，用以核算企业为筹集生产经营所需资金等而发生的筹资费用，包括利息支出（减利息收入）、汇兑损益以及相关的手续费、企业发生的现金折扣或收到的现金折扣等。为购建或生产满足资本化条件的资产发生的应予资本化的借款费用，通过"在建工程"、"制造费用"等账户核算。该账户借方登记手续费、利息费用等的增加额，贷方登记应冲减财务费用的利息收入等。期末结转后，该账户无余额。

（三）账务处理

1. 短期借款的账务处理

企业借入的各种短期借款，借记"银行存款"科目，贷记"短期借款"科目；归还借款时做相反的会计分录。资产负债表日，应按计算确定的短期借款利息费用，借记"财务费用"科目，贷记"银行存款"、"应付利息"等科目。

真题解析

【例5-3】 甲企业于2016年3月1日从银行借入一笔短期借款10 000元，期限是半年，年利率是4%，利息到期直接支付，不预提。请作甲企业有关的会计分录。

【答案】 ① 借入短期借款：

借：银行存款　　　　　　　　　　　　　　　10 000
　　贷：短期借款　　　　　　　　　　　　　　　　　10 000

② 偿还本息：

借：短期借款　　　　　　　　　　　　　　　10 000
　　财务费用　　　　　　　　　　　　　　　　200（10 000×4%/2）
　　贷：银行存款　　　　　　　　　　　　　　　　　10 200

【解析】 ① 从银行借入短期借款导致银行存款增加了10 000元，短期借款增加了

10 000元。② 利息不预提的情况下偿还本息时,借款利息直接计入财务费用。

【例5-4】 A股份有限公司于2016年1月1日向银行借入一笔生产经营用短期借款,共计120 000元,期限为9个月,年利率为4%。根据与银行签署的借款协议,该项借款的本金到期后一次归还,利息分月预提,按季支付。

【答案】

① 1月1日借入短期借款:

借:银行存款　　　　　　　　　　　　　　　　　　　　　　120 000
　　贷:短期借款　　　　　　　　　　　　　　　　　　　　　　　120 000

② 计提1—2月份应付利息:120 000×4%÷12=400(元)

借:财务费用　　　　　　　　　　　　　　　　　　　　　　　400
　　贷:应付利息　　　　　　　　　　　　　　　　　　　　　　　400
借:财务费用　　　　　　　　　　　　　　　　　　　　　　　400
　　贷:应付利息　　　　　　　　　　　　　　　　　　　　　　　400

③ 3月末支付第一季度银行借款利息(二、三季度相同):

借:应付利息　　　　　　　　　　　　　　　　　　　　　　　800
　　财务费用　　　　　　　　　　　　　　　　　　　　　　　400
　　贷:银行存款　　　　　　　　　　　　　　　　　　　　　1 200

④ 10月1日偿还银行借款本金:

借:短期借款　　　　　　　　　　　　　　　　　　　　　120 000
　　贷:银行存款　　　　　　　　　　　　　　　　　　　　　120 000

【解析】 ①从银行借入短期借款导致银行存款增加了120 000元,短期借款增加了120 000元。② 利息按月预提按季偿还时,每季度前2个月利息分别计入财务费用,同时增加应付利息。③ 偿还利息当月的利息可以直接计入财务费用。④ 借款到期,偿还本金时做借入时的相反分录。

2. 长期借款的账务处理

企业借入长期借款,应按实际收到的金额借记"银行存款"科目,按借款本金贷记"长期借款——本金"科目,如存在差额,还应借记"长期借款——利息调整"科目。

资产负债表日,应按确定的长期借款的利息费用,借记"在建工程"、"制造费用"、"财务费用"、"研发支出"等科目,按确定的应付未付利息,贷记"应付利息"科目,按其差额,贷记"长期借款——利息调整"等科目。

真题解析

【例5-5】 A企业为增值税一般纳税人,于2016年11月30日从银行借入本金4 000 000元,借款期限为3年,年利率为8.4%(到期一次还本付息,不计复利),所借款项已存入银行。A企业用该借款于当日购买不需安装的生产用设备一台。

【答案】 (1) 借:银行存款　　　　　　　　　　　　　　　　4 000 000
　　　　　　　　贷:长期借款——本金　　　　　　　　　　　　　4 000 000

(2) A 企业于 2016 年 12 月 31 日计提长期借款利息。

借：财务费用　　　　　　　　　　　　　　　　　　　28 000
　　贷：长期借款——应计利息　　　　　　　　　　　　　　28 000

2016 年 12 月 31 日计提的长期借款利息 = 4 000 000 × 8.4% ÷ 12 = 28 000(元)

2017 年 1 月至 2019 年 10 月月末计提利息分录同上。

(3) 2019 年 11 月 30 日，企业偿还该笔银行借款本息。

借：长期借款——本金　　　　　　　　　　　　　　　4 000 000
　　　　　　——应计利息　　　　　　　　　　　　　　　980 000
　　财务费用　　　　　　　　　　　　　　　　　　　　28 000
　　贷：银行存款　　　　　　　　　　　　　　　　　　5 008 000

【解析】 (1) 借入 3 年期借款时导致企业银行存款增加了 4 000 000 元，长期借款增加了 4 000 000 元。(2) 到期一次还本付息，每月末计提利息时，记入财务费用等科目的同时记入"长期借款——应计利息"。(3) 偿还本息当月的利息可不预提，直接计入财务费用。

任务二　固定资产业务的账务处理

一、固定资产的概念与特征

固定资产是指为生产商品、提供劳务、出租或者经营管理而持有、使用寿命超过一个会计年度的有形资产。

固定资产同时具有以下特征：

(1) 属于一种有形资产。

(2) 为生产商品、提供劳务、出租或者经营管理而持有。

企业持有固定资产的目的是为了生产商品、提供劳务、出租或者经营管理，而不是直接用于出售。

(3) 使用寿命超过一个会计年度。

二、固定资产的成本

固定资产的成本是指企业购建某项固定资产达到预定可使用状态前所发生的一切合理、必要的支出。

企业可以通过外购、自行建造、投资者投入、非货币性资产交换、债务重组、企业合并和融资租赁等方式取得固定资产。不同取得方式下，固定资产成本的具体构成内容及其确定方法也不尽相同。

外购固定资产的成本，包括购买价款、相关税费、使固定资产达到预定可使用状态前所发生的可归属于该项资产的运输费、装卸费、安装费和专业人员服务费等。

相关税费：关税 + 进口消费税。

增值税：2009年1月1日增值税转型改革后，企业购建（包括购进、接受捐赠、实物投资、自制、改扩建和安装）生产用固定资产发生的增值税进项税额可以从销项税额中抵扣，支付的进项税额不计入固定资产成本。

自行建造：以建造该固定资产达到预定可使用状态前所发生的全部支出作为其入账价值。

真题解析

【例5-6】（单选题）增值税一般纳税人购进设备所支付的增值税款应记入（　　）。

A. 物资采购　　B. 固定资产　　C. 应交税费　　D. 在建工程

【答案】 C

【解析】 企业购建（包括购进、接受捐赠、实物投资、自制、改扩建和安装）生产用固定资产发生的增值税进项税额可以从销项税额中抵扣，支付的进项税额不计入固定资产成本。

三、固定资产折旧

（一）概念

固定资产折旧是指在固定资产使用寿命内，按照确定的方法对应计折旧额进行的系统分摊。其中，应计折旧额是指应当计提折旧的固定资产的原价扣除其预计净残值后的金额。已计提减值准备的固定资产，还应当扣除已计提的固定资产减值准备累计金额。

预计净残值：指假定固定资产的预计使用寿命已满并处于使用寿命终了时的预期状态，企业目前从该项资产的处置中获得的扣除预计处置费用后的金额。

预计净残值率：指固定资产预计净残值额占其原价的比率。

企业应当根据固定资产的性质和使用情况，合理确定固定资产的预计净残值。预计净残值一经确定，不得随意变更。

（二）固定资产折旧范围与折旧方法

1. 折旧范围

企业应当按月对所有的固定资产计提折旧，但是，已提足折旧仍继续使用的固定资产、单独计价入账的土地和持有待售的固定资产除外。提足折旧是指已经提足该项固定资产的应计折旧额。

当月增加的固定资产，当月不计提折旧，从下月起计提折旧；

当月减少的固定资产，当月仍计提折旧，从下月起不计提折旧。

提前报废的固定资产，不再补提折旧。

真题解析

【例5-7】（单选题）下列固定资产中，本月应计提的折旧（　　）。

A. 本月购进的新设备　　　　B. 本月报废的旧设备

C. 经营性租入的设备　　　　D. 已提足折旧的设备

【答案】 B

【解析】 本月报废的旧设备本月照提,下月不提;本月购进的新设备下个月开始计提折旧;经营性租入不属于本企业资产,不用计提折旧;已提足折旧的设备不计提折旧。

【例5-8】 (多选题)下列固定资产,应当计提折旧的有( )。

    A. 闲置的固定资产
    B. 单独计价入账的土地
    C. 经营租出固定资产
    D. 已提足折旧仍继续使用的固定资产

【答案】 AC

【解析】 企业应当按月对所有的固定资产计提折旧。但是,已提足折旧仍继续使用的固定资产、单独计价入账的土地和持有待售的固定资产除外。

2. 折旧方法

企业可选用的折旧方法有年限平均法、工作量法、双倍余额递减法和年数总和法等。本书重点介绍年限平均法和工作量法。

(1) 年限平均法,又称直线法,是指将固定资产的应计折旧额均匀地分摊到固定资产预计使用寿命内的一种方法。

各月应计提折旧额的计算公式如下:

月折旧额 = (固定资产原价 – 预计净残值) × 月折旧率

其中:月折旧率 = 年折旧率 ÷ 12

年折旧率 = 1 ÷ 预计使用寿命(年) × 100%

或:

年折旧额 = (原价 – 预计净残值) ÷ 预计使用年限
        = 原价 × (1 – 预计净残值/原价) ÷ 预计使用年限
        = 原价 × 年折旧率

年折旧率 = (1 – 预计净残值率) ÷ 预计使用年限 × 100%

真题解析

【例5-9】 某企业外购一台设备,原值为240 000元,预计可使用10年,该设备报废时的净残值率为4%。计算该设备每月应计提的折旧额。

【答案】

预计净残值 = 240 000 × 4% = 9 600(元)

应计提折旧额 = 240 000 – 9 600 = 230 400(元)

年折旧率 = 1 ÷ 10 × 100% = 10%

月折旧率 = 10% ÷ 12 = 0.833 3%

月折旧额 = 230 400 × 0.833 3% = 1 920(元)

或 月折旧额 = 240 000 × (1 – 4%) × 0.833 3% = 1 920(元)

    月折旧额 = 240 000 × (1 – 4%) ÷ 120 = 1 920(元)

(2) 工作量法,是根据实际工作量计算每期应提折旧额的一种方法。
计算公式如下:

某项固定资产月折旧额＝该项固定资产当月工作量×单位工作量折旧额

其中:单位工作量折旧额 $= \dfrac{\text{固定资产原价} \times (1 - \text{预计净残值率})}{\text{预计总工作量}}$

$= \dfrac{\text{固定资产原价} - \text{预计净残值}}{\text{预计总工作量}}$

【例5-11】 甲公司一台用于产品生产的精密机床,原值为1 200 000元,预计可生产10 000件甲产品,预计净残值率为3%。12月生产甲产品300件,12月应计提的折旧额为多少?

【答案】
预计净残值＝1 200 000×3%＝36 000(元)
应计提折旧额＝1 200 000－36 000＝1 164 000(元)
单位工作量折旧额＝1 164 000÷10 000＝116.4(元)
12月折旧额＝300×116.4＝34 920(元)

或月折旧额 $= \dfrac{300 \times 1\,200\,000 \times (1 - 3\%)}{10\,000} = 34\,920(\text{元})$

不同的固定资产折旧方法,将影响固定资产使用寿命期间内不同时期的折旧费用。企业应当根据与固定资产有关的经济利益的预期实现方式合理选择折旧方法,固定资产的折旧方法一经确定,不得随意变更。

固定资产在其使用过程中,因所处经济环境、技术环境以及其他环境均有可能发生很大变化,企业至少应当于每年年度终了,对固定资产的使用寿命、预计净残值和折旧方法进行复核。固定资产使用寿命、预计净残值和折旧方法的改变,应当作为会计估计变更。

四、账户设置

企业通常设置以下账户对固定资产业务进行会计核算:

1."在建工程"账户

"在建工程"账户属于资产类账户,用以核算企业基建、更新改造等在建工程发生的支出。

该账户借方登记企业各项在建工程的实际支出,贷方登记工程达到预定可使用状态时转出的成本等。期末余额在借方,反映企业期末尚未达到预定可使用状态的在建工程的成本。

该账户可按"建筑工程"、"安装工程"、"在安装设备"、"待摊支出"以及单项工程等进行明细核算。

2."工程物资"账户

"工程物资"账户属于资产类账户,用以核算企业为在建工程准备的各种物资的成本,包括工程用材料、尚未安装的设备以及为生产准备的工器具等。

该账户借方登记企业购入工程物资的成本,贷方登记领用工程物资的成本。期末余额在借方,反映企业期末为在建工程准备的各种物资的成本。

该账户可按"专用材料"、"专用设备"、"工器具"等进行明细核算。

3. "固定资产"账户

"固定资产"账户属于资产类账户,用以核算企业持有的固定资产原价。

该账户的借方登记固定资产原价的增加,贷方登记固定资产原价的减少。期末余额在借方,反映企业期末固定资产的原价。

该账户可按固定资产类别和项目进行明细核算。

4. "累计折旧"账户

"累计折旧"账户属于资产类备抵账户,用以核算企业固定资产计提的累计折旧。

该账户贷方登记按月提取的折旧额,即累计折旧的增加额,借方登记因减少固定资产而转出的累计折旧。期末余额在贷方,反映期末固定资产的累计折旧额。

该账户可按固定资产的类别或项目进行明细核算。

真题解析

【例5-12】 (单选题)关于"累计折旧"科目的表述中,不正确的是(　　)。
A. 该科目用来反映固定资产损耗价值　　B. 计提折旧应计入该科目的借方
C. 该科目期末余额应为贷方余额　　　　D. 企业每月计提固定资产折旧
【答案】 B
【解析】 计提折旧表示累计折旧增加了,累计折旧增加额登记在贷方。

五、账务处理

(一)固定资产的购入

企业购入不需要安装的固定资产,按应计入固定资产成本的金额,借记"固定资产"、"应交税费——应交增值税(进项税额)"科目,贷记"银行存款"等科目。

真题解析

【例5-13】 甲公司为增值税一般纳税人,购入不需要安装的设备一台,取得的增值税专用发票上注明的设备买价为240 000元,增值税税额为40 800元,全部款项以银行存款支付。

【答案】
借:固定资产   240 000
    应交税费——应交增值税(进项税额)   40 800
  贷:银行存款   280 800

【解析】 按税法规定,企业购买生产经营性动产支付的增值税可以抵扣,所以确定进项税额。

（二）固定资产的折旧

企业按月计提的固定资产折旧，根据固定资产的用途计入相关资产的成本或者当期损益，借记"制造费用"、"销售费用"、"管理费用"、"研发支出"、"其他业务成本"等科目，贷记"累计折旧"科目。

真题解析

【例5-14】 2016年1月，甲公司固定资产计提折旧情况如下：

生产车间厂房计提折旧76 000元，机器设备计提折旧90 000元。

管理部门房屋建筑计提折旧130 000元，运输工具计提折旧48 000元。

销售部门房屋建筑计提折旧64 000元，运输工具计提折旧52 600元。

【答案】
借：制造费用　　　　　　　　　　　　　　　　　166 000
　　管理费用　　　　　　　　　　　　　　　　　178 000
　　销售费用　　　　　　　　　　　　　　　　　116 600
　　贷：累计折旧　　　　　　　　　　　　　　　　　460 600

【解析】 根据受益原则，生产车间厂房计提的折旧应记入"制造费用"账户，管理部门房屋建筑计提的折旧应记入"管理费用"账户，销售部门房屋建筑计提的折旧应记入"销售费用"账户。

任务三　材料采购业务的账务处理

一、材料的采购成本

材料的采购成本是指企业物资从采购到入库前所发生的全部支出，包括购买价款、相关税费、运输费、装卸费、保险费以及其他可归属于采购成本的费用。

在实务中，企业也可以将发生的运输费、装卸费、保险费以及其他可归属于采购成本的费用等先进行归集，期末，按照所购材料的存销情况进行分摊。

注意：

不同纳税人支付的增值税（进项税额）处理不同：

一般纳税人不计入成本；

小规模纳税人计入成本。

真题解析

【例5-15】（单选题）企业为增值税一般纳税人，购入材料一批，增值税专用发票上标明的价款为25万元,增值税为4.25万元,另支付材料的保险费2万元、包装物押金2万元。该批材料的采购成本为( )万元。

  A. 27   B. 29   C. 29.25   D. 31.25

【答案】 A

【解析】 企业为增值税一般纳税人,采购时的增值税是不计入采购成本的;包装物押金最终是要收回的,也不计入采购成本中。故该批材料的采购成本 = 25 + 2 = 27(万元)。

二、账户设置

企业通常设置以下账户对材料采购业务进行会计核算:

1. "原材料"账户

"原材料"账户属于资产类账户,用以核算企业库存的各种材料,包括原料及主要材料、辅助材料、外购半成品(外购件)、修理用备件(备品备件)、包装材料、燃料等的计划成本或实际成本。企业收到来料加工装配业务的原料、零件等,应当设置备查账簿进行登记。

该账户借方登记已验收入库材料的成本,贷方登记发出材料的成本。期末余额在借方,反映企业库存材料的计划成本或实际成本。

该账户可按材料的保管地点(仓库)、材料的类别、品种和规格等进行明细核算。

2. "在途物资"账户

"在途物资"账户属于资产类账户,用以核算企业采用实际成本(或进价)进行材料、商品等物资的日常核算、货款已付尚未验收入库的在途物资的采购成本。

该账户借方登记购入材料、商品等物资的买价和采购费用(采购实际成本),贷方登记已验收入库材料、商品等物资应结转的实际采购成本。期末余额在借方,反映企业期末在途材料、商品等物资的采购成本。

该账户可按供应单位和物资品种进行明细核算。

3. "应付账款"账户

"应付账款"账户属于负债类账户,用以核算企业因购买材料、商品和接受劳务等经营活动应支付的款项。

该账户贷方登记企业因购入材料、商品和接受劳务等尚未支付的款项,借方登记偿还的应付账款。期末余额一般在贷方,反映企业期末尚未支付的应付账款余额;如果在借方,反映企业期末预付账款余额。该账户可按债权人进行明细核算。

4. "应付票据"账户

"应付票据"账户属于负债类账户,用以核算企业购买材料、商品和接受劳务等开出、承兑的商业汇票,包括银行承兑汇票和商业承兑汇票。

该账户贷方登记企业开出、承兑的商业汇票,借方登记企业已经支付或者到期无力支付的商业汇票。期末余额在贷方,反映企业尚未到期的商业汇票的票面金额。

该账户可按债权人进行明细核算。

5. "预付账款"账户

"预付账款"账户属于资产类账户,用以核算企业按照合同规定预付的款项。预付款项情况不多的,也可以不设置该账户,将预付的款项直接记入"应付账款"账户。

该账户的借方登记企业因购货等业务预付的款项,贷方登记企业收到货物后应支付的款项等。期末余额在借方,反映企业预付的款项;期末余额在贷方,反映企业尚需补付的款项。

该账户可按供货单位进行明细核算。

6."应交税费"账户

"应交税费"账户属于负债类账户,用以核算企业按照税法等规定计算应交纳的各种税费,包括增值税、消费税、营业税、所得税、资源税、土地增值税、城市维护建设税、房产税、土地使用税、车船使用税、教育费附加、矿产资源补偿费等。企业代扣代交的个人所得税等,也通过本账户核算。

该账户贷方登记各种应交未交税费的增加额,借方登记实际缴纳的各种税费。期末余额在贷方,反映企业尚未交纳的税费;期末余额在借方,反映企业多交或尚未抵扣的税费。

该账户可按应交的税费项目进行明细核算。

三、账务处理

材料的日常收发结存可以采用实际成本核算,也可以采用计划成本核算。

(一)实际成本法核算的账务处理

实际成本法下,一般通过"原材料"和"在途物资"等科目进行核算。企业外购材料时,按材料是否验收入库分为以下两种情况:

1. 材料已验收入库

如果货款已经支付,发票账单已到,材料已验收入库,按支付的实际金额,借记"原材料"、"应交税费——应交增值税(进项税额)"等科目,贷记"银行存款"、"预付账款"等科目。

如果货款尚未支付,材料已经验收入库,按相关发票凭证上应付的金额,借记"原材料"、"应交税费——应交增值税(进项税额)"等科目,贷记"应付账款"、"应付票据"等科目。

如果货款尚未支付,材料已经验收入库,但月末仍未收到相关发票凭证,按照暂估价入账,即借记"原材料"科目,贷记"应付账款"等科目。下月初作相反分录予以冲回,收到相关发票账单后再编制会计分录。

2. 材料尚未验收入库

如果货款已经支付,发票账单已到,但材料尚未验收入库,按支付的金额,借记"在途物资"、"应交税费——应交增值税(进项税额)"等科目,贷记"银行存款"等科目;待验收入库时再作后续分录。

对于可以抵扣的增值税进项税额,一般纳税人企业应根据收到的增值税专用发票上注明的增值税额,借记"应交税费——应交增值税(进项税额)"科目。

真题解析

【例5-16】 甲公司对外订购一批材料,按合同约定先付款20 000元。一个月后,该公司收到专用发票,记载货款为25 000元,增值税4 350元,且材料已验收入库,补付余款。该公司采用实际成本法核算原材料。

当该公司按合同预定付款时,会计分录:

【答案】

借:预付账款 20 000
　　贷:银行存款 20 000

材料验收入库时,会计分录:

借:原材料 25 000
　　应交税费——应交增值税(进项税额) 4 350
　　贷:预付账款 29 350

该公司补付余款时,会计分录如下:

借:预付账款 9 350
　　贷:银行存款 9 350

需要注意的是,如果该公司预付款项的金额大于最终应支付的金额,则需作相反会计分录。

【解析】 预付业务不多的企业可以不设置"预付账款"账户,预付业务并入"应付账款"账户。

【例5-17】 乙公司外购一批原材料,专用发票记载货款为25 000元,增值税4 350元,且材料已验收入库。如果该公司未支付货款,开出一张金额为10 000元的银行汇票。该公司采用实际成本法核算原材料。

【答案】

材料验收入库时,会计分录如下:

借:原材料 25 000
　　应交税费——应交增值税(进项税额) 4 350
　　贷:应付账款 19 350
　　　　应付票据 10 000

【解析】 企业购入材料,验收入库后,可以直接计入"原材料"账户。

【例5-18】 丙公司外购一批原材料,专用发票上记载货款为25 000元,增值税4 350元,全部货款已用银行存款支付,但材料尚未验收入库。该公司采用实际成本法核算原材料。

【答案】

会计分录如下:

借:在途物资 25 000
　　应交税费——应交增值税(进项税额) 4 350
　　贷:银行存款 29 350

材料验收入库时,会计分录如下:

借:原材料 25 000
　　贷:在途物资 25 000

【解析】 企业购入材料,尚未入库时应计入"在途物资"账户。验收入库后转入"原材料"账户。

(二)计划成本法核算的账务处理

1. 计划成本法下,一般通过"材料采购"、"原材料"、"材料成本差异"等科目进行核算

(1)"材料采购"账户。"材料采购"账户属于资产类账户,用以核算企业采用计划成本进行材料日常核算而购入材料的采购成本。

该账户借方登记企业采用计划成本进行核算时,采购材料的实际成本以及材料入库时结转的节约差异,贷方登记入库材料的计划成本以及材料入库时结转的超支差异。期末余额在借方,反映企业在途材料的采购成本。

该账户可按供应单位和材料品种进行明细核算。

(2)"材料成本差异"账户。"材料成本差异"账户属于资产类账户,用以核算企业采用计划成本进行日常核算的材料计划成本与实际成本的差额。

该账户借方登记入库材料形成的超支差异以及转出的发出材料应负担的节约差异,贷方登记入库材料形成的节约差异以及转出的发出材料应负担的超支差异。期末余额在借方,反映企业库存材料等的实际成本大于计划成本的差异;期末余额在贷方,反映企业库存材料等的实际成本小于计划成本的差异。

该账户可以分别"原材料"、"周转材料"等,按照类别或品种进行明细核算。

2. 企业外购材料时,按材料是否验收入库分为两种情况

(1)材料已验收入库。如果货款已经支付,发票账单已到,材料已验收入库。

采购材料时按支付的实际成本:

借:材料采购(小)(大)
　　贷:银行存款

入库时按计划成本金额:

借:原材料
　　贷:材料采购(小)(大)

入库时按计划成本与实际成本之间的差额结转:

借:材料采购(材料入库时结转的节约差异)
　　贷:材料成本差异(材料入库时形成的节约差异)

(或者)借:材料成本差异(材料入库时形成的超支差异)
　　　　　贷:材料采购(材料入库时结转的超支差异)

领用发出材料时(按计划成本领用)

借:生产成本
　　贷:原材料

借:材料成本差异(转出发出材料应负担的节约差异)
　　贷:生产成本

(或者)借:生产成本
　　　　　贷:材料成本差异(转出发出材料应负担的超支差异)

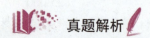
真题解析

[例5-13] 甲公司外购一批原材料,货款10 000元,增值税1700元,发票账单已收到,

计划成本为 11 000 元，材料未验收入库，款项已用银行存款支付。该公司采用计划成本法核算原材料。

【答案】

采购材料时，会计分录如下：

借：材料采购　　　　　　　　　　　　　　　　　　　　　10 000
　　应交税费——应交增值税（进项税额）　　　　　　　　 1 700
　　贷：银行存款　　　　　　　　　　　　　　　　　　　　　　　11 700

材料验收入库时，会计分录如下：

借：原材料　　　　　　　　　　　　　　　　　　　　　　11 000
　　贷：材料采购　　　　　　　　　　　　　　　　　　　　　　　11 000
借：材料采购　　　　　　　　　　　　　　　　　　　　　 1 000
　　贷：材料成本差异　　　　　　　　　　　　　　　　　　　　　 1 000

领用发出材料时

借：生产成本　　　　　　　　　　　　　　　　　　　　　11 000
　　贷：原材料　　　　　　　　　　　　　　　　　　　　　　　　11 000
借：材料成本差异　　　　　　　　　　　　　　　　　　　 1 000
　　贷：生产成本　　　　　　　　　　　　　　　　　　　　　　　 1 000

【解析】　计划成本法下，购入材料都要通过"材料采购"账户核算，在"材料采购"账户中确定材料的实际成本。验收入库时按计划成本计入"原材料"账户。实际成本与计划成本的差额计入"材料成本差异"账户，其金额为（实际成本－计划成本），差为正数计入借方，负数计入贷方。

如果货款尚未支付，发票凭证已经收到，材料已经验收入库。

采购材料时按相关发票凭证上应付的金额：

借：材料采购
　　贷：应付账款（或者）应付票据

入库时按计划成本金额：

借：原材料
　　贷：材料采购

入库时按计划成本与实际成本之间的差额：

借：材料采购（材料入库时结转的节约差异）
　　贷：材料成本差异（材料入库时形成的节约差异）
（或者）借：材料成本差异（材料入库时形成的超支差异）
　　　　　贷：材料采购（材料入库时结转的超支差异）

如果材料已经验收入库，货款尚未支付，月末仍未收到相关发票凭证，按照计划成本暂估入账，即借记"原材料"科目，贷记"应付账款"等科目。下月初作相反分录予以冲回，收到账单后再编制会计分录。

【例5-14】　乙公司外购一批原材料，材料已验收入库，但月末仍未收到相关发票凭证，该材料的计划成本为 800 000 元。该公司采用计划成本法核算原材料。

【答案】
月末暂估入账时,会计分录如下:
借:原材料　　　　　　　　　　　　　　　　　　　800 000
　　贷:应付账款　　　　　　　　　　　　　　　　　　800 000
下月初作相反的会计分录予以冲回,收到发票账单后再编制会计分录。
【解析】　企业购入材料,料到,票未到,平时不做账,月末仍未到,按计划价暂估入账。

(2) 材料尚未验收入库。如果相关发票凭证已到,但材料尚未验收入库,按支付或应付的实际金额,借记"材料采购"科目,贷记"银行存款"、"应付账款"等科目;待验收入库时再作后续分录。

对于可以抵扣的增值税进项税额,一般纳税人企业应根据收到的增值税专用发票上注明的增值税额,借记"应交税费——应交增值税(进项税额)"科目。

任务四　生产业务的账务处理

企业产品的生产过程同时也是生产资料的耗费过程。企业在生产过程中发生的各项生产费用,是企业为获得收入而预先垫支并需要得到补偿的资金耗费。这些费用最终都要归集、分配给特定的产品,形成产品的成本。产品成本的核算是指把一定时期内企业生产过程中所发生的费用,按其性质和发生地点分类归集、汇总、核算,计算出该时期内生产费用发生总额,并按适当方法分别计算出各种产品的实际成本和单位成本等。

一、生产费用的构成

生产费用是指与企业日常生产经营活动有关的费用,按其经济用途可分为直接材料、直接人工和制造费用。

(一)直接材料
直接材料是指构成产品实体的原材料以及有助于产品形成的主要材料和辅助材料。

(二)直接人工
直接人工是指直接从事产品生产的工人的职工薪酬。

(三)制造费用
制造费用是指企业为生产产品和提供劳务而发生的各项间接费用。

真题解析

【例5-15】　(单选题)下列属于制造费用的是(　　)。
　　A. 生产工人的工资
　　B. 生产用的原材料
　　C. 企业行政管理部门固定资产的折旧费

D. 生产车间的办公费用

【答案】 D

【解析】 A属于直接人工，B属于直接材料，C属于管理费用。

【例5-16】 （多选题）生产费用是指与企业日常生产经营活动有关的费用，按其经济用途可分为（　　）。

A. 直接材料　　　B. 职工薪酬　　　C. 直接人工　　　D. 制造费用

【答案】 ACD

【解析】 生产费用是指与企业日常生产经营活动有关的费用，按其经济用途可分为直接材料、直接人工和制造费用。

二、账户设置

企业通常设置以下账户对生产费用业务进行会计核算：

1."生产成本"账户

"生产成本"账户属于成本类账户，用以核算企业生产各种产品（产成品、自制半成品等）、自制材料、自制工具、自制设备等发生的各项生产成本。

该账户借方登记应计入产品生产成本的各项费用，包括直接计入产品生产成本的直接材料费、直接人工费和其他直接支出，以及期末按照一定的方法分配计入产品生产成本的制造费用；贷方登记完工入库产成品应结转的生产成本。期末余额在借方，反映企业期末尚未加工完成的在产品成本。

该账户可按基本生产成本和辅助生产成本进行明细分类核算。基本生产成本应当分别按照基本生产车间和成本核算对象（如产品的品种、类别、定单、批别、生产阶段等）设置明细账（或成本计算单），并按照规定的成本项目设置专栏。

2."制造费用"账户

"制造费用"账户属于成本类账户，用以核算企业生产车间（部门）为生产产品和提供劳务而发生的各项间接费用。

该账户借方登记实际发生的各项制造费用，贷方登记期末按照一定标准分配转入"生产成本"账户借方的应计入产品成本的制造费用。期末结转后，该账户一般无余额。

该账户可按不同的生产车间、部门和费用项目进行明细核算。

3."库存商品"账户

"库存商品"账户属于资产类账户，用以核算企业库存的各种商品的实际成本（或进价）或计划成本（或售价），包括库存产成品、外购商品、存放在门市部准备出售的商品、发出展览的商品以及寄存在外的商品等。

该账户借方登记验收入库的库存商品成本，贷方登记发出的库存商品成本。期末余额在借方，反映企业期末库存商品的实际成本（或进价）或计划成本（或售价）。

该账户可按库存商品的种类、品种和规格等进行明细核算。

4."应付职工薪酬"账户

"应付职工薪酬"账户属于负债类账户，用以核算企业根据有关规定应付给职工的各种薪酬。

该账户借方登记本月实际支付的职工薪酬数额；贷方登记本月计算的应付职工薪酬总

额,包括各种工资、奖金、津贴和福利费等。期末余额在贷方,反映企业应付未付的职工薪酬。

该账户可按"工资"、"职工福利"、"社会保险费"、"住房公积金"、"工会经费"、"职工教育经费"、"非货币性福利"、"辞退福利"、"股份支付"等进行明细核算。

真题解析

【例5-17】 (单选题)生产车间管理人员的短期职工薪酬应借记( )科目。
A. 应付职工薪酬　　B. 制造费用　　C. 生产成本　　D. 在建工程
【答案】 B
【解析】 生产车间管理人员的短期职工薪酬属于间接费用,应借记"制造费用"科目,贷记"应付职工薪酬"科目。

【例5-18】 (多选题)下列各项中,属于企业在进行生产业务账务处理时通常要设置的账户有( )。
A. 生产成本　　B. 制造费用　　C. 库存商品　　D. 应付职工薪酬
【答案】 ABCD
【解析】 企业进行生产业务账务处理时,设置"生产成本"账户归集产品直接成本,设置"制造费用"归集产品间接成本,设置"库存商品"账户用于归集已经完工产品的全部成本,设置"应付职工薪酬"账户用于归集生产车间工人的工资。

三、账务处理

(一)材料费用的归集与分配

在确定材料费用时,应根据领料凭证区分车间、部门和不同用途后,按照确定的结果将发出材料的成本借记"生产成本"、"制造费用"、"管理费用"等科目,贷记"原材料"等科目。

对于直接用于某种产品生产的材料费用,应直接计入该产品生产成本明细账中的直接材料费用项目;对于由多种产品共同耗用、应由这些产品共同负担的材料费用,应选择适当的标准在这些产品之间进行分配,按分担的金额计入相应的成本计算对象(生产产品的品种、类别等);对于为提供生产条件等间接消耗的各种材料费用,应先通过"制造费用"科目进行归集,期末再同其他间接费用一起按照一定的标准分配计入有关产品成本;对于行政管理部门领用的材料费用,应记入"管理费用"科目。

真题解析

【例5-19】 A产品直接耗用甲、乙材料共150 000元,B产品直接耗用甲、乙材料共210 000元;车间一般性消耗的甲、乙材料共31 000元。会计分录如下:
【答案】 借:生产成本——A产品　　　　　　　　　　　　150 000
　　　　　　　　——B产品　　　　　　　　　　　　210 000
　　　　　　制造费用　　　　　　　　　　　　　　　 31 000
　　　　　贷:原材料——甲材料　　　　　　　　　　　　176 000

原材料——乙材料   215 000

【解析】 本题是直接归属,对于两种以上的产品共同耗用的原材料,则需要根据一定的方法分配计入各种产品的成品里。

(二)职工薪酬的归集与分配

职工薪酬是指企业为获得职工提供的服务或解除劳动关系而给予各种形式的报酬或补偿,具体包括:短期薪酬、离职后福利、辞退福利和其他长期职工福利。企业提供给职工配偶、子女、受赡养人、已故员工遗属及其他受益人等的福利,也属于职工薪酬。

对于短期职工薪酬,企业应当在职工为其提供服务的会计期间,按实际发生额确认为负债,并计入当期损益或相关资产成本。企业应当根据职工提供服务的受益对象,分别下列情况处理:

(1)应由生产产品、提供劳务负担的短期职工薪酬,计入产品成本或劳务成本。其中,生产工人的短期职工薪酬应借记"生产成本"科目,贷记"应付职工薪酬"科目;生产车间管理人员的短期职工薪酬属于间接费用,应借记"制造费用"科目,贷记"应付职工薪酬"科目。

当企业采用计件工资制时,生产工人的短期职工薪酬属于直接费用,应直接计入有关产品的成本。当企业采用计时工资制时,只生产一种产品的生产工人的短期职工薪酬也属于直接费用,应直接计入产品成本;对于同时生产多种产品的生产工人的短期职工薪酬,则需采用一定的分配标准(实际生产工时或定额生产工时等)分配计入产品成本。

(2)应由在建工程、无形资产负担的短期职工薪酬,计入建造固定资产或无形资产成本。

(3)除上述两种情况之外的其他短期职工薪酬应计入当期损益。如企业行政管理部门人员和专设销售机构销售人员的短期职工薪酬均属于期间费用,应分别借记"管理费用"、"销售费用"等科目,贷记"应付职工薪酬"科目。

真题解析

【例5-20】 甲公司根据当月考勤记录和生产记录等,计算确定的本月职工工资如下:A产品的生产工人工资一共640 000元,B产品的生产工人工资一共660 000元,车间管理人员工资一共37 000元,厂部管理人员工资一共35 000元。月末,以银行存款支付。会计分录如下:

【答案】 借:生产成本——A产品   640 000
              ——B产品   660 000
       制造费用   37 000
       管理费用   35 000
           贷:应付职工薪酬   1 372 000

支付时,会计分录如下:

借:应付职工薪酬   1 372 000
    贷:银行存款   1 372 000

【解析】 企业的应付职工薪酬,一般情况下是先根据不同对象进行计提,然后等到实际发放时作支付会计分录。

(三) 制造费用的归集与分配

企业发生的制造费用,应当按照合理的分配标准按月分配计入各成本核算对象的生产成本。企业可以采取的分配标准包括机器工时、人工工时、计划分配率等。

企业发生制造费用时,借记"制造费用"科目,贷记"累计折旧"、"银行存款"、"应付职工薪酬"等科目;结转或分摊时,借记"生产成本"等科目,贷记"制造费用"科目。

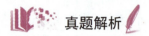

【例5-21】 甲公司按照生产工时比例分配制造费用,其中A产品生产工时为4 500小时,B产品生产工时为4 000小时。本月发生的制造费用为68 000元(31 000 + 37 000),按照生产工时比例分配,计算如下:

【答案】 制造费用分配率:68 000 ÷ (4 500 + 4 000) = 8(元/工时)

A产品负担的制造费用额 = 4 500 × 8 = 36 000(元)

B产品负担的制造费用额 = 4 000 × 8 = 32 000(元)

分配时,会计分录如下:

借:生产成本——A产品　　　　　　　　　　　　　　　　36 000
　　　　　　——B产品　　　　　　　　　　　　　　　　32 000
　　贷:制造费用　　　　　　　　　　　　　　　　　　　　　68 000

【解析】 制造费用期末一般应结转到生产成本中,若生产车间生产两种以上的产品,则制造费用需要根据一定的标准分配计入各自的产品生产成本中。

(四) 完工产品生产成本的计算与结转

产品生产成本计算是指将企业生产过程中为制造产品所发生的各种费用按照成本计算对象进行归集和分配,以便计算各种产品的总成本和单位成本。有关产品成本信息是进行库存商品计价和确定销售成本的依据,产品生产成本计算是会计核算的一项重要内容。

企业应设置产品生产成本明细账,用来归集应计入各种产品的生产费用。通过对材料费用、职工薪酬和制造费用的归集和分配,企业各月生产产品所发生的生产费用记入"生产成本"科目中。

如果月末某种产品全部完工,该种产品生产成本明细账所归集的费用总额,就是该种完工产品的总成本,用完工产品总成本除以该种产品的完工总产量即可计算出该种产品的单位成本。如果月末某种产品全部未完工,该种产品生产成本明细账所归集的费用总额就是该种产品在产品的总成本。

如果月末某种产品一部分完工,一部分未完工,这时归集在产品成本明细账中的费用总额还要采取适当的分配方法在完工产品和在产品之间进行分配,然后才能计算出完工产品的总成本和单位成本。

完工产品成本的基本计算公式为:

完工产品生产成本 = 期初在产品成本 + 本期发生的生产费用 - 期末在产品成本

当产品生产完成并验收入库时,借记"库存商品"科目,贷记"生产成本"科目。

真题解析

【例5-22】 甲公司月末恰无在产品,生产的A、B产品全部完工,其中A产品总成本826 000元,B产品总成本902 000元。A、B产品已验收入库,结转成本。会计分录如下:

【答案】 借:库存商品——A产品　　　　　　　　　　　　826 000
　　　　　　　　　——B产品　　　　　　　　　　　　902 000
　　　　贷:生产成本——A产品　　　　　　　　　　　　826 000
　　　　　　　　　——B产品　　　　　　　　　　　　902 000

【解析】 企业完工的产品应当结转入库,此过程叫结转产品的生产成本。

任务五　销售业务的账务处理

销售业务的账务处理涉及商品销售、其他销售等业务收入、成本、费用和相关税费的确认与计量等内容。

一、商品销售收入的确认与计量

企业销售商品收入的确认,必须同时符合以下条件:
(1) 企业已将商品所有权上的主要风险和报酬转移给购货方;
(2) 企业既没有保留通常与商品所有权相联系的继续管理权,也没有对已售出的商品实施控制;
(3) 收入的金额能够可靠地计量;
(4) 相关的经济利益很可能流入企业,是指销售商品价款收回的可能性大于不能收回的可能性,即销售商品价款收回的可能性超过50%;
(5) 相关的已发生或将发生的成本能够可靠地计量。

二、账户设置

企业通常设置以下账户对销售业务进行会计核算:

1. "主营业务收入"账户

"主营业务收入"账户属于损益类账户,用以核算企业确认的销售商品、提供劳务等主营业务的收入。

该账户贷方登记企业实现的主营业务收入,即主营业务收入的增加额;借方登记期末转入"本年利润"账户的主营业务收入(按净额结转),以及发生销售退回和销售折让时应冲减本期的主营业务收入。期末结转后,该账户无余额。

该账户应按照主营业务的种类设置明细账户,进行明细分类核算。

2. "其他业务收入"账户

"其他业务收入"账户属于损益类账户,用以核算企业确认的除主营业务活动以外的其他经营活动实现的收入,包括出租固定资产、出租无形资产、出租包装物和商品、销售材料等。

该账户贷方登记企业实现的其他业务收入,即其他业务收入的增加额;借方登记期末转入"本年利润"账户的其他业务收入。期末结转后,该账户无余额。

该账户可按其他业务的种类设置明细账户,进行明细分类核算。

3. "应收账款"账户

"应收账款"账户属于资产类账户,用以核算企业因销售商品、提供劳务等经营活动应收取的款项。

该账户借方登记由于销售商品以及提供劳务等发生的应收账款,包括应收取的价款、税款和代垫款等;贷方登记已经收回的应收账款。期末余额通常在借方,反映企业尚未收回的应收账款;期末余额如果在贷方,则反映企业预收的账款。

该账户应按不同的债务人进行明细分类核算。

4. "应收票据"账户

"应收票据"账户属于资产类账户,用以核算企业因销售商品、提供劳务等而收到的商业汇票。

该账户借方登记企业收到的应收票据,贷方登记票据到期收回的应收票据;期末余额在借方,反映企业持有的商业汇票的票面金额。

该账户可按开出、承兑商业汇票的单位进行明细核算。

5. "预收账款"账户

"预收账款"账户属于负债类账户,用以核算企业按照合同规定预收的款项。预收账款情况不多的,也可以不设置本账户,将预收的款项直接记入"应收账款"账户。

该账户贷方登记企业向购货单位预收的款项等,借方登记销售实现时按实现的收入转销的预收款项等。期末余额在贷方,反映企业预收的款项;期末余额在借方,反映企业已转销但尚未收取的款项。

该账户可按购货单位进行明细核算。

6. "主营业务成本"账户

"主营业务成本"账户属于损益类账户,用以核算企业确认销售商品、提供劳务等主营业务收入时应结转的成本。

该账户借方登记主营业务发生的实际成本,贷方登记期末转入"本年利润"账户的主营业务成本。期末结转后,该账户无余额。

该账户可按主营业务的种类设置明细账户,进行明细分类核算。

7. "其他业务成本"账户

"其他业务成本"账户属于损益类账户,用以核算企业确认的除主营业务活动以外的其他经营活动所发生的支出,包括销售材料的成本、出租固定资产的折旧额、出租无形资产的摊销额、出租包装物的成本或摊销额等。

该账户借方登记其他业务的支出额,贷方登记期末转入"本年利润"账户的其他业务支出额。期末结转后,该账户无余额。

该账户可按其他业务的种类设置明细账户,进行明细分类核算。

8."营业税金及附加"账户

"营业税金及附加"账户属于损益类账户,用以核算企业经营活动发生的营业税、消费税、城市维护建设税、资源税和教育费附加等相关税费。

需注意的是,房产税、车船使用税、土地使用税、印花税通过"管理费用"账户核算,但与投资性房地产相关的房产税、土地使用税通过该账户核算。

该账户借方登记企业应按规定计算确定的与经营活动相关的税费,贷方登记期末转入"本年利润"账户的与经营活动相关的税费。期末结转后,该账户无余额。

📖 **真题解析** 🖋

【例5-23】(单选题)工业企业的产品销售收入、商品流通企业的商品销售收入属于( )。

  A. 主营业务收入 B. 其他业务收入 C. 投资收益 D. 营业外收入

【答案】 A

【解析】 工业企业的产品销售、商品流通企业的商品销售属于企业的主要业务,因此获得的收入属于主营业务收入。

【例5-24】(单选题)出租固定资产、无形资产的收入属于( )。

  A. 主营业务收入   B. 其他业务收入
  C. 投资收益   D. 营业外收入

【答案】 B

【解析】 出租固定资产、无形资产的业务属于企业非日常的业务,因此取得的收入属于其他业务收入。

【例5-25】(多选题)下列各项中,在"其他业务成本"账户中核算的有( )。

  A. 销售材料的成本   B. 出租固定资产的折旧额
  C. 出租包装物的成本   D. 销售商品、提供劳务

【答案】 ABC

【解析】 "其他业务成本"账户用以核算企业确认的除主营业务活动以外的其他经营活动所发生的支出,包括销售材料的成本、出租固定资产的折旧额、出租无形资产的摊销额、出租包装物的成本或摊销额等。

【例5-26】(判断题)"应收票据"账户属于负债类账户,用以核算企业因销售商品、提供劳务等而收到的商业汇票。( )

【答案】 ×

【解析】 "应收票据"账户不属于负债类账户,属于资产类账户。

三、账务处理

(一)主营业务收入的账务处理

企业销售商品或提供劳务实现的收入,应按实际收到、应收或者预收的金额,借记"银行存款"、"应收账款"、"应收票据"、"预收账款"等科目,按确认的营业收入,贷记"主营业

务收入"科目。

对于增值税销项税额,一般纳税人应贷记"应交税费——应交增值税(销项税额)"科目;小规模纳税人应贷记"应交税费——应交增值税"科目。

(二)主营业务成本的账务处理

期(月)末,企业应根据本期(月)销售各种商品、提供各种劳务等实际成本,计算应结转的主营业务成本,借记"主营业务成本"科目,贷记"库存商品"、"劳务成本"等科目。

采用计划成本或售价核算库存商品的,平时的营业成本按计划成本或售价结转,月末,还应结转本月销售商品应分摊的产品成本差异或商品进销差价。

真题解析

【例5-27】 甲公司销售产品100件,每件售价320元,发票上注明该批产品的价款为32 000元,增值税税额为5 440元,该公司收到一张已承兑的包含全部款项的商业汇票。

【答案】 会计分录:

借:应收票据	37 440
贷:主营业务收入	32 000
应交税费——应交增值税(销项税额)	5 440

在处理主营业务收入账务的同时,该公司还要结转主营业务成本。该产品每件成本为160元。结转成本时的会计分录如下:

借:主营业务成本	16 000
贷:库存商品	16 000

【解析】 企业销售产品时,若收到款项则为现销,若尚未收到款项,则应结合具体的原始凭证来确定借方科目。

【例5-28】 乙公司按照合同规定预收一笔货款25 000元,存入银行。产品完工后,乙公司按照合同规定发出产品200件,发票注明的价款为30 000元,增值税销项税额5 100元。该产品的成本为每件100元。乙公司随后收到补付款项10 100元。

【答案】 该公司收到预收款时,会计分录如下:

借:银行存款	25 000
贷:预收账款	25 000

该公司发出产品并收到发票时,会计分录如下:

借:预收账款	35 100
贷:主营业务收入	30 000
应交税费——应交增值税(销项税额)	5 100

该公司收到补款时,会计分录如下:

借:银行存款	10 100
贷:预收账款	10 100

同时结转产品成本,会计分录如下:

借:主营业务成本	20 000
贷:库存商品	20 000

【解析】 对于预收款项销售商品,要等实际销售时确认全部的预收账款,然后再结合之前预收的款项,多退少补。

(三)其他业务收入与成本的账务处理

主营业务和其他业务的划分并不是绝对的,一个企业的主营业务可能是另一个企业的其他业务,即便在同一个企业,不同期间的主营业务和其他业务的内容也不是固定不变的。

当企业发生其他业务收入时,借记"银行存款"、"应收账款"、"应收票据"等科目,按确定的收入金额,贷记"其他业务收入"科目,同时确认有关税金;在结转其他业务收入的同一会计期间,企业应根据本期应结转的其他业务成本金额,借记"其他业务成本"科目,贷记"原材料"、"累计折旧"、"应付职工薪酬"等科目。

真题解析

【例5-29】 甲公司销售一批原材料,价款30 000元,成本25 000元,增值税5 100元,款项收到存入银行。

【答案】 会计分录如下:

借:银行存款　　　　　　　　　　　　　　　　　　　　　　35 100
　　贷:其他业务收入　　　　　　　　　　　　　　　　　　　30 000
　　　　应交税费——应交增值税(销项税额)　　　　　　　　5 100
借:其他业务成本　　　　　　　　　　　　　　　　　　　　25 000
　　贷:原材料　　　　　　　　　　　　　　　　　　　　　　25 000

【解析】 企业比较常见的其他业务除销售原材料外,还有转让商标的使用权、出租包装物等。

任务六　期间费用的账务处理

一、期间费用的构成

期间费用是指企业日常活动中不能直接归属于某个特定成本核算对象的,在发生时应直接计入当期损益的各种费用。期间费用包括管理费用、销售费用和财务费用。

管理费用是指企业为组织和管理企业生产经营活动所发生的各种费用。包括企业在筹建期间内发生的开办费;董事会和行政管理部门在企业的经营管理中发生的或者应由企业统一负担的公司经费(包括行政管理部门职工工资及福利费、物料消耗、低值易耗品摊销、办公费和差旅费等)、董事会费(包括董事会成员津贴、会议费和差旅费等);聘请中介机构费、咨询费(含顾问费)、诉讼费;房产税、车船税、土地使用税、印花税、矿产资源补偿费;业务招待费、技术转让费、研究费用、排污费;等等。

销售费用是指企业销售商品和材料、提供劳务的过程中发生的各种费用。包括由企业负担的保险费、包装费、展览费和广告费、商品维修费、预计产品质量保证损失、运输费、装卸费等,为销售本企业商品而专设的销售机构(含销售网点、售后服务网点等)的职工薪酬、职工福利费、业务费、折旧费,以及企业发生的与专设销售机构相关的固定资产修理费用等后续支出。

财务费用是指企业为筹集生产经营所需资金等而发生的筹资费用。包括企业生产经营期间发生的利息支出(减利息收入)、汇兑损益以及金融机构手续费,企业发生的现金折扣或收到的现金折扣等。

二、账户设置

企业通常设置以下账户对期间费用业务进行会计核算:

1. "管理费用"账户

"管理费用"账户属于损益类账户,用以核算企业为组织和管理企业生产经营所发生的管理费用。

该账户借方登记发生的各项管理费用,贷方登记期末转入"本年利润"账户的管理费用额。期末结转后,该账户无余额。

该账户可按费用项目设置明细账户,进行明细分类核算。

2. "销售费用"账户

"销售费用"账户属于损益类账户,用以核算企业发生的各项销售费用。

该账户借方登记发生的各项销售费用,贷方登记期末转入"本年利润"账户的销售费用额。期末结转后,该账户无余额。

该账户可按费用项目设置明细账户,进行明细分类核算。

3. "财务费用"账户

"财务费用"账户属于损益类账户,用以核算企业为筹集生产经营所需资金等而发生的筹资费用,包括利息支出(减利息收入)、汇兑损益以及相关的手续费、企业发生的现金折扣或收到的现金折扣等。为购建或生产满足资本化条件的资产发生的应予资本化的借款费用,通过"在建工程"、"制造费用"等账户核算。

该账户借方登记手续费、利息费用等的增加额,贷方登记应冲减财务费用的利息收入等。期末结转后,该账户无余额。

该账户可按费用项目进行明细核算。

真题解析

【例5-30】 (判断题)期间费用是指企业日常活动中不能直接归属于某个特定成本核算对象的,在发生时应直接计入当期损益的各种费用。(   )

【答案】 √

【解析】 期间费用与产品无关,主要包括销售费用、管理费用、财务费用。

三、账务处理

(一) 管理费用的账务处理

企业在筹建期间内发生的开办费,包括人员工资、办公费、培训费、差旅费、印刷费、注册登记费以及不计入固定资产成本的借款费用等。在实际发生时,借记"管理费用"科目,贷记"应付利息"、"银行存款"等科目。

行政管理部门人员的职工薪酬,借记"管理费用"科目,贷记"应付职工薪酬"科目。

行政管理部门计提的固定资产折旧,借记"管理费用"科目,贷记"累计折旧"科目。

行政管理部门发生的办公费、水电费、业务招待费、聘请中介机构费、咨询费、诉讼费、技术转让费、企业研究费用,借记"管理费用"科目,贷记"银行存款"、"研发支出"等科目。

真题解析

【例 5-31】(多选题)按《企业会计准则》规定,企业在计提下列税费时,应计入管理费用的有( )。

A. 印花税   B. 所得税   C. 房产税   D. 矿产资源补偿费

【答案】 ACD

【解析】 选项 B,所得税不属于管理费用,企业所得税属于"所得税费用"。

(二) 销售费用的账务处理

企业在销售商品过程中发生的包装费、保险费、展览费和广告费、运输费、装卸费等费用,借记"销售费用"科目,贷记"库存现金"、"银行存款"等科目。

企业发生的为销售本企业商品而专设的销售机构的职工薪酬、业务费等费用,借记"销售费用"科目,贷记"应付职工薪酬"、"银行存款"、"累计折旧"等科目。

真题解析

【例 5-32】(单选题)销售费用不包括( )。

A. 汇兑损失   B. 包装费
C. 广告费   D. 专设的销售机构发生的职工薪酬、折旧费

【答案】 A

【解析】 汇兑损失属于财务费用。

(三) 财务费用的账务处理

企业发生的财务费用,借记"财务费用"科目,贷记"银行存款"、"应付利息"等科目。发生的应冲减财务费用的利息收入、汇兑损益、现金折扣,借记"银行存款"、"应付账款"等科目,贷记"财务费用"科目。

真题解析

【例5-33】 企业转账支付金融机构手续费500元。

【答案】 借：财务费用   500
     贷：银行存款   500

【解析】 手续费以及发生的应冲减财务费用的利息收入、汇兑损益、现金折扣都应该通过财务费用进行核算。

【例5-34】 （多选题）下列各项中，为购建或生产满足资本化条件的资产发生的应予资本化的借款费用，通过（　　）账户核算。

  A．在建工程 B．财务费用 C．制造费用 D．销售费用

【答案】 AC

【解析】 为购建或生产满足资本化条件的资产发生的应予资本化的借款费用，通过"在建工程"、"制造费用"等账户核算。而"财务费用"账户用以核算企业为筹集生产经营所需资金等而发生的筹资费用。

任务七　利润形成与分配业务的账务处理

一、利润形成的账务处理

（一）利润的形成

利润是指企业在一定会计期间的经营成果，包括收入减去费用后的净额、直接计入当期损益的利得和损失等。利润由营业利润、利润总额和净利润三个层次构成。

1. 营业利润

营业利润这一指标能够比较恰当地反映企业管理者的经营业绩，其计算公式如下：

营业利润＝营业收入－营业成本－营业税金及附加－销售费用－管理费用－财务费用－资产减值损失＋公允价值变动收益（－公允价值变动损失）＋投资收益（－投资损失）

其中，营业收入＝主营业务收入＋其他业务收入

营业成本＝主营业务成本＋其他业务成本

2. 利润总额

利润总额，又称税前利润，是营业利润加上营业外收入减去营业外支出后的金额，其计算公式如下：

利润总额＝营业利润＋营业外收入－营业外支出

3. 净利润

净利润，又称税后利润，是利润总额扣除所得税费用后的净额，其计算公式如下：

净利润＝利润总额－所得税费用

（二）账户设置

企业通常设置以下账户对利润形成业务进行会计核算：

1．"本年利润"账户

"本年利润"账户属于所有者权益类账户，用以核算企业当期实现的净利润（或发生的净亏损）。企业期（月）末结转利润时，应将各损益类账户的金额转入本账户，结平各损益类账户。

该账户贷方登记企业期（月）末转入的主营业务收入、其他业务收入、营业外收入和投资收益等；借方登记企业期（月）末转入的主营业务成本、营业税金及附加、其他业务成本、管理费用、财务费用、销售费用、营业外支出、投资损失和所得税费用等。上述结转完成后，余额如在贷方，即为当期实现的净利润；余额如在借方，即为当期发生的净亏损。年度终了，应将本年收入和支出相抵后结出的本年实现的净利润（或发生的净亏损），转入"利润分配——未分配利润"账户贷方（或借方），结转后本账户无余额。

2．"投资收益"账户

"投资收益"账户属于损益类账户，用以核算企业确认的投资收益或投资损失。

该账户贷方登记实现的投资收益和期末转入"本年利润"账户的投资净损失；借方登记发生的投资损失和期末转入"本年利润"账户的投资净收益。期末结转后，该账户无余额。

该账户可按投资项目设置明细账户，进行明细分类核算。

3．"营业外收入"账户

"营业外收入"账户属于损益类账户，用以核算企业发生的各项营业外收入，主要包括非流动资产处置利得、非货币性资产交换利得、债务重组利得、政府补助、盘盈利得、捐赠利得等。

该账户贷方登记营业外收入的实现，即营业外收入的增加额；借方登记会计期末转入"本年利润"账户的营业外收入额。期末结转后，该账户无余额。

该账户可按营业外收入项目设置明细账户，进行明细分类核算。

4．"营业外支出"账户

"营业外支出"账户属于损益类账户，用以核算企业发生的各项营业外支出，包括非流动资产处置损失、非货币性资产交换损失、债务重组损失、公益性捐赠支出、非常损失、盘亏损失等。

该账户借方登记营业外支出的发生，即营业外支出的增加额；贷方登记期末转入"本年利润"账户的营业外支出额。期末结转后，该账户无余额。

该账户可按支出项目设置明细账户，进行明细分类核算。

5．"所得税费用"账户

"所得税费用"账户属于损益类账户，用以核算企业确认的应从当期利润总额中扣除的所得税费用。

该账户借方登记企业应计入当期损益的所得税；贷方登记企业期末转入"本年利润"账户的所得税。期末结转后，该账户无余额。

（三）账务处理

会计期末（月末或年末）结转各项收入时，借记"主营业务收入"、"其他业务收入"、"营业外收入"等科目，贷记"本年利润"科目；结转各项支出时，借记"本年利润"科目，贷记"主营业务成本"、"营业税金及附加"、"其他业务成本"、"管理费用"、"财务费用"、"销售费用"、"资产减值损失"、"营业外支出"、"所得税费用"等科目。

二、利润分配的账务处理

利润分配是指企业根据国家有关规定和企业章程、投资者协议等,对企业当年可供分配利润指定其特定用途和分配给投资者的行为。利润分配的过程和结果不仅关系到每个股东的合法权益能否得到保障,而且还关系到企业的未来发展。

(一)利润分配的顺序

企业向投资者分配利润,应按一定的顺序进行。按照我国《公司法》的有关规定,利润分配应按下列顺序进行:

1. 计算可供分配的利润

企业在利润分配前,应根据本年净利润(或亏损)与年初未分配利润(或亏损)、其他转入的金额(如盈余公积弥补的亏损)等项目,计算可供分配的利润。

可供分配的利润=净利润(或亏损)+年初未分配利润-弥补以前年度的亏损+其他转入的金额

如果可供分配的利润为负数(即累计亏损),则不能进行后续分配;如果可供分配利润为正数(即累计盈利),则可进行后续分配。

2. 提取法定盈余公积

按照《公司法》的有关规定,公司应当按照当年净利润(抵减年初累计亏损后)的10%提取法定盈余公积,提取的法定盈余公积累计额超过注册资本50%以上的,可以不再提取。

如果不存在年初累计亏损,提取法定盈余公积的基数为当年实现的净利润;如果存在年初累计亏损,提取法定盈余公积的基数应为可供分配的利润。

例如,甲公司年初累计亏损10万元,当年实现净利润100元,则可供分配利润为90万元,提取盈余公积的基数为90万元;如果甲公司年初累计盈余10万元,当年实现净利润100元,则可供分配利润为110万元,提取盈余公积的基数为100万元;如果甲公司年初累计亏损150万元,当年实现净利润100元,则可供分配利润为-50万元,提取盈余公积的基数为零。

3. 提取任意盈余公积

公司提取法定盈余公积后,经股东会或者股东大会决议,还可以从净利润中提取任意盈余公积。

4. 向投资者分配利润(或股利)

企业可供分配的利润扣除提取的盈余公积后,形成可供投资者分配的利润,即:

可供投资者分配的利润=可供分配的利润-提取的盈余公积

企业可采用现金股利、股票股利和财产股利等形式向投资者分配利润(或股利)。

(二)账户设置

企业通常设置以下账户对利润分配业务进行会计核算:

1. "利润分配"账户

"利润分配"账户属于所有者权益类账户,用以核算企业利润的分配(或亏损的弥补)和历年分配(或弥补)后的余额。

该账户借方登记实际分配的利润额,包括提取的盈余公积和分配给投资者的利润,以及年末从"本年利润"账户转入的全年发生的净亏损;贷方登记用盈余公积弥补的亏损额等其他转入数,以及年末从"本年利润"账户转入的全年实现的净利润。年末,应将"利润分配"账户下的其他明细账户的余额转入"未分配利润"明细账户,结转后,除"未分配利润"明细账户可能有余额外,其他各个明细账户均无余额。"未分配利润"明细账户的贷方余额为历年累积的未分配利润(即可供以后年度分配的利润),借方余额为历年累积的未弥补亏损(即留待以后年度弥补的亏损)。

该账户应当分别"提取法定盈余公积"、"提取任意盈余公积"、"应付现金股利或利润"、"转作股本的股利"、"盈余公积补亏"和"未分配利润"等进行明细核算。

2."盈余公积"账户

"盈余公积"账户属于所有者权益类账户,用以核算企业从净利润中提取的盈余公积。

该账户贷方登记提取的盈余公积,即盈余公积的增加额;借方登记实际使用的盈余公积,即盈余公积的减少额。期末余额在贷方,反映企业结余的盈余公积。

该账户应当分别"法定盈余公积"、"任意盈余公积"进行明细核算。

3."应付股利"账户

"应付股利"账户属于负债类账户,用以核算企业分配的现金股利或利润。

该账户贷方登记应付给投资者股利或利润的增加额;借方登记实际支付给投资者的股利或利润,即应付股利的减少额。期末余额在贷方,反映企业应付未付的现金股利或利润。

该账户可按投资者进行明细核算。

真题解析

【例5-35】 (单选题)企业期末将损益类科目结转至( )科目,结转后损益类科目无余额。

　　A.盈余公积　　B.本年利润　　C.资本公积　　D.未分配利润

【答案】 B

【解析】 "本年利润"账户属于所有者权益类账户,用以核算企业当期实现的净利润(或发生的净亏损)。企业期(月)末结转利润时,应将各损益类账户的金额转入本账户,结平各损益类账户。

【例5-36】 (判断题)"本年利润"属于损益类账户,用以核算企业当期实现的净利润(或发生的净亏损)。( )

【答案】 ×

【解析】 "本年利润"属于所有者权益类账户。

(三)账务处理

1.净利润转入利润分配

会计期末,企业应将当年实现的净利润转入"利润分配——未分配利润"科目,即借记"本年利润"科目,贷记"利润分配——未分配利润"科目,如为净亏损,则做相反会计分录。

结转前,如果"利润分配——未分配利润"明细科目的余额在借方,上述结转当年所实现净利润的分录同时反映了当年实现的净利润自动弥补以前年度亏损的情况。因此,在用当年实现的净利润弥补以前年度亏损时,不需另行编制会计分录。

真题解析

【例5-37】 将本年利润转入利润分配。

【答案】 会计分录如下:

借:本年利润
　　贷:利润分配——未分配利润

【解析】 本年利润是一个汇总类账户。其贷方登记企业当期所实现的各项收入,包括主营业务收入、其他业务收入、投资收益、"补贴收入"、营业外收入等;借方登记企业当期所发生的各项费用与支出,包括主营业务成本、主营业务税金及附加、其他业务支出、营业费用、管理费用、财务费用、投资收益(净损失)、营业外支出、所得税等。借贷方发生额相抵后,若为贷方余额则表示企业本期经营经营活动实现的净利润,若为借方余额则表示企业本期发生的亏损。本年利润账户的余额表示年度内累计实现的净利润或净亏损,该账户平时不结转,年终一次性地转至利润分配——未分配利润账户。

2. 提取盈余公积

企业提取的法定盈余公积,借记"利润分配——提取法定盈余公积"科目,贷记"盈余公积——法定盈余公积"科目;提取的任意盈余公积,借记"利润分配——提取任意盈余公积"科目,贷记"盈余公积——任意盈余公积"科目。

真题解析

【例5-38】 该公司2016年实现净利润900 000元,公司股东大会决定按10%提取法定盈余公积,按20%提取任意盈余公积。

【答案】 会计分录如下:

借:利润分配——提取法定盈余公积　　　　　　　　　　　　90 000
　　利润分配——提取任意盈余公积　　　　　　　　　　　　180 000
　　贷:盈余公积——法定盈余公积　　　　　　　　　　　　　90 000
　　　　　　　——任意盈余公积　　　　　　　　　　　　　180 000

【解析】 提取法定盈余公积,属于所有者权益内部的一增一减,因此对所有者权益总额没有影响。

3. 向投资者分配利润或股利

企业根据股东大会或类似机构审议批准的利润分配方案,按应支付的现金股利或利润,借记"利润分配——应付现金股利"科目,贷记"应付股利"等科目;以股票股利转作股本的金额,借记"利润分配——转作股本股利"科目,贷记"股本"等科目。

董事会或类似机构通过的利润分配方案中拟分配的现金股利或利润,不做账务处理,但应在附注中披露。

真题解析

【例5-39】 某公司宣告发放现金股利100 000元。

【答案】 公司宣告发放现金股利时,会计分录:

借:利润分配——应付现金股利　　　　　　　　　　　　　100 000
　　贷:应付股利　　　　　　　　　　　　　　　　　　　　　100 000

支付现金股利时,会计分录:

借:应付股利　　　　　　　　　　　　　　　　　　　　　　100 000
　　贷:银行存款　　　　　　　　　　　　　　　　　　　　　100 000

【解析】 宣告发放股利时,属于所有者权益的减少,负债的增加。

4. 盈余公积补亏

企业发生的亏损,除用当年实现的净利润弥补外,还可使用累积的盈余公积弥补。以盈余公积弥补亏损时,借记"盈余公积"科目,贷记"利润分配——盈余公积补亏"科目。

5. 企业未分配利润的形成

年度终了,企业应将"利润分配"科目所属其他明细科目的余额转入该科目"未分配利润"明细科目,即借记"利润分配——未分配利润"、"利润分配——盈余公积补亏"等科目,贷记"利润分配——提取法定盈余公积"、"利润分配——提取任意盈余公积"、"利润分配——应付现金股利"、"利润分配——转作股本股利"等科目。

结转后,"利润分配"科目中除"未分配利润"明细科目外,所属其他明细科目无余额。"未分配利润"明细科目的贷方余额表示累积未分配的利润,该科目如果出现借方余额,则表示累积未弥补的亏损。

真题解析

【例5-40】 (单选题)甲企业2013年净利润为320万,2013年年初未分配利润为100万,盈余公积弥补的亏损为50万,则利润分配之前可供分配的利润为(　　)万元。

　　A. 320　　　　B. 370　　　　C. 420　　　　D. 470

【答案】 B

【解析】 可供分配的利润=净利润(或亏损)+年初未分配利润-弥补以前年度的亏损+其他转入的金额。

【例5-41】 (多选题)下列关于"利润分配"账户的表述中,正确的有(　　)。

A. 用以核算企业利润的分配(或亏损的弥补)和历年分配(或弥补)后的余额,属于资产类账户
B. 期末借方余额反映企业未弥补的亏损额;期末贷方余额反映企业未分配利润额
C. 借方登记实际分配的利润额,包括提取的盈余公积和分配给投资者的利润,以及年末从"本年利润"账户转入的全年发生的净亏损

D. 贷方登记用盈余公积弥补的亏损额等其他转入数,以及年末从"本年利润"账户转入的全年实现的净利润

【答案】 BCD

【解析】 "利润分配"账户属于所有者权益账户,所以答案 A 不正确。

【例 5-42】 (单选题)企业发生的亏损,可以用实现的利润弥补,也可以用累积的盈余公积弥补。用盈余公积弥补亏损时,会计处理为(   )。

   A. 借:盈余公积
       贷:利润分配——盈余公积补亏
   B. 借:利润分配——盈余公积补亏
       贷:盈余公积
   C. 借:利润分配——提取法定盈余公积
       贷:利润分配——盈余公积补亏
   D. 借:利润分配——盈余公积补亏
       贷:利润分配——提取法定盈余公积

【答案】 A

【解析】 企业发生的亏损,可以用实现的利润弥补,也可用累积的盈余公积弥补。用盈余公积弥补亏损时,借记"盈余公积"科目,贷记"利润分配——盈余公积补亏"科目。

项目小结

本项目主要介绍了企业主要的经济业务,即企业资金筹集业务、固定资产业务、材料采购业务、生产业务、销售业务、期间费用以及利润的形成与分配。通过本项目的学习可以系统地了解企业生产经营的过程,是对前面所学知识的具体应用,也为后面知识的学习奠定了一定的基础,起到承上启下的作用。经济业务是会计核算和监督的主体内容,因此本项目是本书的核心内容之一,应该着重理解和掌握。不仅要能判断经济业务类型,更要在此基础之上,学会熟练地编制经济业务所对应的会计分录。

一、单项选择题

1. 企业在生产各种产品等过程中发生的各种耗费形成企业的(   )。
   A. 生产费用   B. 费用   C. 产品成本   D. 成本

2. "生产成本"的贷方登记的是(   )。
   A. 完工入库产品的成本   B. 为生产产品发生的费用
   C. 销售的产品成本   D. 期末转入"本年利润"的成本

3. 生产车间厂房计提的折旧,应该计入的科目是(   )。
   A. 制造费用   B. 管理费用   C. 销售费用   D. 其他业务成本

4. 企业可采用直接计入方式计入相应材料的采购成本的内容是(   )。
   A. 材料的买价和运杂费

B. 材料的买价和能够直接分清受益对象的采购费用
C. 材料的买价和不能够直接分清受益对象的采购费用
D. 材料的买价和材料采购人员的差旅费

5. "应付票据"账户属于企业的( )。
   A. 资产类账户   B. 负债类账户   C. 收入类账户   D. 费用类账户
6. 预付款项情况不多的,也可以不设置该账户,将预付的款项直接记入( )账户。
   A. 应收账款   B. 应付票据   C. 应付账款   D. 其他应付款
7. 采用实际成本时,材料尚未验收入库的账务处理为( )。
   A. 借:原材料
        应交税费——应交增值税(进项税额)
       贷:银行存款
   B. 借:原材料
        应交税费——应交增值税(进项税额)
       贷:应付账款
   C. 借:原材料
       贷:应付账款
   D. 借:在途物资
        应交税费——应交增值税(进项税额)
       贷:银行存款
8. 下列不能计入产品成本的费用是( )。
   A. 直接材料   B. 生产工人工资及福利费
   C. 车间管理人员工资及福利费   D. 管理费用
9. 基本生产车间计提的折旧费应借记( )科目。
   A. 生产成本   B. 管理费用   C. 制造费用   D. 销售费用
10. 下列各项中,属于产品生产成本项目的是( )。
    A. 外购动力费用   B. 制造费用
    C. 工资费用   D. 折旧费用
11. 短期薪酬是指企业在职工提供相关服务的年度报告期间结束后( )个月内需要全部予以支付的职工薪酬,因解除与职工的劳动关系给予的补偿除外。
    A. 3个月   B. 6个月   C. 12个月   D. 24个月
12. 关于"本年利润"科目,下列说法不正确的是( )。
    A. 该科目的余额年终应该转入"利润分配"科目
    B. 该科目年终结转之后没有余额
    C. 该科目各个月末的科目余额可能在借方、可能在贷方,也可能为零
    D. 该科目期末借方余额表示自年初开始至当期期末为止累计实现的盈利
13. 行政管理部门人员的职工薪酬的账务处理是( )。
    A. 借:管理费用   B. 借:管理费用
       贷:银行存款   贷:应付职工薪酬

C. 借:销售费用　　　　　　　　D. 借:销售费用
　　贷:应付职工薪酬　　　　　　　贷:银行存款

14. 根据规定,公司应当按照当年净利润(抵减年初累计亏损后)的(　　)提取法定盈余公积。
　　A. 5%　　　　B. 10%　　　　C. 15%　　　　D. 20%

15. 甲公司当年实现净利润为200万,若年初累计亏损为30万,则提取盈余公积的基数为(　　)万;若年初累计盈余为30万元,则提取盈余公积的基数为(　　)万。
　　A. 170　230　　B. 200　200　　C. 170　200　　D. 170　230

16. 甲企业本期主营业务收入为500万元,主营业务成本为300万元,其他业务收入为200万元,其他业务成本为100万元,销售费用为15万元,资产减值损失为45万元,公允价值变动收益为60万元,投资收益为20万元。假定不考虑其他因素,该企业本期营业利润为(　　)万元。
　　A. 300　　　　B. 320　　　　C. 365　　　　D. 380

17. 短期借款是指企业为了满足其生产经营对资金的临时性需要而向银行或其他金融机构等借入的偿还期限在(　　)内的各种借款。
　　A. 3个月　　　B. 6个月　　　C. 1年　　　　D. 2年

18. 下列各项中,不属于职工薪酬内容的是(　　)。
　　A. 住房公积金　　　　　　　　B. 工会经费和职工教育经费
　　C. 职工因工出差的差旅费　　　D. 因解除与职工的劳动关系给予的补偿

19. 某一般纳税人企业于2015年1月15日购入一台不需要安装的生产用设备,设备的买价为10 000元,增值税为1 700元,采购过程中发生运费、保险费500元,采购人员差旅费900元。设备预计可以使用10年,预计净残值为0,采用年限平均法计提折旧。2015年应该计提的折旧为(　　)元。
　　A. 1 050　　　B. 962.5　　　C. 1 045　　　D. 1 1

20. (　　)是指企业收到投资者投入资本超过其所占注册资本份额的金额,以及直接计入所有者权益的利得或损失。
　　A. 实收资本　　B. 资本公积　　C. 盈余公积　　D. 未分配利润

二、多项选择题

1. 下列经济业务中,能引起资产和权益总额同时增加的有(　　)。
　　A. 购进设备,支付款项　　　　B. 购进商品,货款未付
　　C. 收到投资人投入资金　　　　D. 支付所欠购货款

2. 下列各项中,不应确认为财务费用的有(　　)。
　　A. 企业筹建期间的借款费用　　B. 资本化的借款利息支出
　　C. 销售商品发生的商业折扣　　D. 支付的银行承兑汇票手续费

3. 计提长期借款计息的账务处理中,借方可能涉及的账户有(　　)。
　　A. 管理费用　　B. 财务费用　　C. 在建工程　　D. 长期借款

4. 外购固定资产的成本中,包括有(　　)。
　　A. 购买价款　　　　　　　　　B. 入库后的仓储费
　　C. 专业人员服务费　　　　　　D. 装卸费

5. 下列各项中,属于应计折旧额的内容有(   )。
   A. 固定资产的原价   B. 预计净残值后的金额
   C. 固定资产的净值   D. 已计提的固定资产减值准备累计金额
6. 制造费用是指为生产产品和提供劳务所发生的各项间接费用,包括(   )。
   A. 生产车间管理人员的工资和福利费
   B. 生产车间固定资产折旧费
   C. 生产车间的办公费
   D. 行政管理部门的水电费
7. 企业按月计提的固定资产折旧,根据固定资产的用途计入的科目有(   )。
   A. 销售费用   B. 研发费用   C. 制造费用   D. 管理费用
8. 材料采购成本包括(   )。
   A. 买价   B. 运输费
   C. 包装费   D. 入库前的挑选整理费
9. 下列各项中,在"材料采购"账户的借方核算的有(   )。
   A. 登记采购材料的实际成本 B. 材料入库时结转的节约差异
   C. 登记入库材料的计划成本 D. 材料入库时结转的超支差异
10. 下列各项中,在"材料成本差异"账户的贷方核算的有(   )。
    A. 入库材料形成的超支差异
    B. 入库材料形成的节约差异
    C. 转出的发出材料应负担的节约差异
    D. 转出的发出材料应负担的超支差异
11. 下列费用中,应计入制造费用的有(   )。
    A. 车间办公费   B. 车间设备折旧费
    C. 车间机物料消耗   D. 车间管理人员的工资
12. 下列各项中,在"生产成本"账户的借方核算的有(   )。
    A. 直接材料费
    B. 直接人工费
    C. 完工入库产成品应结转的生产成本
    D. 期末尚未加工完成的在产品成本
13. 下列各项中,在"管理费用"账户核算的有(   )。
    A. 印花税   B. 车船税   C. 消费税   D. 资源税
14. 期间费用包括(   )。
    A. 管理费用   B. 财务费用   C. 销售费用   D. 制造费用
15. 下列各项税费中,应记入"管理费用"科目的有(   )。
    A. 房产税   B. 车船税   C. 土地使用税   D. 土地增值税
16. 企业的主要经济业务包括(   )。
    A. 资金筹集   B. 设备购置   C. 材料采购   D. 产品生产
17. 下列各项中,通过"其他货币资金"账户核算的有(   )。
    A. 银行汇票存款   B. 银行本票存款

C. 信用卡存款 D. 存出投资款

18. 下列各项,影响企业利润总额的有(　　)。
    A. 资产减值损失 B. 公允价值变动损益
    C. 所得税费用 D. 营业外支出

19. 下列各项中,属于结算形成的负债有(　　)。
    A. 短期借款 B. 应付账款 C. 应付职工薪酬 D. 应交税费

20. 下列关于预收账款的相关说法中,正确的有(　　)。
    A. 预收账款余额通常在贷方,反映企业向购货单位预收的款项但尚未向购货方发货的数额
    B. 预收账款所形成的负债是以货币偿付
    C. 企业收到购货单位补付的款项,借记"银行存款"科目,贷记"预收账款"科目
    D. 向购货单位退回其多付的款项时,借记"应付账款"科目,贷记"银行存款"科目

三、判断题

1. 在销售过程之后,企业的各项收入抵偿各项成本、费用之后的差额,形成企业的利润,同时也完成了一次资金循环。(　　)
2. 实收资本账户借方登记的是所有者投入企业资本金的增加额。(　　)
3. "资本公积"账户属于所有者权益类账户,用以核算企业收到投资者出资额超出其在注册资本或股本中所占份额的部分,以及直接计入损益的利得和损失等。(　　)
4. 负债筹资主要包括短期借款、长期借款以及结算形成的负债等。(　　)
5. 为购建或生产满足资本化条件的资产发生的应予资本化的借款费用,通过"财务费用"等账户核算。(　　)
6. 企业为客户提供的现金折扣应在实际发生时冲减当期收入。(　　)
7. 企业生产经营期间的长期借款利息支出应该全部计入财务费用中。(　　)
8. 企业的资金筹集业务按其资金来源通常分为所有者权益筹资和负债筹资。(　　)
9. 固定资产是指为生产商品、提供劳务、出租或者经营管理而持有、使用寿命超过1个会计年度的有形资产。(　　)
10. "利润分配——未分配利润"年末贷方余额表示未弥补的亏损数。(　　)

四、业务题

(一)【资料】 某企业本月生产甲产品耗用机器工时120小时,生产乙产品耗用机器工时180小时。本月发生车间管理人员工资30 000元,产品生产人员工资300 000元。该企业按机器工时比例分配制造费用。假设不考虑其他因素。

【要求】 按机器工时比例法在甲、乙产品之间分配制造费用并编制会计分录。

(二)【资料】 甲公司2016年1月发生两项业务:

(1) 甲公司按照合同规定预收一笔货款50 000元,存入银行。产品完工后,甲公司按照合同规定发出产品400件,发票注明的价款55 000,增值税销售税额为9 350元。该产品的成本为每件100元。甲公司随后收到补付款项14 350元。

(2) 甲公司销售产品100件,产品的成本为每件100元。发票上注明该批产品的价款为15 000,增值税2 550元,该公司收到一张已承兑的包含全部款项的商业汇票。

【要求】 根据上述材料,编写会计分录。

（三）【资料】 中华工厂2016年8月发生下列经济业务：

（1）8月1日，获准向工商银行借入半年期贷款480万元存入银行，年利率5%。

（2）8月25日，前次借入的3个月期贷款800万元到期，偿还本利共810.5万元，6、7月两个月已预提此项借款利息7万元。

（3）8月28日，从建设银行借入2年期贷款1 000万元，年利率6%，用于固定资产更新。

（4）8月31日，计提8月1日借入的借款利息。

【要求】 根据上述经济业务编制会计分录。

（四）【资料】 利和股份公司的原材料按实际成本核算，购料运杂费按材料重量比例分摊，增值税税率为17%。2016年8月公司发生下列材料物资采购业务。

（1）购入下列材料：

甲材料100千克，单价26元；

乙材料500千克，单价12元；

丙材料1000千克，单价8元。

款项通过银行支付。

（2）用现金3 200元支付上述材料的外地运杂费，材料验收入库，结转成本。

（3）购入丙材料4 000千克，单价9元，款项尚未支付，材料入库。另用银行存款4 000元支付丙材料外地运杂费。

（4）赊购下列材料：

甲材料,500千克，单价28元；

乙材料,900千克，单价12元。

（5）用银行存款1 400元支付上述甲、乙材料外地运杂费，材料验收入库，结转成本。

（6）用银行存款购入甲材料400千克，单价28元，运杂费400元，材料验收入库，结转成本。

【要求】

（1）根据以上资料编制会计分录；

（2）编制甲、乙、丙材料采购成本计算表。

材料采购成本计算表

项　　目	甲材料 （1 000千克）		乙材料 （1 400千克）		丙材料 （5 000千克）	
	总成本	单位成本	总成本	单位成本	总成本	单位成本
买　　价						
采购费用						
采购成本						

（五）【资料】 三明企业2016年4月发生下列经济业务：

（1）领用材料8 000元，其中制造产品耗用7 000元，车间一般耗用700元，厂部耗用300元。

（2）以银行存款支付车间办公费400元，厂部招待费500元。

(3) 分配本月职工工资，其中生产工人工资 9 000 元，车间管理人员工资 3 000 元，厂部管理人员工资 3 000 元。

(4) 按工资总额的 14% 提取职工福利费。

(5) 开出现金支票向银行提取库存现金 15 000 元，准备发放职工工资。

(6) 以库存现金 15 000 元支付职工工资。

(7) 以库存现金 1 300 元支付职工医药费。

(8) 计提固定资产折旧，其中车间设备折旧费 1 600 元，厂部设备折旧费 900 元。

(9) 月末结转制造费用。

(10) 本月生产的产品全部完工入库，按实际生产成本转账（若月初没有在产品）。

【要求】 根据上述经济业务编制会计分录。

(六)【资料】 三明企业 2016 年 2 月份发生下列销售业务：

(1) 销售给光明工厂 A 产品 50 台，单价 1 000 元，B 产品 40 台，单价 1 500 元，增值税销项税额 18 700 元，货款通过银行付讫。

(2) 销售给上海机器厂 A 产品 100 台，单价 1 000 元，B 产品 20 台，单价 1 500 元，增值税销项税额 22 100 元，货款尚未收到。

(3) 上海机器厂以一张 1 个月期限的商业承兑汇票来抵偿前欠的货款 152 100 元。

(4) 以银行存款支付销售 A、B 两种产品的装运费 500 元。

(5) 签发 2 000 元支票一张支付报社广告费。

(6) 月末，将售出的 A 产品 150 台（每台实际成本 600 元），B 产品 60 台（每台实际成本 800 元）的实际成本结转记入"主营业务成本"账户。

(7) 月末，计提销售过程中应缴纳的城建税 2 856 元，教育费附加 1 224 元。

【要求】 根据上述经济业务编制会计分录。

(七)【资料】 三明企业 2016 年 12 月发生下列经济业务：

(1) 本年实现利润 200 000 元，按 25% 的所得税税率计算应交所得税。

(2) 按规定提取法定盈余公积 15 000 元，法定公益金 7 500 元。

(3) 按规定应付投资者利润 100 000 元。

【要求】

(1) 根据上述经济业务编制会计分录；

(2) 计算年末的未分配利润。

(八)【资料】 企业某年度的有关资料如下：

(1) 主营业务收入 320 000 元，营业税金及附加 12 500 元，销售费用 6 000 元，主营业务成本 121 500 元。

(2) 其他业务收入 24 000 元，其他业务成本 15 000 元。

(3) 营业外收入 3 800 元，营业外支出 12 800 元。

(4) 管理费用 21 500 元，财务费用 8 500 元。

(5) 所得税税率 25%，盈余公积金提取比例 10%，向投资者分配利润 30 000 元。

(6) 年初未分配利润 50 000 元（不参加本年度利润分配）。

【要求】 根据上述资料计算企业的营业利润、利润总额、净利润和年末未分配利润。

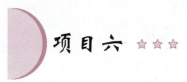

项目六

填制和审核会计凭证

通过本项目的学习,能够了解会计凭证的概念、种类、格式、填制与审核及其传递与保管,熟练掌握原始凭证及记账凭证的填制方法。

知识目标(大纲要求)

1. 掌握原始凭证的概念,了解原始凭证的分类及填制要求和填制方法;
2. 掌握原始凭证的审核内容,会审核原始凭证;
3. 掌握记账凭证的概念,了解记账凭证的种类,学会记账凭证的编制;
4. 熟悉会计凭证的传递与保管。

能力目标

能熟练地填制原始凭证和记账凭证。

 知识准备

会计凭证是记录经济业务、明确经济责任的书面证明,是登记账簿的依据。

会计凭证是最重要的会计证据资料,简称凭证,填制和取得会计凭证是会计工作的初始阶段和基本环节。任何企事业单位对所发生的每一项经济业务都必须按照规定的程序和要求,由经办人员填制和取得会计凭证,列明经济业务的内容、数量和金额,并在凭证上签名或盖章,对经济业务的可靠性负责。

为保证会计记录的真实性,任何会计凭证都要经过有关人员审核,只有经过审核无误的会计凭证,才能作为登记账簿的依据。

任务一 认知会计凭证

一、会计凭证的概念与作用

（一）会计凭证的概念

会计凭证是记录经济业务事项发生或完成情况的书面证明，也是登记账簿的依据。

会计主体办理任何一项经济业务，都必须办理凭证手续，由执行和完成该项经济业务的有关人员取得或填制会计凭证，记录经济业务的发生日期、具体内容以及数量和金额，并在凭证上签名或盖章，对经济业务的合法性、真实性和正确性负完全责任。

（二）会计凭证的作用

填制和审核会计凭证，是会计核算的基本方法之一，也是会计核算工作的起点和基础。对于保证会计资料的真实性和完整性，有效进行会计监督，明确经济责任等都有重要意义。会计凭证的主要作用有：

1. 记录经济业务，提供记账依据（记录经济业务）

会计凭证是登记账簿的依据，会计凭证所记录有关信息是否真实、可靠、及时，对于能否保证会计信息质量，具有重要影响。

2. 明确经济责任，强化内部控制（签字盖章、传递）

会计凭证必须有相关部门和人员的签章，对会计凭证所记录经济业务的真实性、完整性和合法性负责，以防止舞弊行为，强化内部控制。

3. 监督经济活动，控制经济运行（审核合法合理）

通过会计凭证的审核，可以查明每一项经济业务是否符合国家有关法律、法规和制度的规定，是否符合计划和预算进度，是否有违法乱纪和铺张浪费行为等。对于查出的问题，应当积极采取措施予以纠正，以实现对经济活动的控制，保证经济活动正常运行。

真题解析

【例6-1】（单选题）会计核算工作的起点是（　　）。

A. 设置会计科目　　　　　　　B. 填制和审核会计凭证
C. 设置账户　　　　　　　　　D. 登记账簿

【答案】 B

【解析】 填制和审核会计凭证是会计核算工作的起点和基础。

二、会计凭证的分类

会计凭证按照编制的程序和用途不同，分为原始凭证和记账凭证。

（一）原始凭证

原始凭证又称单据，是在经济业务发生或完成时取得或填制的，用以记录或证明经济业务的发生或完成情况、明确有关经济责任的文字凭据。如出差乘坐的车船票、采购材料的发货票、到仓库领料的领料单等,都是原始凭证。

(二)记账凭证

记账凭证又称记账凭单,是会计人员根据审核无误的原始凭证对经济业务事项的内容加以归类,并据以确定会计分录后填制的会计凭证。

真题解析

【例6-2】 (多选题)根据会计凭证填制程序和用途的不同,会计凭证分为( )。
　　A. 原始凭证　B. 记账凭证　　　C. 外来凭证　　　D. 一次凭证
【答案】 AB
【解析】 会计凭证按照填制程序和用途可分为原始凭证和记账凭证。

任务二　填制和审核原始凭证

一、原始凭证的种类

原始凭证可以按照取得来源、格式、填制的手续和内容进行分类。当然无论哪种原始凭证,其在会计核算过程中所起的作用是一致的。

(一)按其取得来源分类

(1)自制原始凭证:指由本单位内部经办业务的部门和人员(注:可以不是会计),在执行或完成某项经济业务时自行填制的、仅供本单位内部使用的原始凭证。如:收料单、领料单、工资发放明细表、出库单。

真题解析

【例6-3】 (单选题)下列各项不属于自制原始凭证的是( )。
　　A. 收料单　　B. 领料单　　　C. 付款收据　　　D. 借款单
【答案】 C
【解析】 自制原始凭证是仅供本单位内部使用的原始凭证,如收料单、领料单、出库单、借款单等。而付款收据是本单位在将款项付给收款人时,由收款人开据的原始凭证,是外来的,不是自制的原始凭证。

(2)外来原始凭证:指在经济业务发生或完成时,从其他单位或个人直接取得的原始凭证。

要点:都是一次凭证。
例如:购货发票、飞机和火车的票据、银行收付款通知单等。

提示：无论是自制的还是外来的原始凭证，都是用来证明经济业务已经完成，并用以作为会计核算的原始资料。

真题解析

【例6-4】（多选题）下列各项中，属于外来原始凭证的有（　　）。

A. 火车票　　B. 销货发票　　C. 购货发票　　D. 外单位开具的收据

【答案】 ACD

【解析】 外来原始凭证是指在经济业务发生或完成时，从其他单位或个人直接取得的原始凭证。而销货发票是本单位在销售产品时填制的，属于自制原始凭证。

（二）按照格式分类

（1）通用凭证。统一印制、具有统一格式、具有统一使用方法。如：全国通用的火车票、专用发票等。

（2）专用凭证。专用凭证是指由本单位自行印制、仅在本单位内部使用的原始凭证。如：领料单、差旅费报销单、折旧计算表、工资费用分配表等。

（三）按照填制的手续和内容分类

（1）一次凭证。指一次填制完成、只记录一笔经济业务的原始凭证。领料单、收料单都是一次性凭证。

（2）累计凭证。指在一定时期内多次记录发生的同类型经济业务的原始凭证。

要点1：累计凭证是多次有效的原始凭证。

要点2：工业企业用的限额领料单就是一种典型的累计凭证。

要点3：在一张凭证内可以连续登记相同性质的业务，随时结出累计数及结余数，并按照费用限额进行费用控制，期末按实际发生额记账。

（3）汇总凭证。汇总凭证也称原始凭证汇总表，指对一定时期内反映经济业务内容相同的若干张原始凭证，按照一定标准综合填制的原始凭证，用以集中反映某项经济业务总括发生情况。如工资汇总表、耗用材料汇总表、收料凭证汇总表等就是汇总凭证。

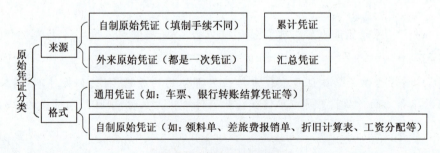

图6-1 原始凭证分类

📖 **真题解析**

【例6-5】（多选题）原始凭证按照填制的手续及内容不同分为（　　）。
　　　　A. 一次凭证　　B. 累计凭证　　C. 汇总凭证　　D. 通用凭证
【答案】　ABC
【解析】　原始凭证按照填制手续及内容的不同分为一次凭证、累计凭证和汇总凭证。

【例6-6】（单选题）下列项目中，属于累计凭证的是（　　）。
　　　　A. 收料单　　B. 发料汇总表　　C. 限额领料单　　D. 差旅费报销单
【答案】　C
【解析】　累计凭证指在一定时期内多次记录发生的同类型经济业务且多次有效的原始凭证。典型的累计凭证如限额领料单等。

二、原始凭证的基本内容

原始凭证所包括的基本内容，通常称为凭证要素，主要有：
(1) 凭证的名称；
(2) 填制凭证的日期；
(3) 填制凭证的单位名称或填制人姓名；
(4) 经办人员的签名或签章；
(5) 接受凭证的单位名称；
(6) 经济业务内容；
(7) 数量、单价、金额。

📖 **真题解析**

【例6-7】（单选题）下列各项中，不属于原始凭证所具备的基本内容的是（　　）。
　　　　A. 凭证名称、填制日期　　　　B. 经济业务内容
　　　　C. 对应的记账凭证号数　　　　D. 经办人员的签名或盖章
【答案】　C
【解析】　原始凭证的基本内容包括：凭证的名称；填制凭证的日期；填制凭证单位的名称或者填制人姓名；经办人员的签名或盖章；接受凭证的单位名称；经济业务内容；数量、单价、金额。因此C不属于原始凭证的基本内容。

三、原始凭证的填制要求

（一）填制原始凭证的基本要求

(1) 记录要真实。
(2) 内容要完整。
(3) 手续要完备。
单位自制的原始凭证必须有经办单位领导人或者其他指定人员的签名盖章。

对外开出的原始凭证必须加盖本单位公章。

从外部取得的原始凭证,必须加盖有填制单位的公章;没有公章或财务专用章的原始凭证应视为无效凭证,不能作为编制记账凭证的依据。

从个人取得的原始凭证,必须有填制人员的签名盖章。

购买实物的原始凭证,必须有验收证明。

支付款项的原始凭证,必须有收款单位和收款人的收款证明,付款人不能自己证明自己已付出款项。

出纳人员在办理收款或付款业务后,应在凭证中加盖"收讫"或"付讫"的戳记,以避免重收重付。

总之,取得的原始凭证必须符合手续完备的要求,以明确经济责任,确保凭证的合法性、真实性。

(4) 书写要清楚、规范。不得使用未经国务院公布的简化字。

大小写金额必须相符且填写规范。(注:大小写金额不一致,并非按大写金额入账,而是此凭证无效。)原始凭证的填制,除需要复写的外,必须用钢笔或碳素笔书写。

小写:金额前要填写人民币符号"￥",人民币符号"￥"与阿拉伯数字之间不得留有空白。金额数字一律填写到角、分,无角、分的,写"00"或符号"－";有角无分的,分位用"0",不得用符号"－"。

大写金额前未印有"人民币"字样的,应加写"人民币"三个字,"人民币"字样和大写金额之间不得留有空白。

大写金额到元或角为止的,后面要写"整"或"正"字。如小写金额￥1 008.00,大写金额应写成"人民币壹仟零捌元整"。

(5) 编号要连续。如果原始凭证已预先印定编号,在写坏作废时,应加盖"作废"戳记,妥善保管,不得撕毁。

(6) 不得涂改、刮擦、挖补。原始凭证有错误的,应当由出具单位重开或更正,更正处应当加盖出具单位印章。原始凭证金额有误的,应当由出具单位重开,不得在原始凭证上更正。

(7) 填制要及时。各种原始凭证一定要及时填写,并按规定程序及时送交会计机构、会计人员进行审核。

(二)自制原始凭证的填制要求

1. 一次凭证的填制

一次凭证的填制手续是在经济业务发生或完成时,由经办人员填制,一般只反映一项经济业务,或者同时反映若干项同类性质的经济业务。如"收料单"和"领料单"、"借款单"等。

"收料单"是企业购进材料验收入库时,由仓库保管人员根据购入材料的实际验收情况,填制的一次性原始凭证收料单,一式三联:一联留仓库,据以登记材料物资明细账和材料卡片;一联随发票账单到会计处报账;一联交采购人员存查。

2. 累计凭证的填制

要点1:累计凭证是多次有效的原始凭证。

要点2:工业企业用的限额领料单就是一种典型的累计凭证。

要点3：在一张凭证内可以连续登记相同性质的业务，随时结出累计数及结余数，并按照费用限额进行费用控制，期末按实际发生额记账。

"限额领料单"是多次使用的累计领发料凭证。在有效期间内（一般为一个月），只要领用数量不超过限额就可以连续使用。"限额领料单"不仅起到事先控制领料的作用，而且可以减少原始凭证的数量和简化填制凭证的手续。

3. 汇总凭证的填制

汇总原始凭证是指在会计的实际工作日，为了简化记账凭证的填制工作，将一定时期若干份记录同类经济业务的原始凭证汇总编制一张汇总凭证，用以集中反映某项经济业务的完成情况。汇总凭证是有关责任者根据经济管理的需要定期编制的。

汇总凭证只能将同类内容的经济业务汇总在一起填列在一张汇总凭证上，不能将两类或两类以上的经济业务汇总在一起填列在一张汇总原始凭证上。

（三）外来原始凭证的填制要求

外来原始凭证是企业同外单位发生经济业务时，由外单位的经办人员填制的，因此，会计人员在记录经济业务时，应注意外来原始凭证的填制内容是否完整有效。

外来原始凭证一般由税务局等部门统一印制，或经税务部门批准由经营单位印制，在填制时加盖出具凭证单位公章方为有效，对于一式多联的原始凭证必须用复写纸套写。

四、原始凭证的审核

主要审核：
（1）审核原始凭证的真实性。
（2）审核原始凭证的合法性。
（3）审核原始凭证的合理性。
（4）审核原始凭证的完整性。
（5）审核原始凭证的正确性。
（6）审核原始凭证的及时性。

应注意审查填制日期，尤其是支票、银行汇票、银行本票等时效性较强的原始凭证，更应仔细验证其签发日期。需要说明的是，原始凭证的审核是一项严肃而细致的工作，会计人员必须坚持制度，履行会计人员的职责。需注意以下内容：

第一，对于完全符合要求的原始凭证，应及时据以填制记账凭证入账。

第二，对于真实、合法、合理但内容不完整、填写有错误、手续不完备、数字不准确以及情况不清楚的原始凭证，应当退还给有关业务单位或个人，并令其补办手续或进行更正。

第三，对于不真实、不合法的原始凭证，会计机构、会计人员有权不予接受，并向单位负责人报告。

真题解析

【例6-8】（多选题）对外来原始凭证进行真实性审核的内容包括（　　）。

A. 填制单位公章和填制人员签章是否齐全

B. 经济业务的内容是否真实

C. 是否有本单位公章和经办人签章

D. 填制凭证的日期是否真实

【答案】 ABD

【解析】 对外来原始凭证进行真实性审核的内容包括：填制单位公章和填制人员签章是否齐全；经济业务的内容是否真实；填制凭证的日期是否真实。

任务三 填制和审核记账凭证

一、记账凭证的种类

记账凭证可按不同的标准进行分类。

（一）按凭证的用途分类

1. 专用记账凭证

专用记账凭证是指分类反映经济业务的记账凭证，只适用于某一类经济业务。按其反映的经济业务内容，可分为收款凭证、付款凭证和转账凭证。

（1）收款凭证。收款凭证是指用于记录库存现金和银行存款收款业务的记账凭证。它是根据有关库存现金和银行存款收入业务的原始凭证编制的。收款凭证又可以分为库存现金收款凭证和银行存款收款凭证两种。

（2）付款凭证。付款凭证是指用于记录库存现金和银行存款付款业务的记账凭证。它是根据有关库存现金和银行存款付出业务的原始凭证填制的。付款凭证，又可以分为库存现金付款凭证和银行存款付款凭证两种。

涉及银行存款与现金之间对转业务只填付款凭证不填收款凭证。

（3）转账凭证。转账凭证是指用于记录不涉及库存现金和银行存款业务的记账凭证。它是根据不涉及库存现金和银行存款收付的有关转账业务的原始凭证填制的。

2. 通用记账凭证

通用记账凭证是指用来反映所有经济业务的记账凭证，为各类经济业务所共同使用。其格式通常与转账凭证的格式基本相同。

收款凭证、付款凭证、转账凭证的划分，有利于区别不同经济业务进行分类管理，有利于经济业务的检查。但工作量大，适用于规模较大，收付款业务较多的单位。对于经济业务较少的单位则可以采用通用记账凭证来记录所有经济业务。

真题解析

【例题6-9】（多选题）记账凭证按内容分为（　　）。

A. 收款凭证　　B. 付款凭证　　C. 转账凭证　　D. 一次凭证

【答案】 ABC

【解析】 记账凭证按用途可分为专用记账凭证和通用记账凭证；而专用记账凭证按其

反映的经济业务内容,可分为收款凭证、付款凭证和转账凭证。

(二)按照凭证的填列方式分类

1. 单式记账凭证

单式凭证是指每一张记账凭证只填制经济业务事项所涉及的一个会计科目及其金额的记账凭证。填列借方科目的称为借项凭证,填列贷方科目的称为贷项凭证。某项经济业务涉及几个会计科目,就编制几张单式记账凭证。单式记账凭证反映内容单一,便于分工记账,便于按会计科目汇总,但一张凭证不能反映每一笔经济业务的全貌,不便于检验会计分录的正确性。

2. 复式记账凭证

复式凭证是指将每一笔经济业务事项所涉及的全部会计科目及其发生额均在同一张记账凭证中反映的一种凭证。它是实际工作中应用最普遍的记账凭证。上述收款凭证、付款凭证、转账凭证和通用记账凭证均为复式记账凭证。复式记账凭证全面反映了经济业务的账户对应关系,有利于检查会计分录的正确性,但不便于会计岗位上的分工记账。

二、记账凭证的基本内容

包括:

(1)填制凭证的日期;

(2)凭证编号;

(3)经济业务摘要;

(4)会计科目;

(5)金额;

(6)所附原始凭证张数;

(7)填制凭证人员、稽核人员、记账人员会计机构负责人、会计主管人员签名或者盖章。

三、记账凭证的编制要求

记账凭证根据审核无误的原始凭证或者汇总原始凭证填制。记账凭证编制正确与否,直接影响整个会计系统最终提供信息的质量。与原始凭证的填制相同,记账凭证也有记录真实、内容完整、手续齐全、填制及时等要求。

(一)记账凭证编制的基本要求

包括:

(1)记账凭证各项内容必须完整。

(2)记账凭证应连续编号(按月)。一笔经济业务需要填制两张以上记账凭证的,可以采用分数编号法编号。

(3)记账凭证的书写应清楚、规范。相关要求同原始凭证。

(4)填制记账凭证的依据,必须是经审核无误的原始凭证,可以根据每一张原始凭证填制,或根据若干张同类原始凭证汇总编制,也可以根据原始凭证汇总表填制;但不得将不同内容和类别的原始凭证汇总填制在一张记账凭证上。

(5)除结账和更正错误的记账凭证可以不附原始凭证外,其他记账凭证必须附有原始凭证。记账凭证上应注明所附的原始凭证张数，以便查核。如果根据同一原始凭证填制数张记账凭证时，则应在未附原始凭证的记账凭证上注明"附件××张，见第××号记账凭证"。

（6）填制记账凭证时若发生错误，应当重新填制。已登记入账的记账凭证在当年内发现填写错误，可以用红字填写一张与原内容相同的记账凭证，在摘要栏注明"注销某月某日某号凭证"字样，同时再用蓝字重新填制一张正确的记账凭证，注明"订正某月某日某号凭证"字样。如果会计科目没有错误，只是金额错误，也可将正确数字与错误数字之间的差额另编一张调整的记账凭证，调增金额用蓝字，调减金额用红字。发现以前年度记账凭证有误的，应当用蓝字填制一张更正的记账凭证。

（7）记账凭证填制完经济业务事项后，如有空行，应当自金额栏最后一笔金额数字下的空行处至合计数上的空行处划线注销。

真题解析

【例6-10】（单选题）下列表述中正确的有（　　）。
  A．记账凭证发生错误可以更正
  B．某业务涉及几张记账凭证可采用分数编号法
  C．记账凭证必须附有原始凭证
  D．记账凭证只能根据每一张原始凭证填制
【答案】　B
【解析】　记账凭证编制的基本要求中规定：填制记账凭证时若发生错误，应当重新填制；除结账和更正错账的记账凭证可以不附原始凭证，其他记账凭证必须附有原始凭证，因此并不是所有记账凭证必须附有原始凭证；填制记账凭证的依据，必须是经审核无误的原始凭证，可以根据每一张原始凭证填制，或根据若干张同类原始凭证汇总编制，也可以根据原始凭证汇总表填制；但不得将不同内容和类别的原始凭证汇总填制在一张记账凭证上。

（二）收款凭证的填制要求

收款凭证是用来记录货币资金收款业务的凭证，它是由出纳人员根据审核无误的原始凭证收款后填制的。收款凭证左上方所填列的借方科目，应是"库存现金"或"银行存款"科目；在凭证内所反映的贷方科目，应填列与"库存现金"或"银行存款"相对应的科目；日期填写的是编制本凭证的日期；右上角填写编制收款凭证的顺序号；"摘要"填写对所记录的经济业务的简要说明；"记账"是指该凭证已登记账簿的标记，防止经济业务事项重记或漏记；"金额"是指该项经济业务事项的发生额；该凭证右边"附件　张"是指本记账凭证所附原始凭证的张数；最后分别由有关人员签章，以明确经济责任。

（三）付款凭证的编制要求

付款凭证是根据审核无误的有关现金和银行存款的付款业务的原始凭证填制的。付款凭证的编制方法与收款凭证基本相同，只是左上角由"借方科目"换为"贷方科目"，凭证中间的"贷方科目"换为"借方科目"。

涉及"库存现金"和"银行存款"之间的经济业务，一般只编制付款凭证，不编制收款凭证，以强化对付款业务的管理。

📚 **真题解析** 🖋

【例6-11】（判断题）从银行提取现金或将现金存入银行只编收款凭证不编付款凭证。（　　）

【答案】×

【解析】对于涉及"库存现金"和"银行存款"之间的相互划转业务，为了避免重复记账，一般只编制付款凭证，不编收款凭证。

（四）转账凭证的编制要求

转账凭证通常是根据有关转账业务的原始凭证填制的。

适用范围：不涉及库存现金、银行存款收付时使用这一凭证类型。

在借贷记账法下，将经济业务所涉及的会计科目全部填列在凭证内，借方科目在先，贷方科目在后，将各会计科目所记应借应贷的金额填列在"借方金额"或"贷方金额"栏内。

借、贷金额合计数应该相等。制单人应在填制凭证后签名盖章，并在凭证的右侧填写所附原始凭证的张数。

📚 **真题解析** 🖋

【例6-12】2016年5月31日，计提本月管理用固定资产的折旧金额60 000元。请编制转账凭证。

【答案】会计分录为：

借：管理费用　　　　　　　　　　　　　60 000
　　贷：累计折旧　　　　　　　　　　　　　　　60 000

此外，某些既涉及收款或付款业务，又涉及转账业务的综合性业务，可分开编制不同类型的记账凭证。也就是说如果既有库存现金或银行存款的收付款业务，又有转账业务时，应相应地填制收、付款凭证和转账凭证。如李华出差回来报销差旅费500元，出差前向单位借款800元，剩余款项交回现金。对于这项经济业务应根据收款收据的记账联填制现金收款凭证，同时根据差旅费报销凭单填制转账凭证。

四、记账凭证的审核内容

（一）记账凭证的审核内容

为了正确登记账簿和监督经济业务，除了填制记账凭证的人员应当认真负责、正确填制、加强自审以外，同时还应建立专人审核制度。如前所述，记账凭证是根据审核后的合法的原始凭证填制的。因此，记账凭证的审核应注意以下几点：

（1）内容是否真实；
（2）项目是否齐全；
（3）科目是否正确；

（4）金额是否正确；

（5）书写是否正确；

（6）手续是否完备。

此外，出纳人员在办理收款或付款后，应在凭证上加盖"收讫"或"付讫"的戳记，避免重收重付。

在审核过程中，如果发现差错，应及时查明原因，按规定办法及时处理和更正，只有经过审核无误的记账凭证，才能据以登记账簿。如果发现尚未入账的错误记账凭证，应当重新填制。

真题解析

【例题6-13】 （多选题）记账凭证审核的内容有( )。

A. 经济业务的数量、单价是否正确   B. 金额是否正确

C. 科目是否正确   D. 内容是否真实

【答案】 BCD

【解析】 记账凭证审核的内容包括：内容是否真实；项目是否齐全；科目是否正确；金额是否正确；书写是否正确；手续是否完备。

（二）记账凭证和原始凭证的区别

表6-1 原始凭证和记账凭证区别

区　别	原始凭证	记账凭证
填制人员不同	业务经办人	会计人员
填制依据不同	根据发生或者完成的经济业务事项	审核后的原始凭证填制
填制方式不同	仅用于记录、证明经济业务已经发生或者完成	依据会计科目对已经发生或者完成的经济业务进行归类、整理后编制
发挥作用不同	作为记账凭证的附件和编制记账凭证的依据	直接登记账簿的依据

真题解析

【例6-14】 （多选题）下列项目中，属于原始凭证和记账凭证共同具备的基本内容的是( )。

A. 凭证的名称及编号   B. 有关人的签章

C. 填制及接受单位的名称   D. 填制凭证的日期

【答案】 ABD

【解析】 原始凭证和记账凭证共同具备的基本内容包括凭证的名称及编号、有关人员的签章、填制凭证的日期。

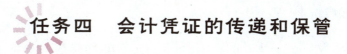

任务四　会计凭证的传递和保管

一、会计凭证的传递

会计凭证的传递是指会计凭证从取得或填制时起至归档保管过程中,在单位内部各有关部门和人员之间的传送程序。

会计凭证的传递,应遵循内部控制制度的要求,使传递程序合理有效,同时尽量节约传递时间,减少传递的工作量。要求:

(1) 规定传递线路,结合经济业务的特点、内部机构和人员分工情况。

(2) 规定传递时间,根据有关部门和人员办理经济业务的情况。

二、会计凭证的保管

会计凭证的保管,是指会计凭证登账后的整理、装订和归档存查工作。会计凭证是记账的依据,是重要的经济档案和历史资料,所以对会计凭证必须妥善整理和保管,不得丢失或任意销毁。

会计凭证的保管,既要做到会计凭证的安全和完整无缺,又要便于凭证的事后调阅和查找。会计凭证归档保管的主要方法和要求是:

(1) 会计凭证应定期装订成册,防止散失。会计部门在依据会计凭证记账以后,应定期(每天、每旬或每月)对各种会计凭证进行分类整理,将各种记账凭证按照编号顺序,连同所附的原始凭证一起加具封面、封底,装订成册,并在装订线上加贴封签,由装订人员在装订线封签处签名或盖章。

从外单位取得的原始凭证遗失时,应取得原签发单位盖有公章的证明,并注明原始凭证的号码、金额、内容等,由经办单位会计机构负责人、会计主管人员和单位负责人批准后,才能代作原始凭证。若确实无法取得证明的,如车票丢失,则应由当事人写明详细情况,由经办单位会计机构负责人、会计主管人员和单位负责人批准后,代作原始凭证。

(2) 会计凭证封面应注明单位名称、凭证种类、凭证张数、起止号数、年度、月份、会计主管人员、装订人员等有关事项,会计主管人员和保管人员应在封面上签章。

(3) 会计凭证应加贴封条,防止抽换凭证。原始凭证不得外借,其他单位如有特殊原因确实需要使用时,经本单位会计机构负责人、会计主管人员批准,可以复制。向外单位提供的原始凭证复制件,应在专设的登记簿上登记,并由提供人员和收取人员共同签名、盖章。

(4) 原始凭证较多时可单独装订,但应在凭证封面注明所属记账凭证的日期、编号和种类,同时在所属的记账凭证上应注明"附件另订"及原始凭证的名称和编号,以便查阅。

(5) 每年装订成册的会计凭证,在年度终了时可暂由单位会计机构保管一年,期满后应当移交本单位档案机构统一保管;未设立档案机构的应当在会计机构内部指定专人保管。出纳人员不得兼管会计档案。严格遵守会计凭证的保管期限要求,期满前不得任意销毁。

(6) 严格遵守会计凭证的保管期限要求,期满前不得任意销毁。

真题解析

【例6-15】 (判断题)会计凭证的传递是指从会计凭证的取得或填制时起至归档保管过程中,在会计部门之间传递。( )

【答案】 ×

【解析】 会计凭证的传递是指从会计凭证的取得或填制时起至归档保管过程中,在单位内部有关部门和人员之间传递。

 **项目小结**

本项目主要介绍会计凭证的概念、种类、格式、填制与审核及其传递与保管。本项目学习的重点是在理解会计凭证含义的基础上,熟练掌握原始凭证及记账凭证的填制方法。

实践演练

一、单项选择题

1. 下列各项中,( )作为在实际工作中确定会计分录依据。
   A. 原始凭证　　B. 记账凭证　　C. 账簿　　　　D. 会计科目

2. 下列说法中,错误的是( )。
   A. 出差乘坐的车票属于原始凭证　　B. 采购材料的发货票属于原始凭证
   C. 领料单属于原始凭证　　　　　　D. 银行存款收款凭证属于原始凭证

3. 原始凭证是在经济业务的某一时点取得或填制的,下列各项中,对于这一时点描述正确的是( )。
   A. 填制记账凭证时　　　　　　B. 发生或完成时
   C. 登记明细账时　　　　　　　D. 编制原始凭证汇总表时

4. 出差人员预借差旅费应当填写借款单,下列表述中,正确的是( )。
   A. 借款单是一种自制的原始凭证　　B. 借款单是一种外来原始凭证
   C. 借款单是一种付款凭证　　　　　D. 借款单是一种单式凭证

5. 下列关于原始凭证按照填制手续及内容不同所作分类的描述中,正确的是( )。
   A. 分为外来原始凭证和自制原始凭证
   B. 分为收款凭证、付款凭证和转账凭证
   C. 分为一次凭证、累计凭证和汇总凭证
   D. 分为通用凭证和专用凭证

6. 下列各项中,( )不能作为原始凭证。
   A. 发票　　　　　　　　　　　　B. 领料单
   C. 工资结算汇总表　　　　　　　D. 银行存款余额调节表

7. 填制原始凭证时,不符合书写要求的是( )。
   A. 阿拉伯金额数字前面应当书写货币币种符号

B. 币种符号与阿拉伯金额数字之间不得留有空白

C. 金额数字一律填写到角、分,无角、分的,写"00"或符号"-"

D. 有角无分的,分位写"0"或符号"-"

8. 企业购进材料3 000元,款未付,这笔经济业务应该编制的记账凭证是( )。
   A. 收款凭证　　B. 付款凭证　　C. 转账凭证　　D. 以上均可

9. 下列既可以作为登记总账依据,又可以作为登记明细账依据的是( )。
   A. 记账凭证　　B. 汇总记账凭证　　C. 原始凭证　　D. 汇总原始凭证

10. 某单位财务部第8号记账凭证的会计事项需要填制3张记账凭证,下列编号中,正确的是( )。
    A. 8,9,10
    B. 7,8,9
    C. $8\frac{1}{3}, 8\frac{2}{3}, 8\frac{3}{3}$
    D. $\frac{1}{3}, \frac{2}{3}, \frac{3}{3}$

11. 下列关于会计凭证保存年限的说法中,正确的是( )。
    A. 在会计年度终了后,由会计部门保存三个月
    B. 在会计年度终了后,由会计部门保存六个月
    C. 在会计年度终了后,由会计部门保存一年
    D. 在会计年度终了后,由会计部门保存三年

12. 下列关于会计凭证的保管的说法中,不正确的是( )。
    A. 会计凭证应定期装订成册,防止散失
    B. 会计主管人员和保管人员应在封面上签章
    C. 原始凭证不得外借,其他单位如有特殊原因确实需要使用时,经本单位会计机构负责人、会计主管人员批准,可以复制
    D. 经单位领导批准,会计凭证在保管期满前可以销毁

13. 下列经济业务中,应填制转账凭证的是( )。
    A. 用银行存款偿还短期借款　　B. 收回应收账款
    C. 用库存现金支付工资　　　　D. 生产领用原材料

14. 记账凭证的填制是由( )进行的。
    A. 出纳人员　　B. 会计人员　　C. 经办人员　　D. 主管人员

15. 下列内容中,( )不属于记账凭证审核内容。
    A. 凭证是否符合有关的计划和预算
    B. 会计科目使用是否正确
    C. 凭证的金额与所附原始凭证的金额是否一致
    D. 凭证的内容与所附原始凭证的内容是否一致

二、多项选择题

1. 下列关于记账凭证的说法中,正确的有( )。
   A. 记账凭证又称记账凭单,是会计人员根据审核无误的原始凭证对经济业务事项的内容加以归类,并据以确定会计分录后填制的会计凭证
   B. 记账凭证具有分类归纳原始凭证的作用
   C. 记账凭证具有据以登记会计账簿的作用

D. 在实际工作中,会计分录是通过填制记账凭证来完成的

2. 下列各项中,( )不能作为原始凭证。
   A. 购货合同　　B. 车间派工单　　C. 材料请购单　　D. 工资表

3. 下列属于记账凭证基本内容的是( )。
   A. 记账凭证的名称　　　　　　B. 经济业务事项的数量、单价和金额
   C. 记账标记　　　　　　　　　D. 经办人员的签章

4. 下列各项中,( )属于原始凭证填制要求。
   A. 记录真实　　　　　　　　　B. 内容完整
   C. 手续完备　　　　　　　　　D. 书写清楚、规范

5. 下列关于原始凭证的说法中,正确的有( )。
   A. 职工公出借款凭据,必须附在记账凭证之后
   B. 职工公出借款凭据,收回借款时,应当另开收据或者退还借款副本,不得退还原借款收据
   C. 经上级有关部门批准的经济业务,应当将批准文件作为原始凭证附件
   D. 经上级有关部门批准的经济业务,如果批准文件需要单独归档的,应当在凭证上注明文件的批准机关名称、日期和文号

6. 下列各项中,( )属于原始凭证书写时应当注意的事项。
   A. 不得使用未经国务院公布的简化汉字
   B. 小写金额用阿拉伯数字逐个书写,也可以写连笔字
   C. 金额数字一律填写到角、分,无角、分的,写"00"或符号"—";有角无分的,分位写"0",不得用符号"—"
   D. 在金额前要填写人民币符号"￥",人民币符号"￥"与阿拉伯数字之间不得留有空白

7. 下列各项中,( )属于记账凭证应当包括的内容。
   A. 经济业务事项所涉及的会计科目及其记账方向
   B. 经济业务事项的金额
   C. 记账标记
   D. 所附原始凭证的张数

8. 下列说法中,正确的有( )。
   A. 已经登记入账的记账凭证,在当年内发现填写错误时,直接用蓝字重新填写一张正确的记账凭证即可
   B. 发现以前年度记账凭证有错误的,可以用红字填写一张与原内容相同的记账凭证,再用蓝字重新填写一张正确的记账凭证
   C. 如果会计科目没有错误只是金额错误,可以将正确数字与错误数字之间的差额,另填制一张调整的记账凭证,调增金额用蓝字,调减金额用红字
   D. 发现以前年度记账凭证有错误的,应当用蓝字填制一张更正的记账凭证

9. 下列经济业务中,( )应填制付款凭证。
   A. 提库存现金备用　　　　　　B. 以存款支付前已欠某单位账款
   C. 购买材料未付款　　　　　　D. 购买材料预付定金

10. 下列各项中,( )属于记账凭证基本内容。
   A. 填制凭证的日期和凭证的编号
   B. 会计科目的名称、记账方向和金额
   C. 所附科目的名称、记账方向和金额
   D. 制证、复核、会计主管等有关人员的签章

11. 下列说法中,正确的有( )。
   A. 记账凭证上的日期指的是经济业务发生的日期
   B. 对于涉及"库存现金"和"银行存款"之间的经济业务,一般只编制收款凭证
   C. 出纳人员不能直接依据有关收、付款业务的原始凭证办理收、付款业务
   D. 出纳人员必须根据经会计主管或其指定人员审核无误的收、付款凭证办理收、付款业务

12. 某企业外购材料一批,已验收入库,贷款已付,下列各项中,( )属于这项经济业务应填制的会计凭证。
   A. 收款凭证   B. 收料单   C. 付款凭证   D. 累计凭证

13. 其他单位因特殊原因需要使用本单位的原始凭证,下列做法中,正确的有( )。
   A. 可以外借
   B. 将外借的会计凭证拆封抽出
   C. 不得外借,经本单位会计机构负责人或会计主管人员批准,可以复制
   D. 将向外单位提供的凭证复印件在专设的登记簿上登记

14. 下列各项中,( )属于会计凭证归档保管的主要方法和要求。
   A. 会计凭证应定期装订成册,防止散失
   B. 会计凭证封面应注明单位名称、凭证种类、凭证张数、起止号数、年度、月份、会计主管人员、装订人员等有关事项
   C. 会计主管人员和保管人员应在会计凭证封面上签章
   D. 会计凭证应加贴封条,防止抽换凭证

15. 下列各项中,( )属于会计凭证的归档保管注意事项。
   A. 原始凭证不得外借,其他单位如有特殊原因确实需要使用时,可以复制
   B. 原始凭证较多时,可单独装订,但应在凭证封面注明所属记账凭证的日期、编号和种类
   C. 每年装订成册的会计凭证,在年度终了时可暂由单位会计机构保管一年,期满后应当移交本单位档案机构统一保管
   D. 出纳人员可以兼管会计档案

三、判断题

1. 原始凭证是会计核算的原始资料和重要依据,是登记会计账簿的直接依据。(   )
2. 原始凭证都是以实际发生或完成的经济业务为依据而填制的。(   )
3. 填制会计凭证,所有以元为单位的阿拉伯数字,除单价等情况外,一律填写到角分;有角无分的,分位应当写"0"或用符号"-"代替。(   )
4. 外来原始凭证是指企业财会部门从外部购入的原始凭证。(   )
5. 库存现金存入银行时,为避免重复记账只编制银行存款收款凭证,不编制库存现金

付款凭证。（   ）

6. 除了结账和更正错账的记账凭证可以不附原始凭证外，其余的记账凭证均应当附有原始凭证。（   ）

7. 复式记账的会计分录能反映经济业务的来龙去脉，所以会计在填制记账凭证时"摘要"一栏可以不填写。（   ）

8. 记账凭证是否附有原始凭证，及其所附原始凭证的张数是否相符，是审核记账凭证的一项重要内容。（   ）

9. 若一笔经济业务涉及的会计科目较多，需填制多张记账凭证的，可采用"分数编号法"，也可采用"连续编号法"。（   ）

10. 填制具有统一格式的记账凭证可以简化记账工作、减少差错，而且有利于原始凭证的保管。（   ）

四、实务操作题

根据下述资料，填制有关原始凭证，编制记账凭证。

（一）会计主体基本情况

1. 企业概况

企业名称：苏州飞马电子有限公司　　地址：苏州市高新区竹山路180号

注册资金：5 000万元　　企业类型：有限责任公司（增值税一般纳税人）

增值税率17%，所得税率25%　　经营范围：机电产品研发、生产和销售

纳税人登记号：320503001119928　　开户银行：工商银行新区支行

基本账户账号：330505878899　　税储户：苏州银行新区支行99017-3765990

2. 财务部岗位设置

出纳岗位：刘红；总账岗位：马良；材料成本费用岗位：张扬；审核岗位：王露；制单：王艺；会计主管：方泊。

3. 会计基础工作有关说明

（1）存货采用实际成本计价。销售产品的成本采用先进先出法于期末一次性结转。

（2）无形资产摊销采用直线法，不考虑残值。期初商标权24万元，法律规定10年，合同约定租用5年。

（3）公司对山东外贸股份有限公司的长期股权投资中占5%的股份，采用成本法进行核算。

（4）投资性房地产以公允价值模式进行后续计量。

（5）交易性金融资产——成本（用友股份股票：5 000股，每股100元）。

（6）本月份生产甲产品用4 000工时，乙产品用1 000工时，制造费用按工时法进行分配。月初、月末均无在产品。

（7）增值税适用一般税率17%，营改增项目适用相应税率、城建税率7%、教育费附加3%、企业所得税率25%。

（8）分配率若除不尽保留2位小数。

（9）坏账准备仅对应收账款计提，按应收账款余额为计提标准，企业执行的准备金提取比例为4%，主管税务机关批准的提取比例为3%。

（10）会计核算形式：科目汇总表核算形式。

（二）上月报表与期初余额

2016 年 11 月末该公司有关总账及相关明细账户的余额及资产负债表数据如下表：

资　产	明细项目	借方余额	负债和所有者权益	明细项目	贷方余额
库存现金		9 987	短期借款		4 000 000
银行存款	78899	2 583 200	交易性金融负债		
	65990	547 600	应付票据	银行承兑汇票	192 000
其他货币资金	存出投资款		应付账款		316 970
交易性金融资产	成本（用友股票）	500 000	预收账款	木森电子有限公司	765 000
应收票据		100 000	应付职工薪酬——工资		244 129
应收账款		9 365 000	应付职工薪酬——福利费		230 454
坏账准备		0	应交税费——应交增值税		327 700
预付账款	杭州三笑集团	1 276 000	应交税费——应交城建税		22 939
	宏发集团公司	7 478 491	应交税费——应交教育费附加		9 831
应收利息			应付利息		70 000
应收股利			应付股利		
其他应收款	金利集团	5 441 373	其他应付款	佳佳百货押金	434 000
	张亮	320			
原材料	A 材料	2 765 664	应付债券		
周转材料		73 580	长期应付款		1 500 000
库存商品	甲产品（250 套）	1 562 500	专项应付款		
可供出售金融资产			累计折旧		13 717 170
持有至到期投资			累计摊销		48 000
长期应收款			递延所得税负债		
长期股权投资		1 600 000	长期借款		4 000 000
投资性房地产		800 000			
固定资产		41 711 280	实收资本（股本）		50 000 000
在建工程		1 300 000	资本公积		530 610
固定资产清理			盈余公积		856 822
工程物资		8 846 950	本年利润		8 936 320
无形资产		240 000			
开发支出					
商誉					
长期待摊费用					
递延所得税资产					
合计		86 201 945	合计		86 201 945

（三）假定该公司 2016 年 12 月共发生以下经济业务，业务资料见如下相关原始凭证

【业务 1-1】

中国工商银行
INDUSTRIAL AND COMMERCIAL BANK OF CHINA

进账单（回单）2

2016 年 12 月 1 日　　　　　　　　　　　3602609

签发人	全　称	木森电子有限公司	收款人	全　称	苏州飞马电子有限公司
	账　号	34009003675994725		账　号	330505878899
	开户银行	建设银行东山支行		开户银行	工商银行新区支行

金额	人民币（大写）	肆佰伍拾元整	千 百 十 万 千 百 十 元 角 分
			¥　　　　4 5 0 0 0 0 0 0

票据种类	转支	票据张数	1
票据号码	F5990031		

中国工商银行股份有限公司
江苏省分行苏州分行新区支行
2016.12.01
票据受理专用章
（32078）

复核：　　　记账：　　　　　　　　　开户银行签章

此联是开户银行交给持（出）票人的回单

【业务 1-2】

中国工商银行
INDUSTRIAL AND COMMERCIAL BANK OF CHINA

进账单（收账通知）3

2016 年 12 月 1 日　　　　　　　　　　　3602609

签发人	全　称	木森电子有限公司	收款人	全　称	苏州飞马电子有限公司
	账　号	34009003675994725		账　号	330505878899
	开户银行	建设银行东山支行		开户银行	工商银行新区支行

金额	人民币（大写）	肆佰伍拾元整	千 百 十 万 千 百 十 元 角 分
			¥　　　　4 5 0 0 0 0 0 0

票据种类	转支	票据张数	1
票据号码	F5990031		

中国工商银行股份有限公司
江苏省分行苏州分行新区支行
2016.12.01
款项转讫专用章
（32078）

复核：　　　记账：　　　　　　　　　开户银行签章

此联是开户银行交给收款人的收账通知

【业务1-3】

江苏省增值税专用发票

3200113110　　此联不作报销、扣税凭证使用　NO.0402534

校验码 65756 89146 21278 27784　　　　　　　开票日期：2016 年 12 月 1 日

购货单位	名　　　称：木森电子有限公司 纳税人识别号：320103859689572 地　址、电　话：南京市天印路56号　86255973 开户行及账号：建设银行东山支行40090034725	密码区					
货物或应税劳务名称	规格型号	单位	数　量	单价	金　额	税率	税　额
甲产品	YC1	套	300.00	15 000.00	4 500 000.00	17%	765 000.00
合计					4 500 000.00		765 000.00
价税合计（大写）	⊗　伍佰贰拾陆万伍仟元整				（小写）　¥ 5 265 000.00		
销货单位	名　　　称：苏州飞马电子有限公司 纳税人识别号：320103001119928 地　址、电　话：苏州市高新区竹山路180号 开户行及账号：工商银行新区支行330505878899	备注					

收款人：　　　　复核：　　　　开票人：晓欣　　　　销货单位：（章）

【业务2-1】

中国工商银行
转账支票存根
10203218
17614548

附加信息＿＿＿＿＿＿＿＿＿
＿＿＿＿＿＿＿＿＿＿＿＿＿

出票日期　2016 年 12 月 1 日

收款人	苏州市国土资源管理局
金额	¥ 3 000 000.00
用途	购买土地使用权
单位主管	会计

【业务2-2】

中华人民共和国国有土地使用证

土地使用权人	苏州飞马电子有限公司		
座　落	苏州市高新区竹山路889号		
地　号	2110024100310	图号	
地类（用途）	工业用地	取得价格（大写）	人民币叁佰万元整
使用权类型	划拨	终止日期	2016年12月1日
使用权面积	3 996m²	苏州市人民政府（章）	2016年12月1日

【业务3-1】

中国工商银行
转账支票存根
10203218
17614549

附加信息＿＿＿＿＿＿＿＿＿＿
＿＿＿＿＿＿＿＿＿＿＿＿＿＿

出票日期　2016年12月2日

收款人　杭州三笑集团

金额：¥2 000 000.00

用途：购材料

单位主管　　　　　会计

【业务3-2】

浙江省增值税专用发票

 3300113110　　　　　发票联　NO.0402523

校验码 65756 89146 21278 27784　　　　　　　　开票日期：2016 年 12 月 2 日

购货单位	名　　称：苏州飞马电子有限公司 纳税人识别号：320103001119928 地　址、电　话：苏州市高新区竹山路180号 开户行及账号：工商银行新区支行 330505878899	密码区	

货物或应税劳务名称	规格型号	单位	数　量	单　价	金　额	税率	税　额
A 产品	M1	件	800.00	1 000.00	800 000.00	17%	136 000.00
B 产品	S3	只	400.00	5 000.00	2 000 000.00	17%	340 000.00
合计					￥2 800 000.00		￥476 000.00

价税合计（大写）	⊗ 叁佰贰拾柒万陆仟元整	（小写）　￥3 276 000.00

销货单位	名　　称：杭州三笑集团 纳税人识别号：330508552258 地　址、电　话：杭州市西湖路109号 开户行及账号：工商银行新区支行 4222304131	备注	（杭州三笑集团 330508552258 发票专用章）

收款人：　　　复核：　　　开票人：王磊　　　销货单位：（章）

第三联　发票联购货方记账凭证

【业务3-3】

浙江省增值税专用发票

 3300113110　　　　　抵扣联　NO.0402523

校验码 65756 89146 21278 27784　　　　　　　　开票日期：2016 年 12 月 2 日

购货单位	名　　称：苏州飞马电子有限公司 纳税人识别号：320103001119928 地　址、电　话：苏州市高新区竹山路180号 开户行及账号：工商银行新区支行 330505878899	密码区	

货物或应税劳务名称	规格型号	单位	数　量	单　价	金　额	税率	税　额
A 产品	M1	件	800.00	1 000.00	800 000.00	17%	136 000.00
B 产品	S3	只	400.00	5 000.00	2 000 000.00	17%	340 000.00
合计					￥2 800 000.00		￥476 000.00

价税合计（大写）	⊗ 叁佰贰拾柒万陆仟元整	（小写）　￥3 276 000.00

销货单位	名　　称：杭州三笑集团 纳税人识别号：330508552258 地　址、电　话：杭州市西湖路109号 开户行及账号：工商银行新区支行 4222304131	备注	

收款人：　　　复核：　　　开票人：王磊　　　销货单位：（章）

第二联　抵扣联购货方扣税凭证

【业务3-4】

材 料 单

供应单位：杭州三笑集团　　　　2016 年 12 月 2 日　　　　　　　　编号：20150120

材料编号	名称	单位	规格	数量		实际成本				
				应收	实收	单价	发票价格	运杂费	合计	
1201	A 材料	件	国标	800	800	1 000.00	800 000.00		800 000.00	第二联记账联
1202	B 材料	只	国标	400	400	5 000.00	2 000 000.00		2 000 000.00	
备注：施安验货										

收料人：沈宁　　　　　　　　　　　　　　交料人：　杭州三笑集团　钟姗于

【业务4-1】

中国工商银行
转账支票存根
10203218
17614550

附加信息 _____
_____

出票日期　2016 年 12 月 3 日

收款人　南方证券公司营业部

金额：￥500 000.00

用途：存出投资专款

单位主管　　　　　　会计

【业务 4-2】

中国工商银行
INDUSTRIAL AND COMMERCIAL BANK OF CHINA

进账单（回单）2

2016 年 12 月 3 日　　　　　　　　　972345

签发人	全　称	苏州飞马电子有限公司	收款人	全　称	苏州飞马电子有限公司
	账　号	330505878899		账　号	723096894
	开户银行	工商银行新区支行		开户银行	南方证券公司营业部

金额	人民币（大写）	伍拾万元整	千百十万千百十元角分 ¥ 5 0 0 0 0 0 0 0

票据种类	转支	票据张数	1
票据号码	17614550		

中国工商银行股份有限公司
南方证券公司营业部
2016.12.3
票据受理专用章
（320453）

复核：　　记账：　　　　　　　　　开户银行签章

此联是开户银行交给持（出）票人的回单

【业务 4-3】

中国工商银行
INDUSTRIAL AND COMMERCIAL BANK OF CHINA

进账单（收账通知）3

2016 年 12 月 3 日　　　　　　　　　972345

签发人	全　称	苏州飞马电子有限公司	收款人	全　称	苏州飞马电子有限公司
	账　号	330505878899		账　号	723096894
	开户银行	工商银行新区支行		开户银行	南方证券公司营业部

金额	人民币（大写）	伍拾万元整	千百十万千百十元角分 ¥ 5 0 0 0 0 0 0 0

票据种类	转支	票据张数	1
票据号码	17614550		

中国工商银行股份有限公司
南方证券公司营业部
2016.12.3
款项收讫专用章
（320453）

复核：　　记账：　　　　　　　　　开户银行签章

此联是收款人开户银行交给收款人的收账通知

【业务5-1】

领 料 单

2016 年 12 月 3 日

领料部门：生产车间
用　　途：生产甲产品
编号：20161201

材料编号	名称	规格	计量单位	请领数量	实发数量	单位成本	金额	备注
1201	A材料	国标	件	1 200	1 200	1 000	1 200 000.00	甲产品用
1202	B材料	国标	只	300	300	5 000	1 500 000.00	甲产品用
合计							2 700 000.00	

审批人：严关　　　领料人：孙序　　　发料人：沈宁　　　领料部门负责人：朱官

第二联　财务联

【业务5-2】

领 料 单

2016 年 12 月 3 日

领料部门：生产车间
用　　途：生产乙产品
编号：20161202

材料编号	名称	规格	计量单位	请领数量	实发数量	单位成本	金额	备注
1201	A材料	国标	件	800	800	1 000	800 000.00	乙产品用
1202	B材料	国标	只	80	80	5 000	400 000.00	乙产品用
合计							1 200 000.00	

审批人：严关　　　领料人：孙序　　　发料人：沈宁　　　领料部门负责人：朱官

第二联　财务联

【业务5-3】

领 料 单

2016 年 12 月 3 日

领料部门：生产车间
用　　途：劳动保护
编号：20161203

材料编号	名称	规格	计量单位	请领数量	实发数量	单位成本	金额	备注
1203	低值易耗品	国标	只	1 500	1 500	10	15 000.00	车间用
合计							15 000.00	

审批人：严关　　　领料人：孙序　　　发料人：沈宁　　　领料部门负责人：朱官

第二联　财务联

【业务6】

托 收 凭 证 (汇款依据或/收账通知)   4

委托日期 2016 年 11 月 30 日　　付款期限 2016 年 12 月 5 日

业务类型	委托收款(□邮划、☑电划)			托收承付(□邮划、☑电划)			
付款人	全称	江苏隆兴电子设备有限公司		收款人	全称	苏州飞马电子有限公司	
	账号	3105057886743			账号	330505878899	
	地址	江苏省 扬州 市/县	开户行 建设银行城东支行		地址	江苏省 苏州 市/县	开户行 工商银行新区支行

金额	人民币(大写)	贰佰叁拾陆万伍仟元整	亿千百十万千百十元角分 ¥2365000 00

款项内容	货税款	托运凭证名称	销货发票复印件及相关合同	附寄单证张数	5

商品发运情况	已经发运	合同名称号码	HT201532058036

备注：上述款项已划收入贵方账户内
江苏省苏州分行新区支行
2016.12.04
款项转讫专用章
(320…)
收款人开户银行签章
2016 年 12 月 4 日

复核：　　记账：

此联付款人开户银行凭以汇款或收款人开户银行作收账通知

【业务7】

苏州市非税收收入一般缴款书

苏财准印 2006 - 04 - 014 号

财政票据监制章
江苏省财政部监制

(05A) NO.00825530

执收单位名称及代码：2102 苏州市中华会计函授学校　　缴款日期：2016 年 12 月 5 日

缴款人	全称	苏州飞马有限公司	收款人	全称	市非税收入管理办公室	流水号
	账号			账号	1102 0288 0900 0000 388	
	开户银行			开户银行	2 工行财税分 财政专户	

收费项目执行码	收费项目名称	单位	标准	数量	金额	
21017	会计培训费	位	80.00	3	240.00	复核
						记账

苏州市中华会计函授学校
2016.12.05
现金收讫

金额合计(大写)	贰佰肆拾元整	苏州市中华会计函授学校 320524199070326 (公章)	￥240.00

监督电话：0512 - 68180685　代收银行(章)　　执行单位(章)　　经办人：系统管理员

第五章 收据

【业务 8-1】

电子缴款凭证（国）

打印日期：2016 年 12 月 05 日

纳税人识别号	320103001119928			税务征收机关	国家税务局苏州分局新区支局		
纳税人全称	苏州飞马电子有限公司			银行账号	苏州银行新区支行 99017－3765990		
系统税票号	税(费)种		预算科目	实缴金额	所属时间		缴款日期
1320103001119928	增值税		私营企业增值税	327 700.00	2016－11－01 至 2016－11－30		2016－12－5
金额合计							
税务机关(电子章)				本缴款凭证仅作为纳税人记账核算凭证使用，电子缴税的，需与银行对账单电子划缴记录核对一致方有效。纳税人如需要正式完税证明，请凭税务登记证或身份证明到办税服务厅开具。			

[业务8-2]

中华人民共和国电子缴税（费）凭证

打印日期：2016-12-05

地 052014 04510820

纳税人代码：	32010300119928						
纳税人全称：	苏州飞马电子有限公司	主管税务机关：	苏州市地方税务局				
缴款人名称：	苏州飞马电子有限公司	开户银行：	苏州银行新区支行				
社保代码：	13201030011 9928	银行账号：	99017-37659990				
电子缴款书号	征收项目名称	征收品目名称	项目码	所属时间	实缴金额	缴款时间	税款来源	国库	备注
232052014070489412959	城市维护建设税	城市	32058200821043800001	20161101-20161130	22 939.00	20161205	正常征收（含预缴）	苏州市国库（税款类）	
232052014070489412959	教育费附加	教育费附加	32058200821043800001	20161101-20161130	9 831.00	20161205	正常征收（含预缴）	苏州市国库（税款类）	
金额合计	人民币叁万贰仟柒佰柒拾元整				￥32 770.00				

注：1. 本缴款凭证仅作为纳税人记账核算凭证使用，电子缴税的，需与银行对账单电子划缴记录核对一致方有效。纳税人如需汇总开具正式完税证明，请凭税务登记证或身份证记录证明到主管税务机关开具。
2. 打印此票据日以后，方可到税务部门申开正式完税凭证。

【业务8-3】

银行扣款专用凭证（061）

填发日期：2016 年 12 月 5 日

No.1439755
第 A07017768

单位名称	苏州飞马电子有限公司		账号		99017 – 3765990	
代码	320103001119928		扣款日期	20121205	交易号	25011181006
科目名称	品目名称		计征金额或数量	征收率或金额	已缴或扣减额	实缴金额
医疗保险	20161101 – 20161130		280 000	12%		33 600
养老保险	20161101 – 20161130		280 000	20%		56 000
工伤保险	20161101 – 20161130		280 000	1%		2 800
失业保险	20161101 – 20161130		280 000	0.8%		2 240
生育保险	20161101 – 20161130		280 000	0.8%		2 240
合计	（大写）玖万陆仟捌佰捌拾元整					96 880.00
银行签章			柜员号	025	备注	出票状态

[业务9]

工资结算汇总表
2016年12月8日

部门		工资	奖金	加班	缺勤应扣	应付工资	代扣款项						实发工资
							个税	保险			住房公积(8%)	合计	
								养老(8%)	医疗(2%+5)	失业(0.5%)			
产品	甲	80 000.00	18 000.00	2 700.00	700.00	100 000.00		8 000.00	2 100.00	500.00	8 000.00	18 600.00	81 400.00
	乙	60 000.00	15 000.00	5 000.00		80 000.00		6 400.00	1 700.00	400.00	6 400.00	14 900.00	65 100.00
车间管理		15 000.00	5 000.00			20 000.00	300.00	1 600.00	425.00	100.0	1 600.00	4 025.00	15 975.00
行政管理		40 000.00	10 000.00			50 000.00	1 200.00	4 000.00	1 030.00	250.00	4 000.00	10 480.00	39 520.00
在建工程		10 000.00				10 000.00		800.00	240.00	50.00	800.00	1 890.00	8 110.00
销售人员		10 000.00	10 000.00			20 000.00	400.00	1 600.00	450.00	100.00	1 600.00	4 150.00	15 850.00
合计		215 000.00	58 000.00	7 700.00	700.00	280 000.00	1 900.00	22 400.00	5 945.00	1 400.00	22 400.00	54 045.00	225 955.00

【业务 10-1】

江苏省增值税专用发票

 3200113110

发票联

NO.04025188

校验码 65756 89146 21278 27784　　　　　　　开票日期：2016 年 12 月 10 日

购货单位	名　　　称：苏州飞马电子有限公司 纳税人识别号：320103001119928 地址、电话：苏州市高新区竹山路 180 号 开户行及账号：工商银行新区支行 330505878899	密码区	

货物或应税劳务名称	规格型号	单位	数　量	单价	金　额	税率	税　额
业务推广费	平面广告	套	1 000.00	37.74	37 735.85	6%	2 264.15
业务推广费	媒体广告	月	120.00	314.47	37 735.85	6%	2 264.15
合计					¥ 75 471.70		¥ 4 528.30

价税合计（大写）	⊗ 捌万元整	（小写）¥ 80 000.00

销货单位	名　　　称：众信广告发展有限公司 纳税人识别号：32010385331888 地址、电话：苏州市高新区竹山路 180 号 开户行及账号：工商银行新区支行 330505631177	备注	

收款人：　　　　　复核：　　　　　开票人：黄席容　　　　　销货单位：（章）

第三联 发票联 购货方记账凭证

【业务 10-2】

江苏省增值税专用发票

 3300113110

抵扣联

NO.04025188

校验码 65756 89146 21278 27784　　　　　　　开票日期：2016 年 12 月 10 日

购货单位	名　　　称：苏州飞马电子有限公司 纳税人识别号：320103001119928 地址、电话：苏州市高新区竹山路 180 号 开户行及账号：工商银行新区支行 330505878899	密码区	

货物或应税劳务名称	规格型号	单位	数　量	单价	金　额	税率	税　额
业务推广费	平面广告	套	1 000.00	37.74	37 735.85	6%	2 264.15
业务推广费	媒体广告	月	120.00	314.47	37 735.85	6%	2 264.15
合计					¥ 75 471.70		¥ 4 528.30

价税合计（大写）	⊗ 捌万元整	（小写）¥ 80 000.00

销货单位	名　　　称：众信广告发展有限公司 纳税人识别号：32010385331888 地址、电话：苏州市高新区竹山路 108 号 开户行及账号：工商银行新区支行 330505631177	备注	

收款人：　　　　　复核：　　　　　开票人：黄席容　　　　　销货单位：（章）

第二联 抵扣联 购货方扣税凭证

【业务10-3】

```
中国工商银行
转账支票存根
10203218
17614551

附加信息_____
_____
_____

出票日期  2016 年 12 月 10 日

收款人    众信广告发展有限公司

金额：¥80 000.00

用途：支付广告费              (马良印)

单位主管              会计
```

【业务11】

差 旅 费 报 销 单

2016 年 12 月 11 日

姓名	王海	工作部门	销售部					出差事由	参加交易会			
日期		地点		车船费			深夜补贴	途中补贴	住勤费			旅馆费	公交费	金额合计
起	讫	起	讫	车次或船名	时间	金额			地区	天数	补贴			
月 日	月 日													
12 7	12 7	苏州	北京			2 000		100		2	400	300	100	2 900.00
12 10	12 10	北京	苏州			2 000								2 000.00
														-
														-
报销金额(大写)		人民币肆仟玖佰元整												¥4 900.00
补付金额：					退回金额：									

(苏州飞马电子有限公司 2016.12.11 现金付讫)

批准领导：刘军　会计主管：　　部门负责人：王冰　　审核：刘军　　报销人：王海

【业务 12-1】

中国工商银行
转账支票存根
10203218
17614552

附加信息 _____
_____

出票日期　2016 年 12 月 12 日

收款人　本公司职工个人账户

金额：￥225 955.00

用途：支付职工工资

单位主管　　　　　　会计

（马良印）

【业务 12-2】

工资结算汇总表
2016 年 12 月 8 日

部门		工资	奖金	加班	缺勤应扣	应付工资	代扣款项					实发工资
							个税	保险		住房公积（8%）	合计	
								养老(8%)	医疗(2%+5) 失业(0.5%)			
产品	甲	80 000.00	18 000.00	2 700.00	700.00	100 000.00		8 000.00	2 100.00 500.00	8 000.00	18 600.00	81 400.00
	乙	60 000.00	15 000.00	5 000.00		80 000.00		6 400.00	1 700.00 400.00	6 400.00	14 900.00	65 100.00
车间管理		15 000.00	5 000.00			20 000.00	300.00	1 600.00	425.00 100.0	1 600.00	4 025.00	15 975.00
行政管理		40 000.00	10 000.00			50 000.00	1 200.00	4 000.00	1 030.00 250.00	4 000.00	10 480.00	39 520.00
在建工程		10 000.00				10 000.00		800.00	240.00 50.00	800.00	1 890.00	8 110.00
销售人员		10 000.00	10 000.00			20 000.00	400.00	1 600.00	450.00 100.00	1 600.00	4 150.00	15 850.00
合计		215 000.00	58 000.00	7 700.00	700.00	280 000.00	1 900.00	22 400.00	5 945.00 1 400.00	22 400.00	54 045.00	225 955.00

【业务 13】

中国工商银行
转账支票存根
10203218
17614553

附加信息＿＿＿＿＿＿＿＿＿＿＿＿

出票日期　2016 年 12 月 12 日

收款人	交行新区支行
金额：¥1 000 000.00	
用途：归还生产周转借款	
单位主管　　　　会计	

（马良印）

【业务 14】

保险费提取表（企业承担的部分）

2016 年 12 月 15 日

部门		应付工资（1）	住房公积金（1）×8%	医疗险（1）×9%	养老险（1）×20%	失业险（1）×2%	工伤险（1）×1%	生育险（1）×0.5%	会计提取额
基本生产	甲产品	100 000.00	8 000.00	9 000.00	20 000.00	2 000.00	1 000.00	500.00	40 500.00
	乙产品	80 000.00	6 400.00	7 200.00	16 000.00	1 600.00	800.00	400.00	32 400.00
车间管理		20 000.00	1 600.00	1 800.00	4 000.00	400.00	200.00	100.00	8 100.00
行政管理		50 000.00	4 000.00	4 500.00	10 000.00	1 000.00	500.00	250.00	20 250.00
在建工程		10 000.00	800.00	900.00	2 000.00	200.00	100.00	50.00	4 050.00
销售人员		20 000.00	1 600.00	1 800.00	4 000.00	400.00	200.00	100.00	8 100.00
合　计		280 000.00	22 400.00	25 200.00	56 000.00	5 600.00	2 800.00	1 400.00	113 400.00

【业务 15-1】

成交过户交割单			
股东代码：	B112 985 442	股东姓名：	苏州飞马电子有限公司
资金账号：	788621335		
合同账号：	266013		
证券名称：	用友股份	委托时间：	9:55:02
成交号码：	776	成交时间：	10:35:30
成交股数：	股	本次余额：	股
成交价格：		成交金额：	1 000.00
手续费：		印花税：	0
过户费：		其他收费：	
清算费：			
收付余额：	1 000.00		
上次余额：	500 000.00	买卖方向：	其他
本次余额：	501 000.00		
成交日期：	2016.12.19		
备注信息：	股息		

（南方证券有限责任公司营业部业务专用章）

【业务 15-2】

中国工商银行
INDUSTRIAL AND COMMERCIAL BANK OF CHINA

进账单（收账通知）3

2016 年 12 月 19 日　　　　　　　　　　977345

签发人	全　称	用友软件股份有限公司	收款人	全　称	苏州飞马电子有限公司	此联是收款人开户银行交给收款人的收账通知
	账　号	720303859686894		账　号	723096894	
	开户银行	工商银行东城支行		开户银行	南方证券公司营业部	

金额	人民币（大写）	壹仟元整		千	百	十	万	千	百	十	元	角	分
			¥				1	0	0	0	0	0

票据种类	信汇	票据张数	1
票据号码			

中国工商银行股份有限公司
南方证券公司营业部
2016.12.19
款项收讫专用章
（320453）

复核：　　　记账：　　　　　　开户银行签章

【业务16-1】

托 收 凭 证（付款通知） 5

委托日期 2016 年 12 月 18 日　　　　　　付款期限　2016 年 12 月 20 日

业务类型	委托收款（☑邮划 □电划）		托收承付（□邮划 ☑电划）	
付款人	全称	苏州飞马电子有限公司	全称	中国电信有限责任公司苏州分公司
	账号	330505878899	账号	37000263640012533
	地址	江苏省 苏州 市县　开户行 工商银行新区支行	地址	江苏省 苏州 市县　开户行 中行城东支行
金额	人民币（大写）	玖万叁仟贰佰肆拾元整	亿千百十万千百十元角分　¥ 9 3 2 4 0 0 0	
款项内容	通讯费	托运凭据名称	通讯费用清单	附寄单证张数 1
商品发运情况	已经发运		合同名称号码	HT201532058028

备注：

付款人开户银行收到日期：
　　　2016 年 12 月 18 日

付款人开户银行签章
　　　2016 年 12 月 20 日

（中国工商银行股份有限公司 江苏省苏州分行新区支行 2016.12.04 款项转讫专用章）

付款人注意：
1. 根据支付结算办法，上列委托收款（托收承付）款项在付款期限内未提出拒付即视为同意付款，以此代付款通知。
2. 如需提出全部或部分拒付，应在规定期限内，将拒付理由书并附债务证明递交开户银行。

复核：　　　记账：

此联付款人开户银行给付款人按期付款通知

【业务16-2】

江苏增值税专用发票

3300113110　　　　　　　　　　　　　　　NO. 04025366

校验码 65756 89146 21278 27784　　　　　　开票日期：2016 年 12 月 15 日

（抵扣联）

购货单位	名　称：	苏州飞马电子有限公司	密码区
	纳税人识别号：	320103001119928	
	地址、电话：	苏州市高新区竹山路180号	
	开户行及账号：	工商银行新区支行 330505878899	

货物或应税劳务名称	规格型号	单位	数　量	单价	金　额	税率	税　额
通讯费	电话费	分钟	28 000.00	0.30	8 400.00	11%	924.00
合计					¥ 8 400.00		¥ 924.00

价税合计（大写）	⊗ 玖仟叁佰贰拾肆元整	（小写） ¥ 9 324.00

销货单位	名　称：	中国电信有限责任公司苏州分公司	备注
	纳税人识别号：	32010385325444	（中国电信有限责任公司苏州分公司 32010385325444 发票专用章）
	地址、电话：	江苏省苏州市沧浪区凤凰街148号	
	开户行及账号：	工商银行新区支行 330505631177	

收款人：　　　复核：　　　开票人：张三丰　　　销货单位：（章）

第三联 发票联 购货方记账凭证

【业务16-3】

江苏省增值税专用发票

3300113110　　　　　　　　　　　　　　　　　　NO.04025366

校验码 65756 89146 21278 27784　　　　　　　开票日期：2016 年 12 月 15 日

购货单位	名称：苏州飞马电子有限公司 纳税人识别号：320103001119928 地址、电话：苏州市高新区竹山路180号 开户行及账号：工商银行新区支行 330505878899	密码区	
货物或应税劳务名称	规格型号	单位	数量	单价	金额	税率	税额
通讯费	电话费	分钟	28 000.00	0.30	8 400.00	11%	924.00
合计					￥8 400.00		￥924.00
价税合计（大写）	⊗ 玖仟叄佰贰拾肆元整　　　　　　（小写）￥9 324.00		
销货单位	名称：中国电信有限责任公司苏州分公司 纳税人识别号：32010385325444 地址、电话：江苏省苏州市沧浪区凤凰街148号 开户行及账号：工商银行新区支行 330505631177	备注	（中国电信有限责任公司苏州分公司 32010385325444 发票专用章）

收款人：　　　　复核：　　　　开票人：张三丰　　　　销货单位：（章）

【业务17-1】

中国工商银行　电汇凭证（收账通知）

4

委托日期　　2016 年 12 月 24 日

付款人	全称	佳佳日用百货股份有限公司	收款人	全称	苏州飞马电子有限公司
	账号	32188763387165		账号	330505878899
	汇出地点	江苏省苏州市		汇入地点	江苏省苏州市
	汇出行名称	建行苏州分行		汇入行名称	工商银行新区支行
金额	人民币：（大写）　叁万伍仟元整			亿仟佰十万仟佰十元角分 ￥3 5 0 0 0 0 0	

款项已收入收款人账户
（中国工商银行股份有限公司江苏省苏州分行新区支行 2016.12.24 款项收讫专用章）

支付密码

附加信息及用途：

汇入行签章　　　　　　　　　　　复核：　　记账：

【业务 17-2】

江苏省增值税专用发票

 3200113110

发票联

NO.04025188

校验码 65756 89146 21278 27784　　　　　　　　开票日期：2016 年 12 月 10 日

购货单位	名　　称：苏州飞马电子有限公司 纳税人识别号：320103001119928 地址、电话：苏州市高新区竹山路 180 号 开户行及账号：工商银行新区支行 330505878899	密码区	
货物或应税劳务名称	规格型号	单位	数量	单价	金额	税率	税额
业务推广费	平面广告	套	1 000.00	37.74	37 735.85	6%	2 264.15
业务推广费	媒体广告	月	120.00	314.47	37 735.85	6%	2 264.15
合计					¥ 75 471.70		¥ 4 528.30
价税合计（大写）	⊗ 捌万元整	（小写） ¥ 80 000.00	
销货单位	名　　称：众信广告发展有限公司 纳税人识别号：32010385331888 地址、电话：苏州市高新区竹山路 108 号 开户行及账号：工商银行新区支行 330505631177	备注	众信广告发展有限公司 32010385331888 发票专用章

收款人：　　　　复核：　　　　开票人：黄席容　　　　销货单位：(章)

【业务 18-1】

江苏省增值税专用发票

 3300113110

抵扣联

NO.04025188

校验码 65756 89146 21278 27784　　　　　　　　开票日期：2016 年 12 月 10 日

购货单位	名　　称：苏州飞马电子有限公司 纳税人识别号：320103001119928 地址、电话：苏州市高新区竹山路 180 号 开户行及账号：工商银行新区支行 330505878899	密码区	
货物或应税劳务名称	规格型号	单位	数量	单价	金额	税率	税额
业务推广费	平面广告	套	1 000.00	37.74	37 735.85	6%	2 264.15
业务推广费	媒体广告	月	120.00	314.47	37 735.85	6%	2 264.15
合计					¥ 75 471.70		¥ 4 528.30
价税合计（大写）	⊗ 捌万元整	（小写） ¥ 80 000.00	
销货单位	名　　称：众信广告发展有限公司 纳税人识别号：32010385331888 地址、电话：苏州市高新区竹山路 108 号 开户行及账号：工商银行新区支行 330505631177	备注	众信广告发展有限公司 32010385331888 发票专用章

收款人：　　　　复核：　　　　开票人：黄席容　　　　销货单位：(章)

【业务19】

固定资产折旧计算汇总表

2016 年 12 月 31 日　　　　　　　　　　　　　　　　　单元：元

使用部门	固定资产类别	上月计提折旧额	上月增加固定资产应计提折旧额	上月减少固定资产应提折旧	本月应计提折旧额
生产车间	房屋及建筑物	120 000			120 000
	机器设备	90 000	20 000		
	小计	210 000	20 000		
在建工程	房屋及建筑物	5 000			5 000
	机器设备	5 000			5 000
	小计	10 000			10 000
管理部门	房屋及建筑物	30 000			30 000
	机器设备	10 000	2 000		
	小计	40 000	2 000		
合计		260 000	22 000		

注意：本张原始凭证需要学生填制完整。

【业务20】

托 收 凭 证（付款通知）　　　　5

委托日期 2016 年 12 月 20 日　　　付款期限 2016 年 12 月 31 日

业务类型	委托收款(☑邮划☐电划)		托收承付(☐邮划☑电划)		
付款人	全称	苏州飞马电子有限公司	收款人	全称	浙江恒一科技有限公司
	账号	330505878899		账号	938101040002787
	地址	江苏省 苏州 市县 开户行 工商银行新区支行		地址	浙江省 丽水 市县 开户行 农行丽水分理处
金额	人民币（大写）	壹拾玖万贰仟元整			￥1 9 2 0 0 0 0 0
款项内容	银行承兑汇票款	托运凭据名称	银行承兑汇票	附寄单证张数	3
商品发运情况			合同名称号码	TX201532058028	

备注：

付款人开户银行收到日期：
　2016 年 12 月 28 日

付款人开户银行签章
　2016 年 12 月 31 日

复核　　　记账

（盖章：中国工商银行股份有限公司 江苏省苏州分行新区支行 2016.12.31 款项转讫专用章）

付款人注意：
1. 根据支付结算办法，上列委托收款（托收承付）款项在付款期限内未提出拒付即视为同意付款，以此代付款通知。
2. 如需提出全部或部分拒付，应在规定期限内，将拒付理由书并附债务证明递交开户银行。

此联付款人开户银行给付款人按期付款通知

【业务21】

山东外贸股份有限公司财务对账单

购买单位：苏州飞马电子有限公司　　分配日期：2016.12.　　单位：元

购买日期	摘要	成交数	成交价	金额	费用、税
2015.12.12	山东外贸股票			1 600 000	

公告：① 山东外贸公司 2016 年 12 月 26 日宣告分派现金股利 200 000 元。
　　　② 占山东外贸公司股权份额 5%。

投入单位签章

【业务22】

无形资产摊销计算表

单位：　　　　　　　2016 年 12 月 31 日

无形资产名称	待摊金额	使用年限	月摊销率	本月应摊金额	备注
商标权	240 000	5	——		
土地使用权	3 000 000	50	——		
合　计			——		

主管：　　　　　记账：　　　　　复核：　　　　　制表：

注意：本张原始凭证需要学生填制完整。

【业务23】

证券市场报

　……
　用友股份股票（代码：600588）于 2016 年 12 月 31 日每股上涨 0.5 元，目前市价涨至 100.50 元。
　……

【业务24】

预提借款利息计算表

2016 年 12 月 31 日　　　　　第 012 号

借款种类	借款本金	年利率	本月应提利息	备 注
生产周转借款	3 000 000	4.8%		短期借款（分期付息）
在建工程借款	4 000 000	6%		长期借款（到期付息）
合计				

主管：　　　　　会计：　　　　　记账：　　　　　制单：

注意：本张原始凭证需要学生填制完整。

【业务 25】

收 款 收 据

No. 32015667

日期：2016 年 12 月 31 日

交款单位	张亮	收款方式	现金
人民币（大写）	叁佰贰拾元整		￥ 320.00
收款事由	借款退回		2016 年 12 月 31 日

（印章：苏州飞马电子有限公司 2016.12.31 现金收讫）

第二联　记账联

单位盖章　财会主管　记账　出纳　审核　经办

【业务 26】

坏账准备计提表

2016 年 12 月 31 日　　　　　　单位：元

账户名称	期末余额	计提比例	提取金额	备注
应收账款		0.004		

主管：　　　　　会计：　　　　　记账：　　　　　制单：

注意：本张原始凭证需要学生填制完整。

【业务 27】

制造费用分配表

2016 年 12 月 31 日

产品名称	生产工时	分配率	分配金额（元）
合计			

制单：　　　　　　　　　　　复核人：

注意：本张原始凭证需要学生填制完整。

【业务28-1】

产品成本计算单

车间：生产车间　　　　　　2016 年 12 月 31 日　　　　　　　　　单位：元

产品名称：甲　　　　　　　　　　　　　　　　　　　　　　　　　产量：500 套

成本项目	期初在产品成本	本月发生费用	生产费用合计	完工产品总成本	单位成本	期末在产品成本
直接材料						
直接人工						
制造费用						
合　计						

会计主管：　　　　　　　审核：　　　　　　　制单：

注意：本张原始凭证需要学生填制完整。

【业务28-2】

产品成本计算单

车间：生产车间　　　　　　2016 年 12 月 31 日　　　　　　　　　单位：元

产品名称：乙　　　　　　　　　　　　　　　　　　　　　　　　　产量：100 套

成本项目	期初在产品成本	本月发生费用	生产费用合计	完工产品总成本	单位成本	期末在产品成本
直接材料						
直接人工						
制造费用						
合　计						

会计主管：　　　　　　　审核：　　　　　　　制单：

注意：本张原始凭证需要学生填制完整。

【业务28-3】

库存商品入库单

交库单位：生产车间　　　　2016 年 12 月 31 日　　　　　　　　　编号：1097

产品名称	规格	计量单位	交付数量	入库数量	单价	金额	备注
甲产品		套	500	500			
乙产品		套	100	100			

检验：胡检　　　　　　仓库验收：何必　　　　　　车间交件人：吕几

注意：本张原始凭证需要学生填制完整。

项目六　填制和审核会计凭证

【业务29-1】

发 货 单

运输方式：自提

购货单位：木森电子有限公司　　　2016年12月1日　　　编号：212

产品编号	产品名称	单位	数量	销售单价	金额	备注
	甲产品	套	300	15 000	4 500 000	

第二联　财务联

销售部门负责人：杨显　　　发货人：沈宁　　　提货人：李采　　　制单：张冠

【业务29-2】

商品销售成本计算单

2016年12月31日

产品名称	销售数量	单位成本	总成本
合　计			

会计主管：　　　　　　　审核：　　　　　　　制单：

注意：本张原始凭证需要学生填制完整。

【业务30-1】

 中国工商银行
INDUSTRIAL AND COMMERCIAL BANK OF CHINA

进账单（收账通知）3

2016年12月31日　　　　　　977685

签发人	全　称	永喜电子服务公司	收款人	全　称	苏州飞马电子有限公司									
	账　号	34009003675994725		账　号	330505878899									
	开户银行	工商银行东城支行		开户银行	工商银行新区支行									
金额	人民币（大写）	拾万元整			千	百	十	万	千	百	十	元	角	分
						¥	1	0	0	0	0	0	0	0
票据种类	转支	票据张数	1											
票据号码	8098798				中国工商银行股份有限公司 江苏省苏州分行新区支行 2016.12.31 款项转讫专用章 （320421）									
	复核：　　　记账：				开户银行签章									

此联是收款人开户银行交给收款人的收账通知

171

【业务 30-2】

江苏省增值税专用发票

3200113110　　此联不作报销扣税凭证使用　　NO.04025369

校验码 65756 89146 21278 27784　　开票日期：2016 年 12 月 31 日

购货单位	名　　称：永喜电子服务公司 纳税人识别号：320103001119928 地　址、电话：苏州市金阊区人民路 180 号 开户行及账号：工商银行东城支行 34009003675994725	密码区	

货物或应税劳务名称	规格型号	单位	数量	单价	金额	税率	税额
2015 年度租金	新市河西路 81－86	平方	2 500.00	36.04	90 090.09	11%	9 909.91
合计					90 090.09		9 909.91
价税合计（大写）	⊗ 壹拾万元整				（小写）￥100 000.00		

销货单位	名　　称：苏州飞马电子有限公司 纳税人识别号：320103001119928 地　址、电话：苏州市高新区竹山路 180 号 开户行及账号：工商银行新区支行 330505878899	备注	

收款人：　　　复核：　　　开票人：晓欣　　　销货单位：（章）

【业务 30-3】

房产评估报告

……

本公司门面房按当前市场评估价评定,公允价值为 95 万元。

……

【业务 31-1】

增值税计算表

2016 年 12 月 31 日

	货物名称	数量	单价	金额	适用税率	税额
进项税额构成						
	货物名称	数量	单价	金额	适用税率	税额
销项税额						
应实现增值税						
备　　注						

税收管理员：　　　　　　　　　　　　　　　填表日期：

注：本张原始凭证需要学生填制完整。

【业务31-2】

应交税费计算表
2016 年 12 月 31 日

项 目	计算依据	比 例	金 额
城建税		7%	
教育费附加		3%	
合计			

注意：本张原始凭证需要学生填制完整。

【业务32】

损益账户发生额汇总表
2016 年 12 月

| 账 户 名 称 | 本年发生额 ||
	借 方	贷 方
主营业务收入		
其他业务收入		
营业外收入		
投资收益		
公允价值变动损益		
主营业务成本		
其他业务成本		
营业税金及附加		
财务费用		
管理费用		
销售费用		
营业外支出		
资产减值损失		
合 计		

注意：本张原始凭证需要学生填制完整。

【业务 33】

所得税计算表
2016 年 12 月

税前利润总额	应纳税所得额	税率	应纳所得税税额	备注
		25%		
				1~11 月份无纳税调整项目
合计				

主管：　　　　　　　　　　　复核：　　　　　　　　　　　制表：

注意：本张原始凭证需要学生填制完整。

【业务 34】

净利润计算表
2016 年 12 月 31 日　　　　　　　　　　　　　　　　单位：元

利润总额	所得税费用	净利润

注意：本张原始凭证需要学生填制完整。

【业务 35】　对本年净利润进行分配。股东大会决议，按全年净利润的 10% 进行分红。

利润分配项目计算表
2016 年 12 月 31 日

项　　目		比例	金额	备注
利润总额				
减：所得税费用		25%		
本年净利润				
分配去向	计提法定盈余公积	10%		
	计提任意盈余公积			
	分配给投资者利润	10%		
	未分配利润			
	小　计			

会计主管：　　　　　　　　　　复核：　　　　　　　　　　制表：

注意：本张原始凭证需要学生填制完整。

项目七

设置和登记会计账簿

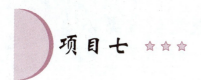

项目简介

通过本项目的学习,能够了解账簿的概念及分类;明确各种账簿的开设登记要求以及归档保管的要求;掌握不同账簿的登记方法以及错账的更正方法。

知识目标(大纲要求)

1. 了解会计账簿的概念与分类;
2. 了解会计账簿的更换与保管;
3. 熟悉会计账簿的登记要求;
4. 熟悉总分类账与明细分类账平行登记的要点;
5. 掌握日记账、总分类账及有关明细分类账的登记方法;
6. 掌握对账与结账的方法以及对账方法;
7. 掌握错账查找与更正的方法。

能力目标

1. 熟悉账簿的概念及分类以及归档保管要求;
2. 掌握各类账簿的登记要求和方法;
3. 掌握错账更正的三种方法。

 知识准备

通过前面项目的学习,我们掌握了会计凭证的相关知识,会计凭证是将零散的经济业务按照时间顺序连续记录下来,反映的信息比较零散,而会计账簿就是将这些零散的信息进行系统的归类、汇总,从而为我们最终的会计报表做好数据准备。

任务一　会计账簿的概念与分类

一、会计账簿概述

(一) 会计账簿的概念

会计账簿是指由一定格式、互相联系的账页组成，以会计凭证为依据，全面、系统、连续地记录各项经济业务的簿籍。根据《会计法》的规定，各个单位应当按照国家统一的会计制度的规定和会计业务的需要设置会计账簿。

设置和登记账簿，是编制财务报表的基础，是连接会计凭证和财务报表的中间环节。

记 账 凭 证
VOCHER

日期：2016 年 12 月 31 日　　　　第 12426 号
　　　　Y　　M　　D　　　　　　　NO.

摘　要	总账科目	明细科目	借方金额 千百十万千百十元角分	贷方金额 千百十万千百十元角分	记账 ✓
补充12143号凭证少记金额	应收账款	南方公司	2 3 4 0 0 0		✓
	主营业务收入	总产品		2 0 0 0 0 0	
	应交税费	应交增值税		3 4 0 0 0	
附单据　　张		合计	¥ 2 3 4 0 0 0	¥ 2 3 4 0 0 0	
核准 秦园　复核 王大力　记账 李红　总纳　　　制单 张萍　签收					

会计账簿

资 产 负 债 表

学校：　　　　　　　　　　　　　　　　　　　　　　　　　单位：元

科目	项目	行次	年初数	期末数	科目	项目	行次	年初数	期末数
	一、资产类	1				二、负债类	33		
101	现金	2			201	债入款项	34		
102	银行存款	3			206	代管款项	35		
110	应收及应付款	4			207	应付及暂存款	36		
115	材料	5			208	应缴财政专户款	37		
117	对勤工俭学项目投资	6			210	应缴税金	38		
118	其他对外投资	7					39		
120	固定资产	8					40		
124	无形资产	9				三、净资产类	41		
		10			301	事业基金	42		
		11			30101	其中：一级基金	43		
	五、支出表	12			30102	投资基金	44		
501	拨出经费	13			30103	事业费专项	45		
503	专款支出	14			30104	教育费附加专项	46		
504	事业支出	15			302	固定基金	47		
506	勤工俭学支出	16			303	专用基金	48		
516	上缴上级支出	17			306	事业结余	49		
517	对附属单位补助	18			307	勤工俭学结余	50		
520	结转自筹基金	19							
		20							
		21				四、收入类	53		
		22			401	教育经费拨款	54		
		23			402	教育附加拨款	55		
		24			403	上级补助收入	56		
		25			404	税入专款	57		
		26			405	事业收入	58		
		27			409	勤工俭学收入	59		
		28			412	附属单位缴款	60		

图 7-1　记账凭证与资产负债表的勾稽关系

会计账簿的作用主要有：
（1）记载、储存会计信息；
（2）分类、汇总会计信息；
（3）检查、校正会计信息；
（4）编报、输出会计信息。

真题解析

【例7-1】（单选题）下列项目中，（　　）是连接会计凭证和会计报表的中间环节。
A. 复式记账　　　　　　　　B. 设置会计科目和账户
C. 设置和登记账簿　　　　　D. 编制会计分录

【答案】 C

【解析】 企业会计工作的流程是：经济业务发生，取得或填制原始凭证，用复式记账法编制记账凭证、标明会计分录，设置和登记会计账簿，编制会计报表。

（二）会计账簿的基本内容

（1）封面，主要标明账簿的名称、记账单位和会计年度。
（2）扉页，扉页应该填列账簿启用的日期和截止日期、页数、册次；经管账簿人员一览表及其签章；会计主管人员姓名和签章；账簿目录等。
（3）账页，因反映经济业务的内容不同，可有不同的账页，但基本内容应包括：
① 账页的名称，以及科目，二级或明细科目；
② 登记账户的日期栏；
③ 凭证种类和号数栏；
④ 摘要栏；
⑤ 金额栏；
⑥ 总页次、分户页次等。

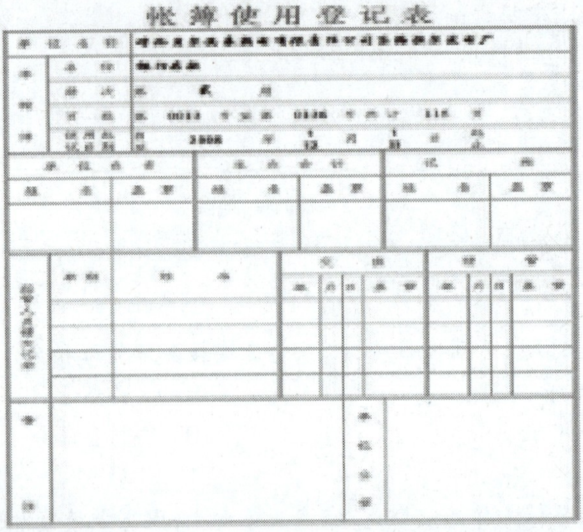

图 7-2 会计账簿的基本样式

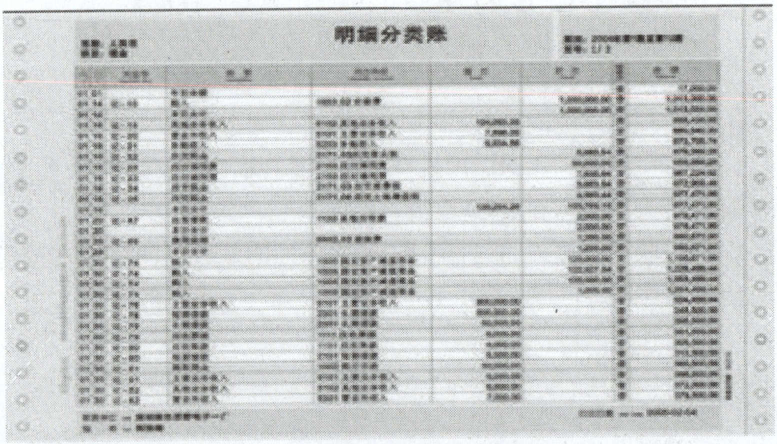

(三) 会计账簿与账户的关系

账簿与账户的关系是形式和内容的关系。账簿是由若干账页组成的一个整体,账簿中的每一账页就是账户的具体存在形式和载体,没有账簿,账户就无法存在;账簿序时、分类地记录经济业务,是在各个具体的账户中完成的。因此,账簿只是一个外在形式,账户才是它的实质内容。

真题解析

【例7-2】 (多选题)账簿与账户的关系是( )。
A. 账户存在于账簿之中,账簿中的每一账页就是账户的存在形式和载体
B. 没有账簿,账户就无法存在
C. 账簿序时、分类地记载经济业务,是在账户中完成的

D. 账簿只是一个外在形式,账户才是它的真实内容

【答案】 ABCD

【解析】 账簿是由若干账页组成的一个整体,账簿中的每一账页就是账户的具体存在形式和载体,没有账簿,账户就无法存在;账簿序时、分类地记录经济业务,是在各个具体的账户中完成的。因此,账簿只是一个外在形式,账户才是它的实质内容。

二、会计账簿的分类

(一) 按用途分类

1. 序时账簿

序时账簿又称日记账,是按照经济业务发生时间的先后顺序逐日、逐笔登记的账簿。序时账簿按其记录的内容,可分为普通日记账和特种日记账。

图 7-3 日记账种类及记录的内容

2. 分类账簿

分类账簿是对按照会计要素的具体类别而设置的分类账户进行登记的账簿。

分类账簿按其反映经济业务的详略程度,可分为总分类账簿和明细分类账簿。总分类账簿,又称总账,是根据总分类账户开设的,能够全面地反映企业的经济活动;明细分类账簿,又称明细账,是根据明细分类账户开设的,用来提供明细的核算资料。总账对其所属的明细账起着控制、统驭的作用,明细账对总账起着补充、说明的作用。

3. 备查账簿

备查账簿,又称辅助登记簿或补充登记簿,是指对某些在序时账簿和分类账簿中未能记载或记载不全的经济业务进行补充登记的账簿。备查账簿的记录与会计报表的编制没有直接关系,因而是一种表外账簿。

备查账簿只是对其他账簿记录的一种补充,与其他账簿之间不存在严密的依存和勾稽

关系。

备查账簿根据企业的实际需要设置,没有固定的格式要求。

与其他账簿相比的不同之处:

(1) 不是根据会计凭证登记,而是依据表外科目来登记;

(2) 账簿的格式和登记方法不同,备查账簿的主要栏目不记录金额,它更注重用文字来表述某项经济业务的发生情况。例如:租入固定资产登记簿、委托加工材料登记簿等。

(二) 按账页格式分类

1. 两栏式账簿

两栏式账簿是指只有借方和贷方两个金额栏目的账簿。

2. 三栏式账簿

三栏式账簿是指设有借方、贷方和余额三个金额栏目的账簿。

应付账款

总第___页 分第___页
___级科目编号及总称 红星材料厂
___级科目编号及总称

2016年		凭证		摘要	日期	借方	贷方	借或贷	余额
月	日	种类	号数			百十万千百十元角分	百十万千百十元角分		百十万千百十元角分
7	1			期初余额				贷	1 0 0 0 0 0 0
7	3	记	6	偿付前欠货款		1 0 0 0 0 0 0		平	
7	5	记	10	冲销7月3日多记金额		9 0 0 0 0 0		贷	9 0 0 0 0 0

3. 多栏式账簿

多栏式账簿是指在账簿的两个金额栏目(借方和贷方)按需要分设若干专栏的账簿。

生产成本 明细账

产品:A产品 第 号

2016年		凭证字号	摘要	成本项目			合计
月	日			直接材料	直接人工	制造费用	
9	01		期初余额	24 000.00	10 000.00	6 000.00	40 000.00
	01	记06	领用材料	20 000.00			20 000.00
	30	记16	分配工资		19 000.00		19 000.00
	30	记17	结转制造费用			12 000.00	12 000.00
	30	记18	结转完工产品成本	16 000.00	16 000.00	10 000.00	42 000.00
9	30		月末余额	7 720.00	13 000.00	8 900.00	29 620.00

项目七 设置和登记会计账簿

4. 数量金额式账簿

数量金额式账簿是指在账簿的借方、贷方和余额三个栏目内,每个栏目再分设数量、单价和金额三小栏,借以反映财产物资的实物数量和价值量的账簿。

原 材 料

账号 _____ 总页次 _____
页次 _____

货名 A材料　　货号 _____　　类别 _____　　规格 _____　　计量单位 _____　　储存地点 _____

2016年		凭证		摘要	收入			发出			结存		
月	日	种类	号数		数量	单价	金额(十万千百十元角分)	数量	单价	金额(十万千百十元角分)	数量	单价	金额(十万千百十元角分)
7	1			期初余额							18 880.00	1.00	1 8 8 8 0 0 0

5. 横线登记式账簿

横线登记式账簿,又称平行式账簿,是指将前后密切相关的经济业务登记在同一行上,以便检查每笔业务的发生和完成情况的账簿。

材 料 采 购

户名 B材料

户名	借方					贷方					转销
	2016年(月 日)	凭证号数	摘要	金额(十万千百十元角分)		2007年(月 日)	凭证号数	摘要	金额(十万千百十元角分)		
红星材料厂	6 25	记68	购入	6 0 0 0 0 0							

【例7-3】 (单选题)下列账簿属于备查账簿的是( )。

A. 固定资产明细分类账簿　　　　B. 租入固定资产登记簿
C. 普通日记账簿　　　　　　　　D. 特种日记账簿

【答案】 B

【解析】 备查账簿也称辅助账簿,是指对某些在序时账簿和分类账簿等主要账簿中不予登记或登记不够详细的经济业务事项进行补充登记时使用的账簿。

（三）按外形特征分类（如图7-4）

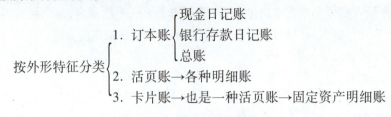

图7-4　账簿按外形特征分类

1．订本账

订本式账簿，简称订本账，是在启用前将编有顺序页码的一定数量账页装订成册的账簿。

优点：能避免账页散失和防止抽换账页。

缺点：不便于记账人员分工记账。

订本式账簿一般适用于总分类账、现金日记账、银行存款日记账。

2．活页账

活页式账簿，简称活页账，是将一定数量的账页置于活页夹内，可根据记账内容的变化而随时增加或减少部分账页的账簿。

优点：记账时可根据实际需要，随时将空白账页装入账簿，或抽去不需用的账页，便于同时分工记账。

缺点：账页容易散失或故意抽换账页。

各种明细分类账一般采用活页账形式。

图7-5　活页账账簿形式

3．卡片账

卡片式账簿，简称卡片账，是将一定数量的卡片式账页存放于专设的卡片箱中，可以根据需要随时增添账页的账簿。在我国，企业一般只对固定资产明细账的核算采用卡片账形式。

固定财产卡片

第　　号

类别　　　　　　　　　　　年　　月　　日

编号		名称		新旧程度		财产来源	
型号		规格		财产原值		保管地点	
数量		凭证		来款时间		已用年限	
所属设备							
折旧合格		折旧年限		年折旧额			
备注							

> 真题解析

【例7-4】（单选题）账簿按（　　）分为序时账、分类账和备查账。
  A．用途   B．经济内容
  C．外表形式   D．会计要素
【答案】　A
【解析】　会计账簿按用途的不同，可以分为序时账、分类账和备查账。

【例7-5】（单选题）（　　）是对全部经济业务事项按照会计要素的具体类别而设置的分类账户进行登记的账簿。
  A．序时账簿   B．分类账簿
  C．备查账簿   D．订本式账簿
【答案】　B
【解析】　分类账簿是对全部经济业务事项按照会计要素的具体类别而设置的分类账户进行登记的账簿。

【例7-6】（单选题）关于三栏式账簿，错误的是（　　）。
  A．三栏式账簿是设有借方、贷方和余额三个基本栏目的账簿
  B．各种收入、费用类明细账都采用三栏式账簿
  C．三栏式账簿又分为设对方科目和不设对方科目两种
  D．设有"对方科目"栏的，称为设对方科目的三栏式账簿
【答案】　B
【解析】　各种收入、费用类明细账一般采用多栏式账簿。

【例7-7】（单选题）关于账簿形式的选择，错误的是（　　）。
  A．企业一般只对库存现金明细账的核算采用活页账形式
  B．银行存款日记账应使用订本账形式
  C．各种明细分类账一般采用活页账形式
  D．总分类账一般使用订本账形式
【答案】　A
【解析】　企业一般对库存现金日记账的核算采用订本账形式。

任务二　会计账簿的启用、登记要求、登记方法、更换与保管

一、会计账簿的启用

启用会计账簿时，应当在账簿封面上写明单位名称和账簿名称，并在账簿扉页上附启用表。

启用订本式账簿应当从第一页到最后一页顺序编定页数,不得跳页、缺号。

使用活页式账簿应当按账户顺序编号,并须定期装订成册,装订后再按实际使用的账页顺序编定页码,另加目录以便于记明每个账户的名称和页次。

二、会计账簿的登记要求

1. 准确完整

登记会计账簿时,应当将会计凭证日期、编号、业务内容摘要、金额和其他有关资料逐项记入账内,做到数字准确、摘要清楚、登记及时、字迹工整。

2. 注明记账符号

账簿登记完毕后,要在记账凭证上签名或者盖章,并在记账凭证的"过账"栏内注明账簿页数或画对勾,表示记账完毕,避免重记、漏记。

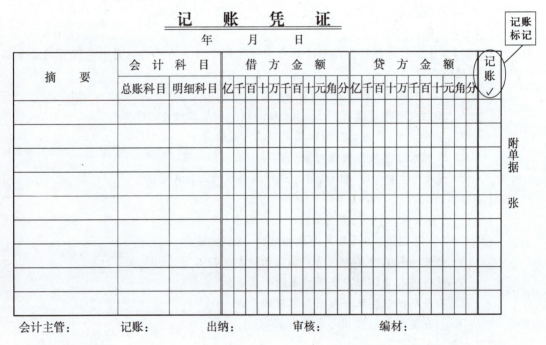

3. 书写留空

账簿中书写的文字和数字上面要留有适当空格,不要写满格,一般应占格距的二分之一(不是三分之一)。

生产成本明细账

2016年		凭证种类	编号	摘要	借方 直接材料	借方 直接人工	借方 制造费用	借方 合计	贷方	借或贷	金额
月	日										
9	1			期初余额				6600000		借	6600000
9	15		10	领用材料	9100000			9100000		借	15700000
9	30		90	领用材料	8000000			8000000		借	23700000
9	30		92	计提工资		7500000		7500000		借	24450000
9	30		101	■■■			600000	600000		借	24510000
				■■■			600000	600000		借	25050000

4. 正常记账使用蓝黑墨水

为了保持账簿记录的持久性,防止涂改,登记账簿必须使用蓝黑墨水或者碳素墨水并用钢笔书写,不得使用圆珠笔(银行的复写账簿除外)或者铅笔书写。

5. 特殊记账使用红墨水

(1) 按照红字冲账的记账凭证,冲销错误记录。

总第_____页 分第_____页　　**应付账款**

_____级科目编号及总称　红星材料厂

_____级科目编号及名称_____

2016年		凭证		摘要	日期	借方 百十万千百十元角分	贷方 百十万千百十元角分	借或贷	余额 百十万千百十元角分
月	日	种类	号数						
7	1			期初余额				贷	1 0 0 0 0 0
7	3	记	6	偿付前欠货款		1 0 0 0 0 0		借	0
7	5	记	10	冲销7月3日多记金额		9 0 0 0 0		贷	9 0 0 0 0

(2) 在不设借贷等栏的多栏式账页中,登记减少数。

生产成本 明细账

户名:A产品　　　　　　　　　　　　　　　　　　　　　　第　　号

2016年		凭证字号	摘要	成本项目					合计
月	日			直接材料	直接人工	制造费用			
9	01		期初余额	24 000.00	10 000.00	6 000.00			40 000.00
	01	记06	领用材料	20 000.00					20 000.00
	30	记16	分配工资		19 000.00				19 000.00
	30	记17	结转制造费用			12 900.00			12 900.00
	30	记18	结转完工产品成本	36 280.00	16 000.00	10 000.00			62 280.00
9	30		月末余额	7 720.00	13 000.00	8 900.00			29 620.00

(3) 在三栏式账户的余额栏前,如未印明余额方向的,在余额栏内登记负数余额。

(4) 根据国家统一的会计制度的规定可以用红字登记的其他会计记录。会计记录中的红字表示负数。

6. 顺序连续登记

记账时,必须按账户页次逐页逐行登记,不得隔页、跳行。如果发生隔页、跳行现象,应当在空页、空行处用红色墨水画对角线注销,或者注明"此页空白"、"此行空白"字样,并由记账人员签名或者盖章。

7. 结出余额

凡需要结出余额的账户,结出余额后,应当在"借或贷"等栏内写明"借"或者"贷"等字样,以示余额的方向;没有余额的账户,应在"借或贷"栏内写"平"字,并在"余额"栏用"0"表示。库存现金日记账和银行存款日记账必须逐日结出余额。

总第＿＿＿页　分第＿＿＿页　　　　**应付账款**
＿＿＿级科目编号及总称　红星材料厂
＿＿＿级科目编号及名称＿＿＿＿＿

2016年		凭证		摘要	日期	借方 百十万千百十元角分	贷方 百十万千百十元角分	借或贷	余额 百十万千百十元角分
月	日	种类	号数						
7	1			期初余额				贷	1000000
7	3	记	6	偿付前欠货款		1000000		平	0

8. 过次页承前页

每一账页登记完毕时，应当结出本页发生额合计及余额，在该账页最末一行"摘要"栏注明"转次页"或"过次页"，并将这一金额记入下一页第一行有关金额栏内，在该行"摘要"栏内注明"承前页"，以保持账簿记录的连续性，便于对账和结账。

对需要结计本月发生额的账户，结计"过次页"的本页合计数应当为自本月初起至本页末止的发生额合计数。

9. 不得涂改、刮擦、挖补

生产成本明细账

2016年		凭证		摘要	借方			合计	贷方	借或贷	金额
月	日	种类	编号		直接材料	直接人工	制造费用				
9	1			期初余额				6600000		借	6600000
9	15		10	领用材料	5700000						
9	30		90	领用材料	9100000			9100000		借	15700000
9	30		92	领用材料	8000000			8000000		借	23700000
9	30		101	计提工资		7500000		7500000		借	24450000
9	30			■■■■			600000	600000		借	25050000

188

> **真题解析**

【例7-8】（多选题）下列违反会计账簿的登记规则的有(　　)。
　　A. 账簿记录中的日期,应该填写原始凭证上的日期
　　B. 多栏式账页中登记减少数可以使用红色墨水
　　C. 在登记各种账簿时,应按页次顺序连续登记,不得隔页、跳行
　　D. 对于没有余额的账户,应在"借或贷"栏内写"0"表示
【答案】　ABD
【解析】　选项A,账簿记录中的日期,应该填写会计凭证上的日期;选项B,在不设借贷等栏的多栏式账页中,登记减少数;选项D,对于没有余额的账户,应在"借或贷"栏内写"平"字",并在余额栏内用"0"表示。

【例7-9】（多选题）下列符合登记会计账簿基本要求的是(　　)。
　　A. 文字和数字的书写应占格距的1/3
　　B. 登记后在记账凭证上注明已经登账的符号
　　C. 冲销错误记录可以用红色墨水
　　D. 使用圆珠笔登账
【答案】　BC
【解析】　对于选项A,文字和数字的书写应占格距的1/2;对于选项D,登记账簿必须使用蓝黑墨水或碳素墨水书写,不得使用圆珠笔(银行的复写账簿除外)或者铅笔书写。

三、会计账簿的格式和登记方法

（一）日记账的格式和登记方法

日记账是按照经济业务发生或完成的时间先后顺序逐日逐笔进行登记的账簿。设置日记账的目的是为了使经济业务的时间顺序清晰地反映在账簿记录中。日记账按其所核算和监督经济业务的范围,可分为特种日记账和普通日记账。在我国,大多数企业一般只设库存现金日记账和银行存款日记账。

1. 现金日记账的格式和登记方法

现金日记账是用来核算和监督库存现金日常收、付和结存情况的序时账簿。现金日记账的格式主要有三栏式和多栏式两种,现金日记账必须使用订本账。

(1) 三栏式格式如下:

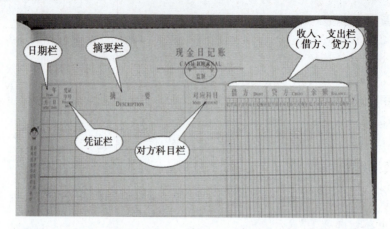

由出纳人员根据库存现金收款凭证、库存现金付款凭证以及银行存款的付款凭证,按照库存现金收、付款业务和银行存款付款业务发生时间的先后顺序逐日逐笔登记。

(2) 多栏式现金日记账是在三栏式库存现金日记账基础上发展起来的。这种日记账的借方(收入)和贷方(支出)金额栏都按对方科目设专栏,也就是按收入的来源和支出的用途设专栏。格式如下:

现金日记账(多栏式)										
年		凭证号	摘要	收入			支出			结余
月	日			应贷科目		合计	应借科目		合计	
				银行存款	主营业务收入 …		其他应收款	管理费用 …		

这种格式在月末结账时,可以结出各收入来源专栏和支出用途专栏的合计数,便于对现金收支的合理性、合法性进行审核分析,便于检查财务收支计划的执行情况,其全月发生额还可以作为登记总账的依据。

不管三栏式还是多栏式日记账,必须采用订本账。

(3) 现金日记账的登记的基本程序:现金日记账由出纳人员根据同现金收付有关的记账凭证,按照时间顺序逐日逐笔进行登记,并根据"上日余额 + 本日收入 − 本日支出 = 本日余额"的公式,逐日结出现金余额,与库存现金实存数核对,以检查每日现金收付是否有误。

提示:

登记人员:出纳人员。

依据:现金收付有关的记账凭证,包括现收、现付、银付。

注意:

注意:对于从银行提取库存现金的业务,由于规定只填银行存款的付款凭证,不填制库存现金收款凭证。因此,从银行提取库存现金的收入数,应根据银行存款付款凭证登记。

2. 银行存款日记账的格式和登记方法

（1）银行存款日记账应按企业在银行开立的账户和币种分别设置，每个银行账户设置一本日记账。银行存款日记账一般采用三栏式，也可以采用多栏式，外表形式必须采用订本式。

（2）由出纳员根据与银行存款收付业务有关的记账凭证，按时间先后顺序逐日逐笔进行登记。根据银行存款收款凭证和有关的现金付款凭证（库存现金存入银行的业务）登记银行存款收入栏，根据银行存款付款凭证登记其支出栏，每日结出存款余额。

真题解析

【例7-9】（单选题）下列库存现金日记账的登记方法错误的是（　　）。
  A. 每日终了，应分别计算现金收入和现金支出的合计数，结出余额，同时将余额同库存现金实有数核对
  B. 现金日记账可逐月结出现金余额，与库存现金实存数核对，以检查每月现金收付是否有误
  C. 凭证栏系指登记入账的收、付款凭证的种类和编号
  D. 日期栏系指记账凭证的日期

【答案】　B

【解析】　库存现金日记账可逐日结出现金余额，与库存现金实存数核对，以检查每日现金收付是否有误。

【例7-10】（单选题）关于银行存款日记账的具体登记方法，表述错误的是（　　）。
  A. 日期栏：系指记账凭证的日期
  B. 凭证栏：系指银行存款实际收付的金额
  C. 对方科目：系指银行存款收入的来源科目或支出的用途科目
  D. 摘要栏：摘要说明登记入账的经济业务的内容

【答案】　B

【解析】　凭证栏：登记入账的收付款凭证的种类和编号。

【例7-11】（多选题）出纳人员可以登记和保管的账簿是（　　）。
  A. 库存现金日记账　　　　B. 银行存款日记账
  C. 库存现金总账　　　　　D. 银行存款总账

【答案】　AB

【解析】　出纳人员可以登记和保管库存现金日记账和银行存款日记账。

【例7-12】（多选题）库存现金日记账的登记依据有（　　）。
  A. 银行存款收款凭证　　　B. 库存现金收款凭证
  C. 库存现金付款凭证　　　D. 银行存款付款凭证

【答案】　BCD

【解析】　由出纳人员根据库存现金收款凭证、库存现金付款凭证以及银行存款的付款凭证，按照库存现金收、付款业务和银行存款付款业务发生时间的先后顺序逐日逐笔登记。

（二）总分类账的格式和登记方法

1．总分类账的设置

每一企业都必须设置总分类账。总分类账必须采用订本式账簿。

2．格式

总分类账最常用的格式为三栏式，设置借方、贷方和余额三个基本金额栏目。

3．登记方法

总分类账的登记方法因登记的依据不同而有所不同。经济业务少的小型单位的总分类账可以根据记账凭证逐笔登记；经济业务多的大中型单位的总分类账可以根据记账凭证汇总表（又称科目汇总表）或汇总记账凭证等定期登记。

（三）明细分类账的格式和登记方法

明细分类账是根据有关明细分类账户设置并登记的账簿。它能提供交易或事项比较详细、具体的核算资料，以补充总账所提供核算资料的不足。因此，各企业单位在设置总账的同时，还应设置必要的明细账。

明细分类账一般采用活页式账簿、卡片式账簿。明细分类账一般根据记账凭证和相应的原始凭证来登记。

1．格式

（1）三栏式明细分类账。三栏式账页是设有借方、贷方和余额三个栏目，用以分类核算各项经济业务，提供详细核算资料的账簿，其格式与三栏式总账格式相同。

适用：只进行金额核算，不需要进行数量核算的债权债务科目。如应收账款、应付账款科目等。

总第_____页 分第_____页　　**应付账款**

_____级科目编号及名称　红星材料厂

_____级科目编号及名称_____

2016年		凭证		摘要	日期	借方	贷方	借或贷	余额
月	日	种类	号数			百十万千百十元角分	百十万千百十元角分		百十万千百十元角分
7	1			期初余额				贷	1 0 0 0 0 0 0
7	3	记	6	偿付前欠货款		1 0 0 0 0 0 0		平	0
7	5	记	10	冲销7月3日多记金额		9 0 0 0 0 0		贷	9 0 0 0 0 0

（2）多栏式明细分类账。多栏式账页是将属于同一个总账科目的各个明细科目合并在一张账页上进行登记，即在这种格式账页的借方或贷方金额栏内按照明细项目设若干专栏。

适用：收入、成本、费用科目的明细核算。如生产成本、管理费用、主营业务收入等。

管理费用 明细帐

户名: 　　　　　　　　　　　　　　　　　　　　　　　　　　　第　　　号

2016年		凭证字号	摘要	借方						合计
月	日			职工薪酬	折旧费	办公费	差旅费	水电费	其他	

生产成本明细帐

二级账户名称:甲产品　　　　　　　　　　　　　　　　　　　　　　第××页

2016年		凭证号数	摘要	借方(成本项目)				贷方	借或贷	余额
月	日			直接材料	直接人工	制造费用	合计			
1	1	1	领用材料	2 900			2 900		借	2 900
2	2	2	人工工资		2 000		2 000		借	4 900
	15	3	福利费用		1 000		1 000		借	5 900
	20	4	分配制造费用			3 000	3 000		借	8 900
	31	10	结转产品成本					8 900	平	0
	31		本月合计	2 900	3 000	3 000	8 900	8 900	平	0

（3）数量金额式明细分类账。数量金额式明细分类账其借方（收入）、贷方（发出）和余额（结存）都分别设有数量、单价和金额三个专栏。

适用：既要进行金额核算又要进行数量核算的账户。如原材料、库存商品、周转材料等存货明细账户。

账号	总页次
页次	

原 材 料

货名　A材料　　货号　　　　类别　　　　规格　　　　计量单位　　　　储存地点

2016年		凭证		摘要	收入			发出			结存		
月	日	种类	号数		数量	单价	金额 十万千百十元角分	数量	单价	金额 十万千百十元角分	数量	单价	金额 十万千百十元角分
7	1			期初余额							18 880.00	1.00	1 8 8 8 0 0 0

（4）横线登记式明细分类账。横线登记式账页是采用横线登记，即将每一相关的业务登记在一行，从而可依据每一行各个栏目的登记是否齐全来判断该项业务的进展情况。

适用：这种格式适用于登记材料采购、在途物资、应收票据和一次性备用金业务。

材料采购

户名 B 材料

户名	借方				贷方				转请
	2016年	凭证号数	摘要	金额 十万千百十元角分	2007年	凭证号数	摘要	金额 十万千百十元角分	
	月 日				月 日				
红星材料厂	6 25	记68	购入	6 0 0 0 0 0					

2. 登记方法

（1）固定资产、债权、债务等明细账应逐日逐笔登记。

（2）材料、库存商品收发明细账以及收入、费用明细账可以逐笔登记，也可定期汇总登记。

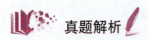

真题解析

【例7-13】（单选题）下列做法错误的是（　　）。

　　A. 库存现金日记账采用三栏式账簿

　　B. 库存商品明细账采用数量金额式账簿

　　C. 生产成本明细账采用三栏式账簿

　　D. 制造费用明细账采用多栏式账簿

【答案】　C

【解析】　成本类科目的明细账采用多栏式账簿。

【例7-14】（多选题）下列必须逐日逐笔登记明细账的是（　　）。

　　A. 原材料　　　B. 应收账款　　　C. 应付账款　　　D. 管理费用

【答案】　BC

【解析】　固定资产、债权、债务等明细账应逐日逐笔登记。原材料、库存商品收发明细账以及收入、费用明细账可以逐笔登记，也可定期汇总登记。

（四）总分类账户和明细分类账户的平行登记

1. 总分类账户与明细分类账户的关系

总分类账户是所属明细分类账户的统驭账户，对所属明细分类账户起着控制作用；明细分类账户则是总分类账户的从属账户，对其所隶属的总分类账户起着辅助作用。

总分类账户及其所属明细分类账户的核算对象是相同的，它们所提供的核算资料互相补充，只有把二者结合起来，才能既概括又详细地反映同一核算内容。因此，总分类账户和明细分类账户必须平行登记。

项目七 设置和登记会计账簿

借 原材料 贷	借 原材料——A 贷	借 原材料——B 贷
400 600	400件 400元	600件 600元

2．平行登记的要点

平行登记是指对所发生的每项经济业务都要以会计凭证为依据，一方面记入有关总分类账户，另一方面记入所属明细分类账户的方法。

平行登记的要点如下：

（1）登记方向相同。将经济业务记入总分类账户和明细分类账户时，记账方向必须相同。即总分类账户记入借方，明细分类账户也记入借方；总分类账户记入贷方，明细分类账户也记入贷方。

（2）登记期间一致（不是时间相同）。对每项经济业务在记入总分类账户和明细分类账户过程中，可以有先有后，但必须在同一会计期间全部登记入账。

（3）登记金额相等。对于发生的每一项经济业务，记入总分类账户的金额必须等于所属明细分类账户的金额之和。

总账与其所属明细账之间在数量上存在如下关系：

总分类账户本期发生额与其所属明细分类账户本期发生额合计相等；

总分类账户期初余额与其所属明细分类账户期初余额合计相等；

总分类账户期末余额与其所属明细分类账户期末余额合计相等。

如果总分类账户与明细分类账户的记录不相一致，说明账户平行登记中出现错误，应查明原因，进行更正。

四、会计账簿的更换

会计账簿的更换通常在新会计年度建账时进行。

表7-1　　　　　　　　　　　　会计账簿更换时间

更换时间	适用范围
每年更换一次	总账 日记账 多数明细账
跨年度使用，不必每年更换	变动较小的部分明细账，如固定资产明细账或固定资产卡片及备查账簿可以连续使用

五、会计账簿的保管

年度终了，各种账户在结转下年、建立新账后，一般应将旧账集中统一管理。会计账簿暂由本单位财务会计部门保管一年，期满后，由本单位财务会计部门编造清册移交本单位的档案部门保管。

各种账簿应当按年度分类归档，编造目录，妥善保管。既保证在需要时迅速查阅，又保证各种账簿的安全和完整。保管期满后，还要按照规定的审批程序经批准后才能销毁。

任务三 对账与结账

一、对账

对账就是核对账目,是对账簿记录所进行的核对工作。

对账一般可以分为账证核对、账账核对和账实核对。

(一)账证核对

账簿是根据经过审核之后的会计凭证登记的,但实际工作中仍有可能发生账证不符的情况,记账后,应将账簿记录与会计凭证核对,核对账簿记录与原始凭证、记账凭证的时间、凭证字号、内容、金额等是否一致,记账方向是否相符,做到账证相符。

会计期末,如果发现账账不符,也可以再将账簿记录与有关会计凭证进行核对,以保证账证相符。

(二)账账核对

账账核对是指核对不同会计账簿之间的账簿记录是否相符。包括:

1. 总分类账簿之间的核对

全部账户本期借方发生额合计 = 全部账户本期贷方发生额合计

全部账户的借方期初余额合计 = 全部账户的贷方期初余额合计

全部账户的借方期末余额合计 = 全部账户的贷方期末余额合计

2. 总分类账簿与所属明细分类账簿核对

总分类账各账户的期末余额应与其所属的各明细分类账的期末余额之和核对相符。

(1)总分类账户的期初余额 = 所属的明细分类账户的期初余额之和

(2)总分类账户的本期借方发生额 = 所属的明细分类账户的本期借方发生额之和

(3)总分类账户的本期贷方发生额 = 所属的明细分类账户的本期贷方发生额之和

(4)总分类账户的期末余额 = 所属的明细分类账户的期末余额之和

3. 总分类账簿与序时账簿核对

检查库存现金总账和银行存款总账的期末余额,与库存现金日记账和银行存款日记账的期末余额是否相符。

4. 明细分类账簿之间的核对

会计部门有关实物资产的明细账与财产物资保管部门或使用部门的明细账定期核对,以检查其余额是否相符。

(三)账实核对

账实核对是指各项财产物资、债权债务等账面余额与实有数额之间的核对。

(1)库存现金日记账账面余额与库存现金实际库存数逐日核对是否相符;

(2)银行存款日记账账面余额与银行对账单的余额定期核对是否相符;

(3)各项财产物资明细账账面余额与财产物资的实有数额定期核对是否相符;

(4)有关债权债务明细账账面余额与对方单位的账面记录核对是否相符等。

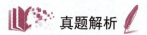 真题解析

【例7-15】（单选题）( )是指核对不同会计账簿之间的账簿记录是否相符。

A. 账证核对　　B. 账账核对　　C. 账实核对　　D. 余额核对

【答案】 B

【解析】 账账核对是指核对不同会计账簿之间的账簿记录是否相符。

【例7-16】（多选题）账账核对不包括( )。

A. 证证核对

B. 银行存款日记账余额与银行对账单余额核对

C. 总账账户借方发生额合计与其所属明细账借方发生额合计的核对

D. 各种应收、应付账款明细账面余额与有关债权、债务单位的账目余额相核对

【答案】 ABD

【解析】 选项 A 不是对账的内容,选项 BD 是账实核对。账账核对包括:

(1) 总分类账簿之间的核对;

(2) 总分类账簿与所属明细分类账簿核对;

(3) 总分类账簿与序时账簿核对;

(4) 明细分类账簿之间的核对。

二、结账

(一) 结账的概念

结账是一项将账簿记录定期结算清楚的账务工作。

在一定时期结束时(如月末、季末或年末),为了编制财务报表,需要进行结账,具体包括月结、季结和年结。

结账的内容通常包括两个方面:

一是结清各种损益类账户,并据以计算确定本期利润;

二是结出各资产、负债和所有者权益账户的本期发生额合计和期末余额。

(二) 结账的程序

(1) 结账前,将本期发生的经济业务全部登记入账,并保证其正确性。对于发现的错误,应采用适当的方法进行更正。

(2) 在本期经济业务全面入账的基础上,根据权责发生制的要求,调整有关账项,合理确定应计入本期的收入和费用。

(3) 将各损益类账户余额全部转入"本年利润"账户,结平所有损益类账户。

(4) 结出资产、负债和所有者权益账户的本期发生额和余额,并转入下期。

上述工作完成后,就可以根据总分类账和明细分类账的本期发生额和期末余额,分别进行试算平衡。

（三）结账的方法

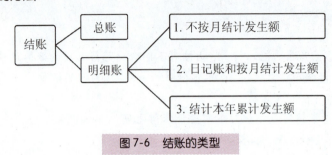

图7-6 结账的类型

（1）总账账户平时只需结出月末余额。

年终结账时，为了总括地反映全年各项资金运动情况的全貌，核对账目，要将所有总账账户结出全年发生额和年末余额，在摘要栏内注明"本年合计"字样，并在合计数下通栏划双红线。

库存现金

账号：　　总页数：
页数：

年 月	日	凭证 种类	号数	摘要	日期	借方	贷方	借或贷	余额
				承前页		2174400	2171100	借	113000
11	20	记汇	32	11—20日发生额		192000	201000	借	23000
	30	记汇	33	21—30日发生额		101000		借	124000
12	10	记汇	34	1—10日发生额		108000	90000	借	142000
	20	记汇	35	11—20日发生额		172800	180900	贷	61000
	31	记汇	36	21—31日发生额		90900		借	151900
				本年合计		2569200	2562000	借	151900
				结转下年				贷	

（2）对不需按月结计本期发生额的账户，每次记账以后，都要随时结出余额，每月最后一笔余额就是月末余额，即月末余额就是本月最后一笔经济业务记录的同一行内余额。

月末结账时，只需要在最后一笔经济业务记录之下通栏划单红线，不需要再次结计余额。

应收账款——红星公司

| 账号 | | 页次 | | 总页数 | |

年月	年日	凭证种类	凭证号数	摘要	日期	借方	贷方	借或贷	余额
				承前页				借	4000.00
11	07	记	15	收到货款、存入银行			4000.00	平	0
	08	记	23	销售产品、款未收		9301.50		借	9301.50
	14	记	43	收到货款,存入银行			9301.50	平	0
	20	记	55	销售产品,款未收		28255.50		借	28255.50
	25	记	63	收到货款,存入银行			28255.50	平	0
12	08	记	21	销售产品,款未收		10530.00		借	10530.00
	26	记	65	销售产品,款未收		19422.00		借	19422.00

（3）库存现金、银行存款日记账和需要按月结计发生额的收入、费用等明细账，每月结账时，要在最后一笔经济业务记录下面通栏划单红线，结出本月发生额和余额，在摘要栏内注明"本月合计"字样，并在下面通栏划单红线。

银行存款日记账

年月	年日	凭证种类	凭证号数	对方科目	摘要	总页	收入金额	付出金额	结存金额
					承前页		35425.30	25107.60	29662.570
11	24	记	61	库存现金	提前备用			1000.00	29562.570
	25	记	62	营业外支出	对外捐款			2000.00	29362.570
	25	记	63	应收账款	收到货款,存入银行		28255.50		32188.120
	26	记	64	应付账款	偿付前欠货款			25672.00	29620.920
	26	记	66	管理费用	支付水电费			2900.00	29330.920
	27	记	67	原材料等	购进材料、验收入库,款已付			18652.00	29144.400
	29	记	69	主营业务收入等	销售产品,货款收存银行		76518.00		36796.200
	31				本月合计		459026.80	284514.80	36796.200

（4）对于需要结计本年累计发生额的明细账户,每月结账时,应在"本月合计"行下结出自年初起至本月末止的累计发生额,登记在月份发生额下面,在摘要栏内注明"本年累计"字样,并在下面通栏划单红线。

12月末的"本年累计"就是全年累计发生额,全年累计发生额下通栏划双红线。

主营业务收入——甲产品

年		凭证		摘要	日期	借方	贷方	借或贷	余额
月	日	种类	号数			百十万千百十元角分	百十万千百十元角分		百十万千百十元角分
				承前页		35721000	37491000	贷	1770000
11	24	记	60	销售产品,收到部分货款			375000	贷	2145000
	26	记	65	销售产品、款未收			300000	贷	2445000
	29	记	69	销售产品,货款收存银行			1200000	贷	3645000
	30	记	81	结转本月收入		3645000		平	0
	30			本月合计		3645000	3645000	平	0
	30			本年累计		39366000	39366000	平	0
12	13	记	39	销售产品,货款收存银行			1584000	贷	1584000
	16	记	46	销售产品、款未收			540000	贷	2124000
	20	记	51	销售产品、款未收			540000	贷	2664000
	22	记	59	销售产品,收到部分货款			396000	贷	3060000
	26	记	65	销售产品、款未收			300000	贷	2445000
	28	记	72	销售产品,货款收存银行			1440000	贷	4860000
	31	记	81	结转本月收入		4860000		平	0
	31			本月合计		4860000	4860000	平	0
	31			本年累计		44226000	44226000	平	0

(5)年度终了结账时,有余额的账户,应将其余额结转下年,并在摘要栏注明"结转下年"字样;在下一会计年度新建有关账户的第一行余额栏内填写上年结转的余额,并在摘要栏注明"上年结转"字样。

库存现金

账号		
页次		总页数

年		凭证		摘要	日期	借方										贷方										借或贷	余额									
月	日	种类	号数			百	十	万	千	百	十	元	角	分	百	十	万	千	百	十	元	角	分		百	十	万	千	百	十	元	角	分			
				承前页				2	1	7	4	4	1	0	0			2	1	7	1	1	0	0	0	借					1	1	3	0	0	0
11	20	记汇	32	11—20日发生额					1	9	2	0	0	0	0				2	0	1	0	0	0	0	借						2	3	0	0	0
	30	记汇	33	21—30日发生额					1	0	1	0	0	0											借					1	2	4	0	0	0
12	10	记汇	34	1—10日发生额					1	0	8	0	0	0							9	0	0	0	借					1	4	2	0	0	0
	20	记汇	35	11—20日发生额					1	7	2	8	0	0	0				1	8	0	9	0	0	0	借						6	1	0	0	0
	31	记汇	36	21—31日发生额						9	0	9	0	0											借					1	5	1	9	0	0
				本年合计				2	5	6	9	2	0	0	0			2	5	6	2	0	0	0	0	借					1	5	1	9	0	0
				结转下年																																

真题解析

【例7-17】（单选题）下列结账方法错误的是(　　)。

　　A. 总账账户平时只需结出月末余额

　　B. 12月末的"本年累计"就是全年累计发生额,全年累计发生额下通栏划双红线

　　C. 账户在年终结账时,在"本年合计"栏下通栏划双红线

　　D. 库存现金、银行存款日记账,每月结账时,在摘要栏注明"本月合计"字样,并在下面通栏划双红线

【答案】 D

【解析】 库存现金、银行存款日记账,每月结账时,在摘要栏注明"本月合计"字样,并在下面通栏划单红线。

【例7-18】（单选题）年终结账,将余额结转下年时(　　)。

　　A. 不需要编制记账凭证,但应将上年账户的余额反向结平才能结转下年

　　B. 应编制记账凭证,并将上年账户的余额反向结平

　　C. 不需要编制记账凭证,也不需要将上年账户的余额结平,直接注明"结转下年"即可

　　D. 应编制记账凭证予以结转,但不需要将上年账户的余额反向结平

【答案】 C

【解析】 年度终了结账时,有余额的账户,应将其余额结转下年,并在摘要栏注明"结转下年"字样。此时是不需要编制记账凭证的,也不需要将上年的账户余额反向结平,只需要在摘要栏内注明"结转下年"即可。

任务四 错账查找与更正方法

错账查找方法是新的考试大纲新增的内容。本项目所讲错账更正方法只限本年错账的更正。

一、错账查找方法

(一)全面检查

(1)顺查法:凭证→账→报表。
(2)逆查法:报表→账→凭证。

(二)局部抽查

1. 差数法

差数法是指按照错账的差数查找错账的方法。

例:

总账	明细账
100	100
200	200
40	
340	300

2. 尾数法

尾数法是指对于发生的差错只查找末位数,以提高查错效率的方法。这种方法适合于借贷方金额其他位数都一致,而只有末位数出现差错的情况。

例:

总账	明细账
100.00	100
200	200
300.00	300

3. 除2法

除2法是指以差数除以2来查找错账的方法。当某个借方金额错记入贷方(或相反)时,出现错账的差数表现为错误的2倍,将此差数用2去除,得出的商即是反向的金额。

4. 除9法

除9法是指以差数除以9来查找错账的方法,适用于以下三种情况:(1)将数字写小;(2)将数字写大;(3)邻数颠倒。

例:

总账	明细账
100	100
200	20
300	120

```
总账        明细账
100         100
200         200
 15          51
―――         ―――
315         351

36/9 = 4
```

二、错账更正方法

（一）划线更正法

在结账前发现账簿记录有文字或数字错误,而记账凭证没有错误,采用划线更正法。

更正方法：更正时,应在错误的文字或数字上面划一条红线注销,但必须使原有的笔迹仍可辨认清楚。然后在上方空白处用蓝字填写正确的文字和数字,并在更正处盖记账人员、会计机构负责人（会计主管人员）名章,以明确责任。

注意事项：对于错误数字必须全部用红线注销,不能只划销整个数中的个别位数。对于文字错误,可只划去错误的部分。

```
a 数字错误：例如：7 980.00（正确是7 890.00）。
                89                    7 890.00 盖章
错误方法：7 980.00    正确的更正方法：7̶ ̶9̶8̶0̶.̶0̶0̶

b 文字错误：例如：收回贷款
                   货（盖章）
                   收回贷̶款̶
```

| 最高存量: | | | | | | | | 账号 | | | | | | |
| 最低存量: | | | 原材料 明细账 | | | | | 页数 | | | 总页数 | | | |

明细科目 __A 材料__

类别		储存处所		规格			计量单位 公斤		编号				
2016年		凭证号数	摘要	收入			发出			结存			核对号
月	日			数量	单价	金额 十万千百十元角分	数量	单价	金额 十万千百十元角分	数量	均价	金额 十万千百十元角分	
12			承前页							152	10	1 5 2 0 0 0	
12	10	转1	购料	1324 1̶4̶3̶5̶	10	1 3 4 5 0 0 0 1̶ ̶4̶ ̶3̶ ̶5̶ ̶0̶ ̶0̶ ̶0̶			孔子	1497 1̶5̶0̶7̶	10	1 4 9 7 0 0 0 1̶ ̶5̶ ̶8̶ ̶7̶ ̶0̶ ̶0̶ ̶0̶	

(二)红字更正法

(1) 记账后发现记账凭证和账簿记录中应借、应贷会计科目无误,只是所记金额大于应记金额所引起的记账错误。(红一法:红字一步冲销)

更正时,按多记金额用红字编制一张与原记账凭证应借、应贷科目完全相同的记账凭证,然后据此用红字记入账内,在摘要栏注明"冲销×月×日×号凭证多记金额"。

真题解析

【例7-19】 企业提取本月固定资产折旧费3 800元,编制记账凭证时误记为38 000元,并已登记入账。

借:管理费用　　　　　　　　　　　　　　　　　　　　　　38 000
　　贷:累计折旧　　　　　　　　　　　　　　　　　　　　　　38 000

管理费用	累计折旧
3 800	38 000

更正方法:

【答案】

将多记金额用红字编制记账凭证,并登记入账。

借:管理费用　　　　　　　　　　　　　　　　　　　　　　34 200
　　贷:累计折旧　　　　　　　　　　　　　　　　　　　　　　34 200

(注意:摘要栏是"冲销×月×日×号凭证错账")

管理费用	累计折旧
3 800	38 000
34 200	34 000
3 800	3 800

(2) 记账后发现记账凭证中的应借、应贷会计科目有错误所引起的记账错误。

如:科目名称写错或借贷方向写错。(红二法:红字二步冲销)

更正时,应先用红字填写一张与错误的记账凭证内容相同的红字记账凭证,然后据此用红字记入账内,并在摘要栏注明"冲销×月×日×号凭证错账"以示注销。

同时,用蓝字再编写一张正确的记账凭证,据此用蓝字记入账内,并在摘要栏注明"订正×月×日×号凭证账"。

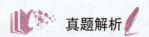

真题解析

【例7-20】 4月6日,企业购入材料5 000元,货款尚未支付。

错误记录:原记账凭证写错账户名称并已登记入账。

借：原材料　　　　　　　　　　　　　　　　　　　　　　　　　5 000
　　贷：应收账款　　　　　　　　　　　　　　　　　　　　　　　　5 000

【答案】

(1) 4月18日编制红字记账凭证并记入账内：

借：原材料　　　　　　　　　　　　　　　　　　　　　　　　　5 000
　　贷：应收账款　　　　　　　　　　　　　　　　　　　　　　　　5 000

(注意：摘要栏是"冲销4月6日×号凭证错账")

原材料	应收账款
5 000	5 000
5 000	5 000

(2) 用蓝字编制正确记账凭证并登记入账：

借：原材料　　　　　　　　　　　　　　　　　　　　　　　　　5 000
　　贷：应付账款　　　　　　　　　　　　　　　　　　　　　　　　5 000

(注意：摘要栏是"订正4月6日×号凭证错账")

原材料	应收账款	应付账款
5 000	5 000	
5 000	5 000	
5 000		5 000
5 000	0	5 000

(三) 补充登记法

记账后发现记账凭证和账簿记录中应借、应贷会计科目无误，只是所记金额小于应记金额时，采用补充登记法。

进行更正时，将少记金额用蓝字编制一张与原记账凭证应借、应贷科目完全相同的记账凭证，然后用蓝字记入账内，并在摘要栏注明"补记×月×日×号凭证少记金额"。

真题解析

【例7-21】　为生产产品领用材料8 400元。

错误凭证：

借：生产成本　　　　　　　　　　　　　　　　　　　　　　　　4 800
　　贷：原材料　　　　　　　　　　　　　　　　　　　　　　　　　4 800

生产成本	原材料
4 800	4 800

更正：

【答案】

将少记金额编制记账凭证并过入账内：

借：生产成本　　　　　　　　　　　　　　　　　3 600
　　贷：原材料　　　　　　　　　　　　　　　　　　3 600

（注意：摘要栏是"补记×月×日×号凭证少记部分"）

生产成本		原材料	
4 800		4 800	
3 600		3 600	
8 400		8 400	

【例7-22】（多选题）记账后，发现记账凭证中的金额有错误，导致账簿记录错误，不能采用的错账更正方法是（　　）。

　　A. 划线更正法　　　　　　　　　B. 红字更正法
　　C. 补充登记法　　　　　　　　　D. 重新抄写法

【答案】　AD

【解析】　该题中记账凭证中的金额有错误，可能多记可能少记，可以采用红字更正法或补充登记法，该题问的是不能采用，所以选AD。

【例7-23】（单选题）更正错账时，划线更正法的适用范围是（　　）。

　　A. 记账凭证上会计科目或记账方向错误，导致账簿记录错误
　　B. 记账凭证正确，在记账时发生错误，导致账簿记录错误
　　C. 记账凭证上会计科目或记账方向正确，所记金额大于应记金额，导致账簿记录错误
　　D. 记账凭证上会计科目或记账方向正确，所记金额小于应记金额，导致账簿记录错误

【答案】　B

【解析】　选项ACD都是记账凭证有错误，不能采用划线更正法。

【例7-24】（多选题）红字更正法通常适用的情况是（　　）。

　　A. 记账后在当年内发现记账凭证所记的会计科目错误
　　B. 发现上一年度的记账凭证所记的会计科目错误
　　C. 记账后发现会计科目无误而所记金额大于应记金额
　　D. 记账后发现会计科目无误而所记金额小于应记金额

【答案】　AC

【解析】　对于选项B，发现上一年度的记账凭证所记的会计科目错误应采用蓝字进行更正，例如上年从银行提取现金1 000元，错误写法为：

借：应收账款　　　　　　　　　　　　　　　　　　　　　　　　1 000
　　贷：银行存款　　　　　　　　　　　　　　　　　　　　　　　1 000
更正时用蓝字进行更正，即
借：库存现金　　　　　　　　　　　　　　　　　　　　　　　　1 000
　　贷：应收账款　　　　　　　　　　　　　　　　　　　　　　　1 000
对于选项D，应采用补充登记法。

错账更正法小结（表7-2）：

表7-2　　　　　　　　　　　　　错账更正法小结

错误原因		方法名称	更正步骤要点
记账凭证对，登账错误		划线更正法	1. 划红线注销 2. 作正确记录 3. 更正处盖章
记账凭证错误，导致记账错误	凭证中仅金额少记	补充登记法	将少记数补充登记入账
	凭证中仅金额多记	红字更正法	红字冲销多记数
	凭证中科目错误	红字更正法	1. 用红字冲销原记录 2. 重填正确记账凭证并入账

项目小结

本项目主要介绍了会计账簿的概念及分类；各种账簿的开设登记要求以及归档保管的要求；不同账簿的登记方法以及错账的更正方法。

一、单项选择题

1. 对于邻数颠倒的情况，适用的错账查找方法是（　　）。
　　A. 差数法　　　　　B. 尾数法　　　　　C. 除9法　　　　　D. 除2法
2. 某公司"原材料"总分类科目下设"甲材料"和"乙材料"两个明细科目。2016年8月末，"原材料"总分类科目为借方余额450 000元，"甲材料"明细科目为借方余额200 000元，则"乙材料"明细科目为（　　）。
　　A. 借方余额650 000元　　　　　　　B. 贷方余额250 000元
　　C. 借方余额250 000元　　　　　　　D. 贷方余额650 000元
3. 下列账簿中，可以跨年度连续使用的是（　　）。
　　A. 总账　　　　　B. 备查账　　　　　C. 日记账　　　　　D. 多数明细账
4. 结账时，应当划通栏双红线的是（　　）。
　　A. 12月末结出全年累计发生额后　　　B. 各月末结出全年累计发生额后

C. 结出本季累计发生额后　　　　　　D. 结出当月发生额后

5. "原材料"、"库存商品"等存货类明细账,一般采用( )账簿。
   A. 三栏式　　　B. 多栏式　　　C. 数量金额式　　　D. 横线登记式

6. 记账后,发现记账凭证上应借、应贷的会计科目并无错误,但所填金额有错,致使账簿记录错误,正确的更正方法是( )。
   A. 若所填金额大于应填金额,则应采用红字更正法
   B. 若所填金额小于应填金额,则应采用红线更正法
   C. 若所填金额大于应填金额,则应采用补充登记法
   D. 若所填金额小于应填金额,则应采用划线更正法

7. 明细账应与记账凭证或原始凭证相核对属于( )。
   A. 账证核对　　　B. 账账核对　　　C. 账实核对　　　D. 余额核对

8. 库存现金日记账账面余额应与库存现金实际库存数逐日核对相符属于( )。
   A. 账证核对　　　B. 账账核对　　　C. 账实核对　　　D. 余额核对

9. 下列不属于账证核对的是( )。
   A. 日记账应与收、付款凭证相核对
   B. 总账全部账户的借方期末余额合计数应与贷方期末余额合计数核对相符
   C. 总账应与记账凭证核对
   D. 明细账应与记账凭证或原始凭证相核对

10. 下列关于账簿的说法中,不正确的是( )。
    A. 备查账簿是指对某些在序时账簿和分类账簿中未能记载或记载不全的经济业务进行补充登记的账簿
    B. 数量金额式账簿的借方、贷方和余额三个栏目内,都分设数量、单价和金额三小栏
    C. 账簿按用途分为序时账簿、分类账簿和备查账簿
    D. 账簿按外型特征分为两栏式、三栏式、多栏式、数量金额式和横线登记式账簿

11. 下列各项中,不属于账账核对内容的是( )。
    A. 所有总账账户的借方发生额合计与所有总账账户的贷方发生额合计核对
    B. 本单位的应收账款账面余额与对方单位的应付账款账面余额之间核对
    C. 库存现金日记账和银行存款日记账的余额与其总账账户余额核对
    D. 会计部门有关财产物资明细账余额与保管、使用部门的财产物资明细账余额之间核对

12. 关于明细分类账的登记方法,下列表述错误的是( )。
    A. 不同类型经济业务的明细分类账,可根据管理需要,依据记账凭证、原始凭证或汇总原始凭证逐日逐笔或定期汇总登记
    B. 固定资产、债权、债务等明细可以定期汇总登记
    C. 库存商品、原材料、产成品收发明细账可以逐笔登记
    D. 收入、费用明细账可以定期汇总登记

13. 在登记账簿过程中,每一账页的最后一行及下一页第一行都要办理转页手续,是为了( )。

A. 便于查账 B. 防止遗漏
C. 防止隔页 D. 保持账簿记录的连续性

14. 不能作为总分类账登记依据的是( )。
A. 记账凭证 B. 科目汇总表
C. 汇总记账凭证 D. 备查账簿

15. 下列明细分类账中,可以采用多栏式格式的是( )。
A. 应付账款明细分类账 B. 实收资本明细分类账
C. 库存商品明细分类账 D. 管理费用明细分类账

16. 关于需要结计本年累计发生额的账户,结计"过次页"的本页合计数,下列说法中,正确的是( )。
A. 自年初起至本日止累计数 B. 自年初起至本页末止累计数
C. 自月初至本页末止累计数 D. 自本页初至本页末止累计数

17. 库存现金日记账的( )系指记账凭证的日期,应与现金实际收付日期一致。
A. 日期栏 B. 凭证栏 C. 摘要栏 D. 对方科目栏

18. 明细账从账簿的外表上看一般采用( )。
A. 订本式 B. 活页式 C. 卡片式 D. 多栏式

19. 下列应该使用多栏式账簿的是( )。
A. 应收账款明细账 B. 管理费用明细账
C. 库存商品明细账 D. 原材料明细账

20. 银行存款日记账是根据( )逐日逐笔登记的。
A. 审核无误的银行存款收、付款凭证 B. 审核无误的转账凭证
C. 审核无误的库存现金收款凭证 D. 银行对账单

二、多项选择题

1. 会计账簿按用途分为( )。
A. 序时账簿 B. 分类账簿 C. 备查账簿 D. 总分类账簿

2. 下列关于会计账簿的说法中,正确的有( )。
A. 由一定格式账页组成
B. 以经过审核的记账凭证为依据
C. 全面、系统、连续地记录各项经济业务的簿籍
D. 编制会计报表的基础

3. 下列账簿可以采用三栏式账簿的有( )。
A. 库存现金日记账 B. 银行存款总分类账
C. 应收账款明细账 D. 应付账款总分类账

4. 错账查找方法具体分为( )。
A. 全面检查 B. 局部抽查 C. 定期检查 D. 不定期检查

5. 下列表述中,正确的是( )。
A. 订本账的优点是能避免账页散失和防止抽换账页
B. 订本账的缺点是不能准确为各账户预留账页
C. 活页账的优点是记账时可以根据实际需要,随时将空白账页装入账簿,或抽取不

需要的账页,可根据需要增减账页,便于分工记账

D. 活页账缺点是如果管理不善,可能会造成账页散失或故意抽换账页

6. 填制记账凭证若发生错误,且已经登记入账,下面更正方法正确的有( )。

A. 用涂改液进行更正

B. 先用红字填写一张与原内容相同的记账凭证,在摘要栏注明"注销某月某日某号凭证"字样。同时再用蓝字重新填制一张正确的记账凭证

C. 如果会计科目没有错误,只是金额错误,也可将正确数字与错误数字之间的差额,另编一张调整的记账凭证,调增金额用蓝字,调减金额用红字

D. 发现以前年度记账凭证有错误的,不涉及损益类科目,科目正确,金额少记,应当按少记的金额用蓝字填制一张与原记账凭证应借、应贷科目完全相同的记账凭证

7. 下列各种工作的错误,应当用红字更正法予以更正的有( )。

A. 在账簿中将3 500元误记为3 550元,记账凭证正确无误

B. 在填制记账凭证时,误将"应收账款"科目填为"其他应收款",并已登记入账

C. 在填制记账凭证时,误将4 000元填作400元,尚未入账

D. 记账凭证中的借贷方向用错,并已入账

8. 下列属于对账内容的是( )。

A. 明细账与总账核对　　　　　　B. 库存商品账和实物核对

C. 往来账与业务合同核对　　　　D. 记账凭证与原始凭证核对

9. 账实核对是指账簿与财产物资实有数额是否相符,具体包括( )核对。

A. 库存现金日记账余额与实际库存数

B. 银行存款日记账余额与银行对账单余额

C. 各种财物明细账余额与实存额

D. 债权、债务明细账余额与对方单位或个人的记录

10. 库存现金日记账对账的内容包括( )。

A. 账证核对　　B. 账账核对　　C. 账表核对　　D. 账实核对

11. 下列( )明细账既可逐日逐笔登记,也可定期汇总登记。

A. 预收账款　　B. 原材料　　　C. 主营业务收入　　D. 管理费用

12. 下列各项中,( )应逐日逐笔登记明细账。

A. 原材料　　　B. 应收账款　　C. 应付账款　　　　D. 管理费用

13. 下列登记银行存款日记账的方法中正确的有( )。

A. 逐日逐笔登记并逐日结出余额

B. 根据企业在银行开立的账户和币种分别设置日记账

C. 使用订本账

D. 业务量少的单位用银行对账单代替日记账

14. 银行存款日记账属于( )。

A. 特种日记账　　B. 普通日记账　　C. 订本账　　　　D. 活页账

15. 下列关于账户结计发生额的说法中,正确的有( )。

A. 需要结计本月发生额的账户,结计"过次页"的本页合计数应当为自本月初起至

本页末止的发生额合计数

B. 需要结计本年累计发生额的账户,结计"过次页"的本页合计数应当为自年初起至本页末止的累计数

C. 既不需要结计本月发生额,也不需要结计本年累计发生额的账户,可以只将每页末的余额结转次页

D. 既不需要结计本月发生额,也不需要结计本年累计发生额的账户,结计"过次页"的本页合计数应当为自年初起至本页末止的发生额合计数

16. 下列各项中,( )属于登记账簿的基本要求。

A. 根据审核无误的会计凭证登记账簿

B. 用蓝黑和碳素墨水书写,不得用圆珠笔(银行的复写账簿除外)或铅笔书写

C. 不得用红色墨水记账

D. 按页次顺序连续登记,不得跳行、隔页

17. 适用于"除9法"查找的错账有( )。

A. 发生角、分的差错 B. 将60 000元写成6 000元

C. 将800元写成8 000元 D. 将98 000元写成89 000元

18. 结账的内容通常包括( )。

A. 在会计期末将本期所有发生的经济业务事项全部登记入账

B. 结清各种损益类账户,并据以计算确定本期利润

C. 结清各资产、负债和所有者权益账户,分别结出本期发生额合计和余额

D. 期末有余额的账户,要将其余额结转下一期间

19. 账簿的种类很多,但一般都应具备( )。

A. 封面 B. 账夹 C. 扉页 D. 账页

20. 下列各项中,可以采用数量金额式格式的有( )。

A. 库存商品明细分类账 B. 银行存款日记账

C. 应收账款明细分类账 D. 原材料明细分类账

三、判断题

1. 设置和登记账簿是编制会计报表的基础,是连接会计凭证与会计报表的中间环节。( )

2. 横线登记式账页适用于登记材料采购、在途物资、应收票据和一次性备用金业务。( )

3. 账户是根据会计科目开设的,账户存在于账簿之中,账簿中的每一账页就是账户的存在形式和载体,没有账簿,账户就无法存在。( )

4. 错账查找方法中的顺查法能减少查找的工作量,实际工作中使用较多。( )

5. 三栏式账簿是指采用借方、贷方、余额三个主要栏目的账簿,一般适用于总分类账、库存现金日记账、银行存款日记账以及所有的明细账。( )

6. 财产物资明细账和债权债务明细账必须每年度更换一次。( )

7. 新旧账簿有关账户之间的结转余额,需要编制记账凭证。( )

8. "制造费用"账户的明细分类核算,可以采用借方多栏式明细分类的账页格式。( )

9. 发现以前年度记账凭证是错误的,应当用红字填制一张更正的记账凭证。(　　)
10. 随着科技的发展,记账错误均可采用褪色药水消除字迹,而不必采用麻烦的更正方法。(　　)
11. 会计部门有关库存商品的明细账与保管部门库存商品明细账核对属于账实核对的内容。(　　)
12. 库存现金日记账账面余额应每天与现金实存数相核对,不准以借条抵充现金与挪用现金,做到日清月结。(　　)
13. 通过平行登记,可以使总分类账户与其所属明细分类账户保持统驭关系,便于核对与检查,纠正错误与遗漏。(　　)
14. 总分类账必须采用订本式的三栏式账户。(　　)
15. 明细分类账一般是根据记账凭证直接登记,但个别明细分类账可以根据原始凭证登记。(　　)
16. 固定资产债权和债务、库存商品、原材料、产成品等明细账应逐日逐笔登记。(　　)
17. 总分类账登记的依据和方法,主要取决于企业的特点和管理需要。(　　)
18. 常见的特种日记账包括现金日记账、银行存款日记账、转账日记账。(　　)
19. 库存现金日记账和银行存款日记账不论在何种会计核算形式下,都是根据与收、付款有关的记账凭证逐日逐笔顺序登记的。(　　)
20. 凡需要结出余额的账户,结出余额后,应当在"借或贷"栏内写明"借"或"贷"字样,以表示余额的方向。(　　)

四、实务操作题

(一) 根据项目六,选择合适的账页格式,完成下列任务:
1. 开设并登记库存现金、银行存款日记账;
2. 开设并登记原材料、生产成本、管理费用、应交税费——应交增值税明细账;
3. 根据记账凭证采用全部汇总方法编制科目汇总表(每半月汇总一次);
4. 开设并登记库存现金、银行存款、原材料、生产成本、管理费用、应交税费总账。

(二)【资料】江丰公司会计人员在2016年9月30日期末结账前进行账证核对时,发现下列错账:

(1) 生产A产品领用原材料65 000元,填制记账凭证为:

借:生产成本　　　　　　　　　　　　　　　　　　　　　　56 000
　贷:原材料　　　　　　　　　　　　　　　　　　　　　　　　56 000

并已据以登记入账。

(2) 收到投资者投入机器设备一台价值20 000元,填制记账凭证为:

借:固定资产　　　　　　　　　　　　　　　　　　　　　　20 000
　贷:资本公积　　　　　　　　　　　　　　　　　　　　　　20 000

并已据以登记入账。

(3) 计提应由本期负担的短期借款利息1 800元,填制记账凭证为:

借:管理费用　　　　　　　　　　　　　　　　　　　　　　8 100
　贷:应付利息　　　　　　　　　　　　　　　　　　　　　　8 100

并已据以登记入账。

（4）分配结转本期发生的制造费用 69 000 元，填制记账凭证为：

借：生产成本　　　　　　　　　　　　　　　　　　　　96 000
　　贷：制造费用　　　　　　　　　　　　　　　　　　　　　　96 000

并已据以登记入账。

（5）结转本期完工产品生产成本 538 000 元，填制记账凭证为：

借：库存商品　　　　　　　　　　　　　　　　　　　　538 000
　　贷：生产成本　　　　　　　　　　　　　　　　　　　　　　538 000

登记入账时，误记为 583 000 元。

（6）职工预借差旅费 5 000 元，填制记账凭证为：

借：管理费用　　　　　　　　　　　　　　　　　　　　5 000
　　贷：库存现金　　　　　　　　　　　　　　　　　　　　　　5 000

并已据以登记入账。

（7）计提管理用固定资产的折旧 10 000 元，填制记账凭证为：

借：管理费用　　　　　　　　　　　　　　　　　　　　1 000
　　贷：累计折旧　　　　　　　　　　　　　　　　　　　　　　1 000

并已据以登记入账。

（8）销售部门领用材料 6 000 元填制记账凭证为：

借：销售费用　　　　　　　　　　　　　　　　　　　　60 000
　　贷：原材料　　　　　　　　　　　　　　　　　　　　　　60 000

并已据以登记入账。

（9）管理部门购买办公用品 500 元，填制记账凭证为：

借：管理费用　　　　　　　　　　　　　　　　　　　　500
　　贷：库存现金　　　　　　　　　　　　　　　　　　　　　500

但是登记账簿时，误将"管理费用"账户登记为 50 元。

（10）管理部门领用甲材料 300 元，填制记账凭证为：

借：生产成本　　　　　　　　　　　　　　　　　　　　300
　　贷：原材料　　　　　　　　　　　　　　　　　　　　　　300

并已据以登记入账。

【要求】分别指出上述错账应采用何种更正方法，并做出相应的处理（以会计分录格式代替记账凭证格式）。

（三）【资料】某公司为增值税一般纳税企业，2016 年 12 月初银行存款日记账余额为 200 000 元，当月发生下列有关经济业务：

（1）12 月 1 日，向工商银行借入期限为 3 个月的借款 60 000 元，年利率 6%，借款到期还本付息，借入的款项存入银行。

（2）12 月 8 日，开出转账支票一张，向甲公司预付货款 50 000 元；同日收到乙公司预付的购货款 40 000 元，已存入银行。

（3）12 月 12 日，收到甲公司货物结算单，其中材料价款 40 000 元，增值税 6 800 元，材料已验收入库，货款已于本月 8 日预付，多余款项尚未退回。

(4) 12月23日,向预付货款的乙公司销售A产品200件,单位售价100元;B产品300件,单位售价100元,增值税税率17%,其余款项尚未收回;公司另用银行存款为对方代垫运费500元。

(5) 12月24日,接到银行通知,本季度企业存款利息收入300元已划入企业账户(假设以前月份没有预提)。

【要求】

(1) 根据上述经济业务,编制该公司12月份的记账凭证(以会计分录格式代替记账凭证格式,该公司单独设置了"预付账款","预收账款"账户);

(2) 根据记账凭证登记银行存款日记账。

项目八

选择和应用账务处理程序

项目简介

通过本项目的学习,能够了解账务处理程序的意义和基本程序;明确各种账务处理程序的核算要求、步骤和使用范围;掌握按不同单位的具体情况设置账务处理程序的基础知识和操作技能;掌握记账凭证账务处理程序的操作流程。

知识目标(大纲要求)

1. 了解企业账务处理程序的概念与意义;
2. 熟悉账务处理程序的一般步骤;
3. 掌握企业账务处理程序的种类;
4. 掌握记账凭证账务处理程序的内容;
5. 掌握汇总记账凭证账务处理程序的内容;
6. 掌握科目汇总表账务处理程序的内容。

能力目标

1. 熟悉账务处理程序的一般步骤和种类;
2. 掌握记账凭证账务处理程序的内容;
3. 掌握汇总记账凭证账务处理程序的内容;
4. 掌握科目汇总表账务处理程序的内容。

 知识准备

通过前面项目的学习,我们掌握了会计凭证、会计账簿和财务报告的有关内容。本项目,我们将采用一定的形式将它们有机地联系起来,使之构成一个完整的账务处理程序。一个单位的性质、规模和业务繁简程度决定其适用不同的账务处理程序。不同的账务处理程序,对汇总记账凭证、登记总分类账的依据和方法也有所不同。因此,企业或单位应当科学合理地设置会计凭证、会计账簿及会计报表的种类和格式,确定各种凭证之间、各种账簿之间、各种报表之间的相互关系、填制方法和登记程序。选择科学、合理的账务处理程序,对于提高会计工作的质量和效率,及时准确地编制会计报表,提供全面、正确、及时、清晰的会计信息,满足企业单位内外信息使用者的需要,以及简化会计工作,节省人力和物力有着重要的意义。

任务一 认知账务处理程序的意义和基本程序

一、账务处理程序的概念与意义

(一)账务处理程序的概念

账务处理程序,又称会计核算组织程序或会计核算形式,是指会计凭证、会计账簿、财务报表相结合的方式,包括账簿组织和记账程序,即对会计数据的记录、归类、汇总、呈报的步骤和方法。

账簿组织是指会计凭证和会计账簿的种类、格式,会计凭证与账簿之间的联系方法;记账程序是指由填制、审核原始凭证到填制、审核记账凭证,登记日记账、明细分类账和总分类账,编制财务报表的工作程序和方法等。

不同的账务处理程序规定了填制会计凭证、登记账簿、编制会计报表的方法和步骤不同。

所以,账务处理程序的基本模式可概括为:原始凭证→记账凭证→会计账簿→会计报表,也就是说,它是通过会计核算的三种专门方法(填制和审核会计凭证、登记会计账簿、编制会计报表)按一定步骤或程序将三者有机结合起来的组织形式。

真题解析

【例8-1】 (判断题)编制会计报表是企业账务处理程序的组成部分。( )
【答案】 √
【解析】 企业账务处理程序是填制、审核会计凭证,登记会计账簿和编制会计报表。

【例8-2】 (多选题)账簿组织包括( )。
A. 账簿的种类 B. 账簿的格式 C. 账户的名称 D. 账簿之间的关系
【答案】 ABD
【解析】 账簿组织是指账簿的种类、格式和各种账簿之间的相互关系。

【例8-3】 (单选题)账务处理程序的核心是( )。
A. 凭证组织 B. 账簿组织 C. 记账程序 D. 报表组织
【答案】 C
【解析】 凭证组织、账簿组织、报表组织都是通过记账程序连接在一起。

（二）账务处理程序的意义与要求

1. 科学、合理地选择账务处理程序的意义

（1）有利于规范会计工作,保证会计信息加工过程的严密性,提高会计信息质量；

（2）有利于保证会计记录的完整性和正确性,增强会计信息的可靠性；

（3）有利于减少不必要的会计核算环节,提高会计工作效率,保证会计信息的及时性。

2. 选择合理的、适用的账务处理程序的要求

（1）要适应本单位的经济特点、规模的大小和业务的繁简状况,以利于会计工作的分工和岗位责任制的建立。

（2）能及时、准确、全面、系统地提供会计核算资料,满足单位微观经济管理和国家宏观经济管理的需要,以及其他利益相关者对会计信息的满足。

（3）要在保证核算资料正确、及时、完整和充分发挥会计监控作用的前提下,尽可能地简化会计工作程序和核算手续,提高会计工作效率,节约人力物力,降低会计成本。

（三）账务处理程序的种类

根据我国的具体情况,在会计实践中,会计账务处理程序一般有以下几种：

（1）记账凭证账务处理程序；

（2）汇总记账凭证账务处理程序；

（3）科目汇总表账务处理程序；

（4）日记总账账务处理程序；

（5）多栏式日记账账务处理程序。

应当指出,账务处理程序有多种多样,目前还在不断发展,这里只介绍几种常见的核算形式。

注意：

上述各种会计账务处理程序的主要区别在于登记总分类账的依据和方法不同。但是,填制记账凭证、登记明细账、编制会计报表的直接依据是一致的,出纳业务处理的步骤也基本上一致。

真题解析

【例8-4】（多选题）在常见的账务处理程序中,共同的账务处理工作有（　　）。

A. 均应填制和取得原始凭证　　B. 均应编制记账凭证

C. 均应填制汇总记账凭证　　D. 均应设置和登记总账

【答案】 ABD

【解析】 汇总记账凭证账务处理程序应该填制汇总记账凭证,其他两种账务处理程序不需要填制汇总记账凭证。

任务二　选择和应用记账凭证账务处理程序

一、记账凭证账务处理程序概念和特点

记账凭证账务处理程序是指对发生的经济业务,先根据原始凭证或汇总原始凭证填制记账凭证,再直接根据记账凭证登记总分类账的一种账务处理程序。

其特点是,直接根据记账凭证逐笔登记总分类账,它是其他各种账务处理程序的基础。

二、记账凭证账务处理程序下会计凭证和账簿的设置

记账凭证可以采用通用格式,也可以采用收款凭证、付款凭证和转账凭证三种格式。

会计账簿要设置现金日记账、银行存款日记账、总分类账和明细分类账。其中:日记账、总分类账均采用三栏式,明细账要根据情况采用三栏式、数量金额式或多栏式。

三、记账凭证账务处理程序的基本步骤

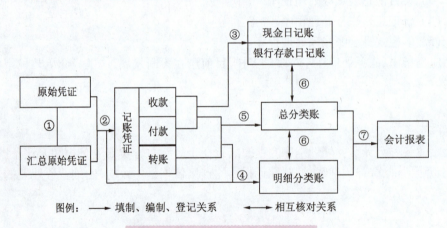

图8-1　记账凭证账务处理程序图

① 根据有关原始凭证编制汇总原始凭证。

② 根据审核无误的原始凭证或汇总原始凭证,编制收款凭证、付款凭证和转账凭证,也可以编制通用的记账凭证。

③ 根据审核无误的收款凭证和付款凭证,逐笔登记现金日记账和银行存款日记账。

④ 根据审核无误的原始凭证、汇总原始凭证和记账凭证,登记各种明细分类账。

⑤ 根据审核无误的记账凭证逐笔登记总分类账。

⑥ 期末,按照对账的要求将现金日记账、银行存款日记账的余额,以及各种明细分类账余额合计数,分别与总分类账中有关科目的余额核对相符。

⑦ 期末,根据审核无误的总分类账和明细分类账的记录编制会计报表。

四、记账凭证账务处理的优缺点和适用范围

优点：简单明了、手续简单、方便易学，总分类账能详细记录和反映经济业务状况，对于经济业务发生较少的科目，总账可以代替明细账。

缺点：总分类账要根据记账凭证逐笔进行登记，不便于会计分工，工作量较大。

适用范围：一般适应于规模小，且经济业务量较少的一些经济单位。

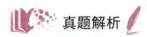

真题解析

【例8-5】 苏州大地有限责任公司2016年1月1日总分类账户和有关明细分类账户余额如表8-1所示。

表8-1　　　　　　　　总分类账户和明细分类账户余额

会计科目	总分类账户	
	借方余额	贷方余额
库存现金	1 000	
银行存款	200 000	
应收账款		
——德昌公司	13 000	
——友利公司	2 000	
原材料		
——甲材料	30 000	
——乙材料	40 000	
生产成本		
——A产品	6 000	
——B产品	4 000	
预付账款	1 000	
库存商品		
—A产品	13 000	
—B产品	7 000	
固定资产	200 000	
累计折旧		40 000
应交税费		20 000
实收资本		417 000
盈余公积		40 000
合　计	517 000	517 000

(一) 2016年1月份发生的经济业务如下：

1. 3日，从德昌公司购入甲材料30 000公斤，每公斤价格为1.00元，价款30 000元，增值税5 100元，货税款以银行存款支付，材料已验收入库（银付1号）。

2. 5日，从友利公司购入乙材料17 500公斤，每公斤价格为4.00元，价款70 000元，增值税11 900元，货款及增值税款项，由银行存款支付，材料已验收入库（银付2号）。

3. 9日，车间及行政管理部门领用材料，根据发料单编制发出材料汇总表，见表8-2（转1号）。

表8-2　　　　　　　　　　发出材料汇总表

应借账户		应贷账户：原材料				金额合计（元）
		甲材料		乙材料		
		重量（公斤）	金额（元）	重量（公斤）	金额（元）	
生产成本	A产品	9 000	9 000	8 000	32 000	41 000
	B产品	15 000	15 000	10 000	40 000	55 000
	小计	24 000	24 000	18 000	72 000	96 000
制造费用		5 000	5 000	3 500	14 000	19 000
管理费用		1 000	1 000	1 000	4 000	5 000
合　计		30 000	30 000	22 500	90 000	120 000

4. 11日，销售A产品400件，单价150元，销售B产品200件，单价100元，货款合计80 000元，增值税销项税额为13 600元。价税款93 600元已存入银行（银收1号）。

5. 15日，计算出本月应付职工薪酬见表8-3（转2、转3）。

表8-3　　　　　　　　　　工资及应福利费计算表

应借账户		工资	福利费
生产成本	A产品	25 000	3 500
	B产品	30 000	4 200
	小计	55 000	7 700
制造费用		5 000	700
管理费用		15 000	2 100
合　计		75 000	10 500

6. 20日，从银行提取现金75 000元，备发工资（银付3号）。

7. 20日，以现金75 000元支付本月工资（现付1号）。

8. 21日，销售友利公司A产品800件，单价150元，销售B产品500件，单价100元，货款合计170 000元，增值税税额为28 900元，货税款尚未收回（转4号）。

9. 23日，以银行存款支付本月水电费5 100元，其中A产品生产耗用1 500元，B产品生产耗用1 800元，生车车间照明耗用800元，行政管理部门耗用1 000元（银付4号）。

10. 25 日,以银行存款支付行政管理部门办公用品款 500 元(银付 5 号)。

11. 25 日,以银行存款支付广告费 2 000 元(银付 6 号)。

12. 28 日,收到友利公司通过银行转来的前欠货款 200 900 元(银收 2 号)。

13. 31 日,计提本月固定资产折旧费 7 000 元,其中,生产车间固定资产计提折旧 4 500 元。行政管理部门计提折旧 2 500 元(转 5 号)。

14. 31 日,分配制造费用 30 000 元,其中 A 产品应负担 10 000 元,B 产品应负担 20 000 元(转 6 号)。

15. 31 日,A 产品完工 2 000 件,已验收入库,其单位成本为 40 元,总成本为 80 000 元;B 产品完工 1 000 件,已验收入库,其单位成本为 100 元,总成本为 100 000 元(转 7 号)。

16. 31 日,本月销售 A 产品 1 000 件,单位成本为 80 元,结转 A 产品销售成本 80 000 元;本月销售 B 产品 50 件,单位成本 500 元,结转销售成本 25 000 元(转 8 号)。

17. 31 日,计算出本月应交城市维护建设税 2 000 元,应交教育费附加 1 000 元(转 9 号)。

18. 31 日,计算出本月主营业务收入 250 000 元,转入本年利润账户的贷方(转 10 号)。

19. 31 日,将本月主营业务成本 105 000 元、营业税金及附加 3 000 元、销售费用 2 000 元和管理费用 261 000 元转入本年利润账户的借方(转 11 号)。

20. 31 日,计算本月应交所得税 40 000 元(转 12 号)。

21. 31 日,将本月所得税 40 000 元转入本年利润账户的借方(转 13 号)。

22. 以银行存款支付应交营业税 50 000 元(银付 7 号)。

(二) 要求

(1) 根据以上经济业务的原始凭证,填制收款凭证、付款凭证和转账凭证,格式和内容见表 8-4 至表 8-26。

表 8-4   付款凭证

贷方科目:银行存款   2016 年 1 月 3 日   银付字第 1 号

摘要	借方科目	明细科目	金额
购甲材料	原材料	甲材料	30 000
	应交税费	应交增值税(进项税额)	5 100
附件 2 张		合计	¥35 100

表 8-5   付款凭证

贷方科目:银行存款   2016 年 1 月 5 日   银付字第 2 号

摘要	借方科目	明细科目	金额
购甲材料	原材料	甲材料	70 000
	应交税费	应交增值税(进项税额)	11 900
附件 2 张		合计	¥81 900

表 8-6

转账凭证

2016 年 1 月 9 日　　　　　　　　　　　　　　　　　　　　　转字第 1 号

摘要	总账科目	明细科目	借方金额	贷方金额
领用材料	生产成本	A 产品	41 000	
		B 产品	55 000	
	制造费用		19 000	
	管理费用		5 000	
	原材料	甲材料		30 000
		乙材料		90 000
合计			¥120 000	¥120 000

表 8-7

收款凭证

借方科目：银行存款　　　　2016 年 1 月 11 日　　　　　　　　　银收字第 1 号

摘要	借方科目	明细科目	金额
销售 A 产品、B 产品	主营业务收入		80 000
	应交税费	应交增值税(销项税额)	13 600
附件 2 张		合计	¥93 600

表 8-8

转账凭证

2016 年 1 月 15 日　　　　　　　　　　　　　　　　　　　　　转字第 2 号

摘要	总账科目	明细科目	借方金额	贷方金额
分配本月工资费用	生产成本	A 产品	25 000	
		B 产品	30 000	
	制造费用		15 000	
	管理费用		7 000	
	应付职工薪酬	工资		75 000
合计			¥75 000	¥75 000

表 8-9

转账凭证

2016 年 1 月 15 日　　　　　　　　　　　　　　　　　　　　　转字第 3 号

摘要	总账科目	明细科目	借方金额	贷方金额
分配本月职工福利费	生产成本	A 产品	3 500	
		B 产品	4 200	
	制造费用		700	
	管理费用		2 100	
	应付职工薪酬	职工福利		10 500
合计			¥10 500	¥10 500

表 8-10

付款凭证

2016 年 1 月 20 日   银付字第 3 号

贷方科目：银行存款

摘要	借方科目	明细科目	金额
提取现金,备发工资	库存现金		75 000
附件 1 张		合计	¥75 000

表 8-11

付款凭证

2016 年 1 月 20 日   现付字第 1 号

贷方科目：库存现金

摘要	借方科目	明细科目	金额
支付本月工资	应付职工薪酬	工资	75 000
附件 1 张		合计	¥75 000

表 8-12

转账凭证

2016 年 1 月 21 日   转字第 4 号

摘要	总账科目	明细科目	借方金额	贷方金额
销售产品	应收账款	友利公司	198 900	
	主营业务收入			170 000
	应交税费	应交增值税(销项税额)		28 900
合计			¥198 900	¥198 900

表 8-13

付款凭证

2016 年 1 月 23 日   银付字第 4 号

贷方科目：银行存款

摘要	借方科目	明细科目	金额
支付本月水电费	生产成本	A 产品	1 500
		B 产品	1 800
	制造费用		800
	管理费用		1 000
附件 2 张		合计	¥5 100

表 8-14

付款凭证

2016 年 1 月 25 日   银付字第 5 号

贷方科目：银行存款

摘要	借方科目	明细科目	金额
支付行政部门办公费	管理费用		500
附件 2 张		合计	¥500

表 8-15

付款凭证

贷方科目：银行存款　　　　　　　　　　　2016 年 1 月 25 日　　　　　　　　　　　银付字第 6 号

摘要	借方科目	明细科目	金额
支付广告费	销售费用	广告费	2 000
附件 2 张		合计	￥2 000

表 8-16

收款凭证

借方科目：银行存款　　　　　　　　　　　2016 年 1 月 28 日　　　　　　　　　　　银收字第 2 号

摘要	借方科目	明细科目	金额
友利公司偿还货款	应收账款	友利公司	200 900
附件 2 张		合计	￥200 900

表 8-17

转账凭证

2016 年 1 月 31 日　　　　　　　　　　　转字第 5 号

摘要	总账科目	明细科目	借方金额	贷方金额
计提本月折旧	制造费用		4 500	
	管理费用		2 500	
	累计折旧			7 000
合计			￥7 000	￥7 000

表 8-18

转账凭证

2016 年 1 月 31 日　　　　　　　　　　　转字第 6 号

摘要	总账科目	明细科目	借方金额	贷方金额
分配本月制造费用	生产成本	A 产品	10 000	
		B 产品	20 000	
	制造费用			30 000
合计			￥30 000	￥30 000

表 8-19

转账凭证

2016 年 1 月 31 日   转字第 7 号

摘要	总账科目	明细科目	借方金额	贷方金额
结转本月完工入	库存商品		180 000	
库产品成本	生产成本	A 产品		80 000
		B 产品		100 000
合计			¥180 000	¥180 000

表 8-20

转账凭证

2016 年 1 月 31 日   转字第 8 号

摘要	总账科目	明细科目	借方金额	贷方金额
结转本月产品	主营业务成本		105 000	
销售成本	库存商品	A 产品		80 000
		B 产品		25 000
合计			¥105 000	¥105 000

表 8-21

转账凭证

2016 年 1 月 31 日   转字第 9 号

摘要	总账科目	明细科目	借方金额	贷方金额
计算本月应交	营业税金及附加		3 000	
城市维护建设	应交税费	应交城市维护建设		2 000
税和教育费附加		应交教育费附加		1 000
合计			¥3 000	¥3 000

表 8-22

转账凭证

2016 年 1 月 31 日   转字第 10 号

摘要	总账科目	明细科目	借方金额	贷方金额
结转本月主营	主营业务收入		250 000	
业务收入	本年利润			250 000
合计			¥250 000	¥250 000

表 8-23

转账凭证

2016 年 1 月 31 日　　　　　　　　　　　　　　　　　　转字第 11 号

摘要	总账科目	明细科目	借方金额	贷方金额
结转主营业务	本年利润		136 000	136 100
成本等	主营业务成本			105 000
	营业税金及附加			3 000
	销售费用			2 000
	管理费用			26 100
合计			¥136 100	¥136 100

表 8-24

转账凭证

2016 年 1 月 31 日　　　　　　　　　　　　　　　　　　转字第 12 号

摘要	总账科目	明细科目	借方金额	贷方金额
计算本月应交	所得税费用		40 000	
所得税	应交税费	应交所得税		40 000
合计			¥40 000	¥40 000

表 8-25

转账凭证

2016 年 1 月 31 日　　　　　　　　　　　　　　　　　　转字第 13 号

摘要	总账科目	明细科目	借方金额	贷方金额
结转本月所得税	本年利润		40 000	
	所得税费用			40 000
合计			¥40 000	¥40 000

表 8-26

付款凭证

贷方科目：银行存款　　　　2016 年 1 月 25 日　　　　　银付字第 7 号

摘要	借方科目	明细科目	金额
交纳税金	应交税费	应交营业税	50 000
附件 2 张		合计	¥50 000

（2）根据所编制的银行存款收款凭证和银行存款付款凭证，逐日逐笔登记银行存款日记账；根据所编制的现金收款凭证和现金付款凭证，逐日逐笔登记现金日记账。银行存款日

记账和现金日记账的格式和内容见表8-27和表8-28。

表8-27　　　　　　　　　　　　　　银行存款日记账

第1页

2016年		凭证		摘要	对方科目	借方	贷方	余额
月	日	字	号					
1	1			期初余额				200 000
	3	银付	1	购甲材料	原材料		35 100	164 900
	5	银付	2	购乙材料	原材料		81 900	83 000
	11	银收	1	销售产品	主营业务收入	93 600		176 000
	20	银付	3	提现备发工资	库存现金		75 000	101 600
	23	银付	4	支付水电费	生产成本等		5 100	96 500
	25	银付	5	支付办公费	管理费用		500	96 000
	25	银付	6	支付广告费	销售费用		2 000	94 000
	28	银收	2	友利公司还款	应收账款	20 900		294 900
	31	银付	7	交纳营业税	应交税费		50 000	244 900
1	31			本月合计		294 500	249 600	244 900

表8-28　　　　　　　　　　　　　　库存现金日记账

第1页

2016年		凭证		摘要	对方科目	借方	贷方	余额
月	日	字	号					
1	1			期初余额				1 000
	20	银付	3	提现,备发工资	银行存款	75 000		
	20	现付	1	支付本月工资	应付职工薪酬		75 000	1 000
1	31			本月合计		75 000	75 000	1 000

（3）登记明细分类账。根据原始凭证和记账凭证登记应收账款明细账、原材料、生产成本明细账，见表8-29至表8-34。

表8-29　　　　　　　　　　　　　　应收账款明细账

公司名称：德昌公司　　　　　　　　　　　　　　　　　　　　　　　　　　　第1页

2016年		凭证		摘要	借方	贷方	借或贷	余额
月	日	字	号					
1	1			期初余额			借	13 000
1	31			本月合计				13 000

表 8-30

应收账款明细账

公司名称：友利公司　　　　　　　　　　　　　　　　　　　　　　　　　　　　第 6 页

2016 年		凭证		摘要	借方	贷方	借或贷	余额
月	日	字	号					
1	1			期初余额			借	2 000
	21	转	4	销售产品	198 900			
	28	银收	2	收回货款		200 900		
1	31			本月合计	198 900	200 900	平	0

表 8-31

原材料明细账

材料类别：原料及主要材料　　　　品名：甲材料　　　　计量单位：公斤　　　　第 1 页

2016 年		凭证		摘要	收入			发出			结存		
月	日	字	号		数量	单价	金额	数量	单价	金额	数量	单价	金额
1	1			期初余额							30 000	1	30 000
	3	银付	1	购入	30 000	1	30 000	30 000					
	9	转	1	发出					1	30 000	30 000	1	30 000
1	31			本月合计	30 000	1	30 000	30 000	1	30 000	30 000	1	30 000

表 8-32

原材料明细账

材料类别：原料及主要材料　　　　品名：乙材料　　　　计量单位：公斤　　　　第 15 页

2016 年		凭证		摘要	收入			发出			结存		
月	日	字	号		数量	单价	金额	数量	单价	金额	数量	单价	金额
1	1			期初余额							10 000	4	40 000
	3	银付	2	购入	17 500	4	70 000						
	9	转	1	发出				22 500	4	90 000	5 000	4	20 000
1	31			本月合计	17 500	4	70 000	222 500	4	90 000	5 000	4	20 000

表 8-33

生产成本明细账

产品名称：A 产品　　　　　　　　　　　　　　　　　　　　　　　　　　　　　第 1 页

2016 年		凭证		摘要	直接材料	直接人工费	燃料及动力费	制造费用	合计
月	日	字	号						
1	1			期初在产品成本	3 000	1 800	200	1 000	6 000
	9	转	1	本月耗料	41 000				41 000
	15	转	2	本月工资		25 000			25 000
	15	转	3	本月福利费		3 500			3 500

续表

2016年		凭证		摘要	直接材料	直接人工费	燃料及动力费	制造费用	合计
月	日	字	号						
	23	银付	4	本月水电费			1 500		1 500
	31	转	6	本月制造费用				10 000	10 000
	31			本月生产费用合计	41 000	28 500	1 500	10 000	81 000
1	31			生产费用累计	44 000	30 300	1 700	11 000	87 000
1	31	转	7	转出完工产品成本	40 000	30 000	1 500	8 500	80 000
1	31			期末在产品成本	4 000	300	2 000	2 500	7 000

表8-34　　　　　　　　　　　　生产成本明细账

产品名称：B产品　　　　　　　　　　　　　　　　　　　　　　　　　　　　第20页

2016年		凭证		摘要	直接材料	直接人工费	燃料及动力费	制造费用	合计
月	日	字	号						
1	1			期初在产品成本	2 000	1 200	150	650	4 000
	9	转	1	本月耗料	50 000				50 000
	15	转		本月工资		5 000			5 000
	15	转	2	本月福利费	5 000	30 000			30 000
	23	银付	3	本月水电费			4 200		4 200
	31	转	4	本月制造费用		4 200	1 800	20 000	3 800
	31		6	本月生产费用合计	55 000	34 200	1 800	20 000	111 000
1	31			生产费用累计	57 000	35 400	1 950	20 650	115 000
1	31	转	7	转出完工产品成本	54 000	34 200	1 800	10 000	100 000
1	31			期末在产品成本	3 000	1 200	150	10 650	15 000

（4）根据记账凭证登记总分类账。各总分类账的格式和内容见表8-35至表8-55。

表8-35　　　　　　　　　　　　　　总分类账

会计科目：银行存款　　　　　　　　　　　　　　　　　　　　　　　　　　第1页

2016年		凭证号	摘要	借方	贷方	借或贷	余额
月	日						
1	1		期初余额			借	200 000
	3	银付1	购甲材料		35 100	借	164 900
	5	银付2	购乙材料		81 900	借	83 000
	11	银收1	产品销售	93 600		借	176 600

续表

2016年		凭证号	摘要	借方	贷方	借或贷	余额
月	日						
		银付3	提现金,备发工资		75 000	借	101 600
	20	银付4	支付水电费		5 100	借	96 500
		银付5	支付办公费		500	借	96 000
	23	银付6	支付广告费		2 000	借	94 000
		银收2	收回货款	200 900		借	294 900
	25	银付7	交纳营业税		50 000	借	244 900
1	31		本月合计	294 500	249 600	借	244 900

表 8-36 总分类账

会计科目:库存现金　　　　　　　　　　　　　　　　　　　　　　　　第 10 页

2016年		凭证号	摘要	借方	贷方	借或贷	余额
月	日						
1	1		期初余额			借	1 000
	20	银付3	提现金,备发工资	75 000		借	76 000
	20	现付1	发工资		75 000	借	1 000
1	31		本月合计	75 000	75 000	借	1 000

表 8-37 总分类账

会计科目:应收账款　　　　　　　　　　　　　　　　　　　　　　　　第 16 页

2016年		凭证号	摘要	借方	贷方	借或贷	余额
月	日						
1	1		期初余额			借	15 000
	21	转4	销售产品款	198 900		借	213 900
	28	银付2	收回货款		200 900	借	13 000
1	31		本月合计	198 900	200 900	借	13 000

表 8-38 总分类账

会计科目:原材料　　　　　　　　　　　　　　　　　　　　　　　　　第 21 页

2016年		凭证号	摘要	借方	贷方	借或贷	余额
月	日						
1	1		期初余额			借	70 000
	3	银付1	购入材料	30 000		借	100 000
	5	银付2	购入材料	70 000		借	170 000

2016年		凭证号	摘要	借方	贷方	借或贷	余额
月	日						
	9	转1	发出材料		120 000	借	50 000
1	31		本月合计	100 000	120 000	借	50 000

表8-39　　　　　　　　　　　　　　　总分类账

会计科目：生产成本　　　　　　　　　　　　　　　　　　　　　　　　　　　第26页

2016年		凭证号	摘要	借方	贷方	借或贷	余额
月	日						
1	1		期初余额			借	10 000
	9	转1	本月耗料	96 000		借	106 000
	15	转2	工资费用	55 000		借	161 000
	15	转3	福利费	7 700		借	168 700
	23	转4	动力费	3 300		借	172 000
	31	转6	分配制造费	30 000		借	202 000
	31	转7	结转完工产品成本		180 000	借	22 000
1	31		本月合计	192 000	180 000	借	22 000

表8-40　　　　　　　　　　　　　　　总分类账

会计科目：制造费用　　　　　　　　　　　　　　　　　　　　　　　　　　　第30页

2016年		凭证号	摘要	借方	贷方	借或贷	余额
月	日						
1	9	转1	耗用材料	19 000		借	19 000
	15	转2	工资费用	5 000		借	24 000
	15	转3	福利费	700		借	24 700
	23	转4	水电费	800		借	25 500
	31	转5	折旧费	4 500		借	30 000
	31	转6	分配制造费用		30 000	平	0
1	31		本月合计	30 000	30 000	平	0

表 8-41

总分类账

会计科目：预付账款　　　　　　　　　　　　　　　　　　　　　　　　　　　　第 36 页

2016 年		凭证号	摘要	借方	贷方	借或贷	余额
月	日						
1	1		期初余额			借	1 000
1	31		本月合计			借	1 000

表 8-42

总分类账

会计科目：库存商品　　　　　　　　　　　　　　　　　　　　　　　　　　　　第 38 页

2016 年		凭证号	摘要	借方	贷方	借或贷	余额
月	日						
1	1		期初余额			借	20 000
	31	转 7	完工产品入库	180 000		借	200 000
	31	转 8	结转产品销售成本		105 000	借	95 000
1	31		本月合计	180 000	105 000	借	95 000

表 8-43

总分类账

会计科目：固定资产　　　　　　　　　　　　　　　　　　　　　　　　　　　　第 40 页

2016 年		凭证号	摘要	借方	贷方	借或贷	余额
月	日						
1	1		期初余额			借	200 000
1	31		本月合计			借	200 000

表 8-44

总分类账

会计科目：累计折旧　　　　　　　　　　　　　　　　　　　　　　　　　　　　第 41 页

2016 年		凭证号	摘要	借方	贷方	借或贷	余额
月	日						
1	1		期初余额			贷	40 000
	31	转 5	计提本月折旧		7 000	贷	47 000
1	31		本月合计		7 000	贷	47 000

表 8-45　　　　　　　　　　　　　　　　总分类账

会计科目：应付职工薪酬　　　　　　　　　　　　　　　　　　　　　　　　第 44 页

2016 年		凭证号	摘要	借方	贷方	借或贷	余额
月	日						
1	15	转 2	计算本月应付工资计		75 000	贷	75 000
	15	转 3	提职工福利费		10 500	贷	85 500
	20	现付 1	支付本月工资	75 000		贷	10 500
1	31		本月合计	75 000	85 500	贷	10 500

表 8-46　　　　　　　　　　　　　　　　总分类账

会计科目：应交税费　　　　　　　　　　　　　　　　　　　　　　　　　第 48 页

2016 年		凭证号	摘要	借方	贷方	借或贷	余额
月	日						
1	1		期初余额			贷	20 000
	3	银付 1	增值税进项税额	5 100		贷	14 900
	5	银付 2	增值税进项税额	11 900		贷	3 000
	11	银收 1	增值税销项税额		13 600	贷	16 600
	21	转 4	增值税销项税额		28 900	贷	45 500
	31	转 9	应交城建税、教育费附加		3 000	贷	48 500
	31	转 12	计算所得税		40 000	贷	88 500
	31	银付 7	交纳营业税	50 000		贷	38 500
1	31		本月合计	67 000	85 500	贷	38 500

表 8-47　　　　　　　　　　　　　　　　总分类账

会计科目：实收资本　　　　　　　　　　　　　　　　　　　　　　　　　第 57 页

2016 年		凭证号	摘要	借方	贷方	借或贷	余额
月	日						
1	1		期初余额			贷	417 000
1	31		本月合计			贷	417 000

表 8-48　　　　　　　　　　　　　　　　总分类账

会计科目：盈余公积　　　　　　　　　　　　　　　　　　　　　　　　　第 59 页

2016 年		凭证号	摘要	借方	贷方	借或贷	余额
月	日						
1	1		期初余额			贷	30 000
1	31		本月合计			贷	30 000

表 8-49 总分类账

会计科目：主营业务成本　　　　　　　　　　　　　　　　　　　　　　　　　　61 页

2016 年		凭证号	摘要	借方	贷方	借或贷	余额
月	日						
1	31	转 8	产品销售成本	105 000		借	105 000
	31	转 11	转入本年利润账户		105 000	平	0
1	31		本月合计	105 000	105 000	平	0

表 8-50 总分类账

会计科目：主营业务收入　　　　　　　　　　　　　　　　　　　　　　　　　第 63 页

2016 年		凭证号	摘要	借方	贷方	借或贷	余额
月	日						
1	11	银收 1	产品销售款已收		80 000	贷	80 000
	21	转 4	产品销售款未收		170 000	贷	250 000
	31	转 13	转入本年利润账户	250 000		平	0
1	31		本月合计	250 000	250 000	平	0

表 8-51 总分类账

会计科目：营业税金及附加　　　　　　　　　　　　　　　　　　　　　　　　第 70 页

2016 年		凭证号	摘要	借方	贷方	借或贷	余额
月	日						
1	31	转 9	应交城建税和教育费附加	3 000		借	3 000
	31	转 11	转入本年利润账户		3 000	平	0
1	31		本月合计	3 000	3 000	平	0

表 8-52 总分类账

会计科目：销售费用　　　　　　　　　　　　　　　　　　　　　　　　　　　第 74 页

2016 年		凭证号	摘要	借方	贷方	借或贷	余额
月	日						
1	25	转 6	支付广告费	2 000		借	2 000
	31	转 11	转入本年利润账户		2 000	平	0
1	31		本月合计	2 000	2 000	平	0

表8-53

总分类账

会计科目：所得税费用　　　　　　　　　　　　　　　　　　　　　　　　　　第76页

2016年		凭证号	摘要	借方	贷方	借或贷	余额
月	日						
1	31	转12	本月所得税	40 000		借	40 000
	31	转13	转入本年利润账户		40 000	平	0
1	31		本月合计	40 000	40 000	平	0

表8-54

总分类账

会计科目：管理费用　　　　　　　　　　　　　　　　　　　　　　　　　　　第79页

2016年		凭证号	摘要	借方	贷方	借或贷	余额
月	日						
1	9	转1	耗用材料	5 000		借	5 000
	15	转2	工资费用	15 000		借	20 000
	15	转3	福利费	2 100		借	22 100
	23	转4	水电费	1 000		借	23 100
	25	银付5	办公费	500		借	23 600
	31	转5	折旧费	2 500		借	26 100
	31	转11	转入本年利润账户		26 100	平	0
1	31		本月合计	26 100	26 100	平	0

表8-55

总分类账

会计科目：本年利润　　　　　　　　　　　　　　　　　　　　　　　　　　　第91页

2016年		凭证号	摘要	借方	贷方	借或贷	余额
月	日						
1	31	转10	本月主营业务收入		250 000	贷	250 000
	31	转11	本月主营业务成本等	136 100		贷	113 900
	31	转13	本月所得税	40 000		贷	73 900
1	31		本月合计	176 100	250 000	贷	73 900

（5）根据总账及有关明细分类账，编制总分类账及有关明细分类账发生额及余额试算表，见表8-56。

表 8-56　　　　总分类账及有关明细分类账本期发生额及余额试算平衡表

2016 年 1 月　　　　　　　　　　　　　　　　　　　　　　　单位：元

会计科目	期初余额 借方	期初余额 贷方	本期发生额 借方	本期发生额 贷方	期末余额 借方	期末余额 贷方
库存现金	1000		75 000	75 000	1 000	
银行存款	200 000		294 500	249 600	244 900	
应收账款	15 000		198 900	200 900	13 000	
原材料	70 000		1 000 000	120 000	50 000	
生产成本	10 000		192 000	180 000	22 000	
制造费用			30000	30 000		
预付账款	1 000				1 000	
库存商品	20 000		180 000	105 000	95 000	
固定资产	200 000				200 000	
累计折旧		40 000		7 000		47 000
应付职工薪酬			75 000	85500		10 500
应交税费		20 000	67 000	85 500		38 500
实收资本		417 000				417 000
盈余公积		40 000				40 000
本年利润			176 100	250 000		73 900
主营业务收入			250 000	250 000		
主营业务成本			150 000	150 000		
营业税金及附加			3 000	3 000		
销售费用			2 000	2 000		
管理费用			261 000	261 000		
所得税费用			40 000	40 000		
合计	517 000	517 000	2 094 500	2 094 500	626 900	626 900

（6）编制资产负债表及利润表，见表 8-57 和表 8-58。

表 8-57　　　　　　　　　　　资产负债表（简表）

制表单位：苏州大地公司　　　　2016 年 1 月　　　　　　　　　　单位：元

资产	期初数	期末数	负债所有者权益	期初数	期末数
流动资产：	（略）		流动负债：	（略）	
货币资金		245 900	应付账款		
应收账款		13 000	应付职工薪酬		10 500
			应交税费		38 500

续表

资产	期初数	期末数	负债所有者权益	期初数	期末数
			一年内到期的非流动负债		
预付账款		1 000	流动负债合计		49 000
存货		167 000	非流动负债：		
一年内到期的非流动资产			长期借款		
流动资产合计		426 900	非流动负债合计		
非流动资产：			负债合计		49 000
固定资产		153 000	所有者权益		
固定资产清理			实收资本		417 000
长期待摊费用			盈余公积		40 000
非流动资产合计		153 000	未分配利润		73 900
			所有者权益合计		530 900
资产合计		579 900	负债及所有者权益总计		579 900

表 8-58　　　　　　　　　　　　　　　利润表

编制单位：苏州大地公司　　　　2016 年 1 月　　　　　　　　　　　　单位：元

项　目	行次	本期金额	上期金额
一、营业收入		250 000	略
减：营业成本		150 000	
营业税金及附加		3 000	
销售费用		2 000	
管理费用		26 100	
财务费用			
资产减值损失			
加：公允价值变动收益（损失以"－"）			
投资收益（亏损以"－"号填列）			
其中：对联营企业和合营企业的投资收益			
二、营业利润（亏损以"－"号填列）		68 900	
加：营业外收入			
减：营业外支出			
其中：非流动资产处置损失			
三、利润总额（亏损总额以"－"号填列）		68 900	
减：所得税费用		40 000	
四、净利润（净亏损以"－"号填列）		28 900	

任务三 选择和应用科目汇总表账务处理程序

一、科目汇总表账务处理程序的概念和特点

科目汇总表账务处理程序又称记账凭证汇总表账务处理程序,是指对发生的经济业务,根据原始凭证或原始凭证汇总表编制记账凭证,根据记账凭证定期编制科目汇总表,并据以登记总分类账的一种账务处理程序。

其特点是根据记账凭证定期编制科目汇总表,然后再根据科目汇总表登记总分类账。

二、科目汇总表账务处理程序下会计凭证和账簿的设置,科目汇总表的编制方法

记账凭证可以采用通用格式,也可以采用收款凭证、付款凭证和转账凭证三种格式。

会计账簿要设置现金日记账、银行存款日记账、总分类账和明细分类账。其中:日记账、总账均采用三栏式,明细账要根据情况采用三栏式、数量金额式或多栏式。

科目汇总表的编制方法是:根据一定时期内的全部记账凭证,按照会计科目进行归类,定期汇总出每一个账户的借方本期发生额和贷方本期发生额,填写在科目汇总表的相关栏内。科目汇总表可每月编制一张,按旬汇总,也可每旬汇总一次编制一张。任何格式的科目汇总表,都只反映各个账户的借方本期发生额和贷方本期发生额,不反映各个账户之间的对应关系。

科目汇总表的一般格式见表 8-59。

表 8-59

科目汇总表

年 月 日— 日 科汇字 号

会计科目	总账账页	本期发生额		记账凭证起止号数
		借方发生额	贷方发生额	
				略
合计				

会计主管:　　　　　记账:　　　　　复核:　　　　　制表:

三、科目汇总表账务处理程序的基本步骤

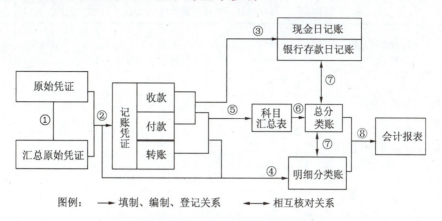

图例：——→ 填制、编制、登记关系　←——→ 相互核对关系

图 8-2　科目汇总表账务处理程序图

① 根据有关原始凭证编制汇总原始凭证。

② 根据审核无误的原始凭证或汇总原始凭证，编制收款凭证、付款凭证和转账凭证，也可以编制通用的记账凭证。

③ 根据审核无误的收款凭证和付款凭证，逐笔登记现金日记账和银行存款日记账。

④ 根据审核无误的原始凭证、汇总原始凭证和记账凭证，登记各种明细分类账。

⑤ 根据审核无误的记账凭证编制科目汇总表。

⑥ 根据审核无误的科目汇总表登记总分类账。

⑦ 期末，按照对账的要求，将现金日记账、银行存款日记账的余额，以及各种明细分类账余额合计数，分别与总分类账中有关科目的余额核对相符。

⑧ 期末，根据审核无误的总分类账和明细分类账编制会计报表。

真题解析

【例8-6】（单选题）科目汇总表定期汇总的是（　　）。

　　A. 每一账户的本期借方发生额　　　B. 每一账户的本期贷方发生额

　　C. 每一账户的本期借、贷方发生额　D. 每一账户的本期借、贷方余额

【答案】　C

【解析】　科目汇总表汇总的是所有账户的借、贷方发生额，故 A、B、D 都不对。

【例8-7】（单选题）为便于科目汇总表的编制，平时填制记账凭证时，应尽可能使账户之间的对应关系保持（　　）。

　　A. 一借一贷　　　B. 一借多贷　　　C. 一贷多借　　　D. 多借多贷

【答案】　A

【解析】　科目汇总表编制方法：为了便于编制科目汇总表，平时填制转账凭证时，应尽可能使账户对应关系保持"一借一贷"，避免"一借多贷"、"多借一贷"和"多借多贷"。

【例8-8】　根据【例8-5】编制的记账凭证编制科目汇总表如表8-60。

表 8-60

科目汇总表

2016 年 01 月 01 日—31 日　科汇字　20150101 号

会计科目	总账账页	本期发生额		记账凭证起止号数
		借方发生额	贷方发生额	
库存现金	1	75 000	75 000	
银行存款	8	294 500	249 600	
应收账款	略	198 900	200 900	
原材料		1 000 000	120 000	
生产成本		192 000	180 000	
制造费用		30 000	30 000	
库存商品		180 000	105 000	现付字第 1 号；
累计折旧			7 000	银收字第 1 号至第 2 号止；
应付职工薪酬		75 000	85 500	银付字第 1 号至第 7 号止；
应交税费		67 000	85 500	转字第 1 号至第 13 号止。
本年利润		176 100	250 000	
主营业务收入		250 000	250 000	
主营业务成本		150 000	150 000	
营业税金及附加		3 000	3 000	
销售费用		2 000	2 000	
管理费用		261 000	261 000	
所得税费用		40 000	40 000	
合计		2 094 500	2 094 500	

会计主管：　　　　　　记账：　　　　　　复核：　　　　　　制表：

因科目汇总表账务处理程序与记账凭证账务处理程序的根本区别在于登记总账的依据不同，所以下面以"银行存款"总分类账登记为例，如表 8-61。

表 8-61

总分类账

会计科目：银行存款　　　　　　　　　　　　　　　　　　　　　　　　　　第 8 页

2016 年		凭证号	摘要	借方	贷方	借或贷	余额
月	日						
1	1		期初余额			借	200 000
	31	科汇 20160101	1-30 日汇总	2 945 00	249 600	借	244 900
1	31		本月合计	294 500	249 600	借	244 900

四、科目汇总表账务处理程序的优缺点及适用范围

优点：可以减轻登记分类账的工作量，手续简便，同时科目汇总表又起到试算平衡的作用，能够使会计人员及时发现填制凭证和汇总过程中的错误，从而保证记账工作的质量。

缺点：科目汇总表不能反映账户的对应关系，不利于进行经济活动的分析和检查。

适用范围：适用于业务量较大、记账凭证较多的经济单位。

任务四　选择和应用汇总记账凭证账务处理程序

一、汇总记账凭证账务处理程序的概念和特点

汇总记账凭证账务处理程序是指对所有发生的经济业务，都要根据原始凭证或原始凭证汇总编制记账凭证，再根据记账凭证编制汇总记账凭证，然后根据汇总记账凭证登记总分类账的一种账务处理程序。

其特点是定期将记账凭证编制成汇总记账凭证，据以登记总分类账。

二、汇总记账凭证账务处理程序下会计凭证和账簿的设置

记账凭证除应设置收款凭证、付款凭证和转账凭证外，还应设置汇总收款凭证、汇总付款凭证、汇总转账凭证。

会计账簿的设置中总分类账的内容与汇总记账凭证一致，主要采用除借、贷两栏外增设对方科目专栏的格式，以便于清晰地反映科目之间的对应关系。其记账程序、明细账的格式与记账凭证的账务处理程序基本相同。

三、汇总记账凭证的编制方法

1. 汇总收款凭证的编制方法

汇总收款凭证是指按"库存现金"和"银行存款"账户的借方分别设置的一种汇总记账凭证。

汇总收款凭证的编制方法：将需要进行汇总的其对应的贷方科目进行归类，计算出每一个贷方科目发生额总计，填入汇总收款凭证中。一般按5天或10天汇总一次，月终根据各汇总收款凭证的合计数进行登记，分别记入"库存现金"、"银行存款"总分类账户的借方，计算出每个贷方科目发生额合计，据以登记有关总分类账户的贷方。

汇总收款凭证的一般格式见表8-62。

表 8-62　　　　　　　　　　　　汇总收款凭证

金额单位：元

借方科目：　　　　　　　　　　　年　月　　　　　　　　　　汇收字第　号

贷方科目	金额			合计	总账页数	
	1—10日凭证号至　号	11—20日凭证号至　号	21—31日凭证号至　号		借方	贷方
合计						

会计主管：　　　　　记账：　　　　　复核：　　　　　制表：

2. 汇总付款凭证的编制方法

汇总付款凭证是指按"库存现金"和"银行存款"账户的贷方分别设置的一种汇总记账凭证。

汇总付款记账凭证的编制方法：将需要进行汇总的其对应的借方科目进行归类，计算出每一个贷方科目发生额总计，填入汇总付款凭证中。一般按 5 天或 10 天汇总一次，月终根据各汇总付款凭证的合计数进行登记，分别记入"库存现金"、"银行存款"总分类账户的贷方，并将汇总付款凭证上各账户借方的合计数分别记入有关总分类账户的借方。

汇总付款凭证的一般格式见表 8-63。

表 8-63　　　　　　　　　　　　汇总付款凭证

金额单位：元

贷方科目：　　　　　　　　　　　年　月　　　　　　　　　　汇付字第　号

借方科目	金额			合计	总账页数	
	1—10日凭证号至　号	11—20日凭证号至　号	21—31日凭证号至　号		借方	贷方
合计						

会计主管：　　　　　记账：　　　　　复核：　　　　　制表：

真题解析

【例 8-9】（多选题）以下关于汇总收款凭证和汇总付款凭证的编制表述正确的有（　　）。

A. 汇总收款凭证，是指按"库存现金"和"银行存款"科目的借方分别设置的一种

汇总记账凭证

  B. 汇总收款凭证一般可 5 天或 10 天汇总一次,月终计算出合计数,据以登记总分类账

  C. 汇总付款凭证,是指按"库存现金"和"银行存款"科目的贷方分别设置的一种汇总记账凭证

  D. 汇总付款凭证将一定时期内全部现金和银行存款付款凭证,分别按其对应贷方科目进行归类,计算出每一借方科目发生额合计数,填入汇总付款凭证中

【答案】 ABC

【解析】 对于选项 D,汇总付款凭证将一定时期内全部现金和银行存款付款凭证,分别按其对应借方科目进行归类。

3. 汇总转账凭证的编制方法

汇总转账凭证是指按转账凭证的每一贷方科目分别设置的一种汇总记账凭证。

汇总转账凭证是在对所设置账户相对应的借方账户分类之后,进行汇总编制,一般按 5 天或 10 天汇总一次,月终计算出合计数,据以登记总账。总分类账根据各汇总转账凭证的合计数进行登记,分别记入对应账户的总分类账户的贷方,并将汇总转账凭证上各账户借方的合计数分别记入有关总分类账户的借方。

值得注意的是,在编制记账凭证的过程中贷方账户必须唯一,借方账户可一个或多个,即转账凭证必须一借一贷或多借一贷。

如果在一个月内某一贷方账户的转账凭证不多,可不编制汇总转账凭证,直接根据单个的转账凭证登记总分类账。

汇总转账凭证的一般格式见表 8-64。

表 8-64 汇总转账凭证

金额单位:元

贷方科目:　　　　　　　　　年　　月　　　　　　　汇付字第　号

借方科目	金额				总账页数	
	1—10 日凭证号至　号	11—20 日凭证号至　号	21—31 日凭证号至　号	合计	借方	贷方
合计						

会计主管:　　　　　　记账:　　　　　　复核:　　　　　　制表:

四、汇总记账凭证账务处理程序的基本步骤

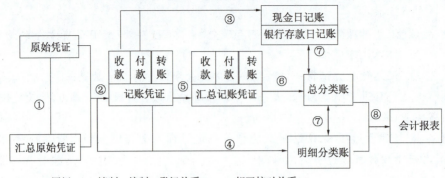

图例：→ 填制、编制、登记关系　　←→ 相互核对关系

图8-3　汇总记账凭证账务处理程序图

① 根据有关原始凭证编制汇总原始凭证。
② 根据审核无误的原始凭证或汇总原始凭证，编制收款凭证、付款凭证和转账凭证，也可以编制通用的记账凭证。
③ 根据审核无误的收款凭证和付款凭证，逐笔登记现金日记账和银行存款日记账。
④ 根据审核无误的原始凭证、汇总原始凭证和记账凭证，登记各种明细分类账。
⑤ 根据审核无误的记账凭证编制汇总记账凭证。
⑥ 根据审核无误的汇总记账凭证登记总分类账。
⑦ 期末，按照对账的要求将现金日记账、银行存款日记账的余额，以及各种明细分类账余额合计数，分别与总分类账中有关科目的余额核对相符。
⑧ 期末，根据审核无误的总分类账和明细分类账的记录编制会计报表。

五、汇总记账凭证账务处理程序的优缺点及适用范围

优点：可以减轻登记总分类账的工作量，能够明确地反映账户之间的对应关系，便于分析检查经济活动的发生情况。

缺点：由于记账凭证的汇总是按有关账户的借方或贷方而不是按经济业务性质归类汇总，不利于会计核算工作的分工，并且当转账凭证较多时，编制汇总转账凭证的工作量较大，编制汇总转账凭证的工作量较大。

适用范围：适用于规模较大、业务量较多的企业。

真题解析

【例8-10】　（判断题）采用汇总记账凭证账务处理程序增加了填制汇总记账凭证的工作程序，增加了总账的登记工作量。（　　）

【答案】　×

【解析】　采用汇总记账凭证账务处理程序增加了填制汇总记账凭证的工作程序，但是减少了总账的登记工作量。

项目小结

账务处理程序是指会计凭证账簿组织、记账程序和记账方法有机结合的方式。账簿组织是指所应用账簿的种类、格式和各种账簿之间的关系。记账程序和记账方法是指依据借贷记账法填制和传递会计凭证,登记账簿和编制财务报表的步骤和方法。

由于各单位实际情况不同,会计凭证、账簿组织和记账程序等方面也就有所不同,从而形成了不同的账务处理程序。目前在会计实践中,采用的基本账务处理程序主要有:记账凭证账务处理程序、科目汇总表账务处理程序、汇总记账凭证账务处理程序、多栏式日记账账务处理程序和日记总账账务处理程序。其中,前三种程序应用较为普遍。各种账务处理程序既有共同点,又都有各自的特点。其各自特点,主要体现在登记总账的依据和程序不同。

实践演练

一、单项选择题

1. 区分不同账务处理程序的根本标志是(　　)。
   A. 编制汇总原始凭证的依据不同　　B. 编制记账凭证的依据不同
   C. 登记总分类账的依据不同　　D. 编制会计报表的依据不同
2. 汇总记账凭证账务处理程序与科目汇总表账务处理程序的相同点是(　　)。
   A. 登记总账的依据相同　　B. 记账凭证的汇总方法相同
   C. 保持了账户间的对应关系　　D. 简化了登记总分类账的工作量
3. 在各种不同账务处理程序中,不能作为登记总账依据的是(　　)。
   A. 记账凭证　　B. 汇总记账凭证　　C. 汇总原始凭证　　D. 科目汇总表
4. 为便于科目汇总表的编制,平时填制记账凭证时,应尽可能使账户之间的对应关系保持(　　)。
   A. 一借一贷　　B. 一借多贷　　C. 多借一贷　　D. 多借多贷
5. 下列属于科目汇总表账务处理程序优点的是(　　)。
   A. 便于反映各账户的对应关系　　B. 便于检查核对账目
   C. 便于进行试算平衡　　D. 便于进行分工核算
6. 下列属于汇总记账凭证账务处理程序优点的是(　　)。
   A. 便于进行分工核算　　B. 总分类账户反映较详细
   C. 简化了编制凭证的工作量　　D. 便于了解账户间的对应关系
7. 记账凭证账务处理程序和汇总记账凭证账务处理程序的主要区别是(　　)。
   A. 凭证及账簿组织不同　　B. 记账方法不同
   C. 记账程序不同　　D. 登记总账的依据和方法不同
8. 适用于规模较小、业务量不多的单位的账务处理程序是(　　)。
   A. 记账凭证账务处理程序　　B. 科目汇总表账务处理程序
   C. 汇总记账凭证账务处理程序　　D. 多栏式日记账账务处理程序

9. 账务处理程序的核心是（　　）。
   A. 凭证组织　　　B. 账簿组织　　　C. 记账程序　　　D. 报表组织
10. 记账凭证账务处理程序的特点是根据记账凭证逐笔登记（　　）。
    A. 日记账　　　　　　　　　　B. 明细分类账
    C. 总分类账　　　　　　　　　D. 总分类账和明细分类账
11. 下列凭证中，不能作为登记总分类账依据的是（　　）。
    A. 记账凭证　　B. 科目汇总表　　C. 汇总记账凭证　　D. 原始凭证
12. 汇总转账凭证是按（　　）科目设置。
    A. 借方　　　　B. 贷方　　　　C. 借方或贷方　　　D. 借方和贷方
13. 根据科目汇总表登记总账，在简化登记总账工作的同时也起到了（　　）作用。
    A. 简化报表的编制　　　　　　B. 反映账户对应关系
    C. 简化明细账工作　　　　　　D. 发生额试算平衡
14. 对于汇总记账凭证核算形式，下列说法正确的是（　　）。
    A. 登记总账的工作量大　　　　B. 不能体现账户之间的对应关系
    C. 明细账与总账无法核对　　　D. 汇总记账凭证的编制较为繁琐
15. 科目汇总表是依据（　　）编制的。
    A. 记账凭证　　B. 原始凭证　　C. 原始凭证汇总表　　D. 各种总账

二、多项选择题

1. 记账凭证账务处理程序、汇总记账凭证账务处理程序和科目汇总表账务处理程序应共同遵循的程序有（　　）。
   A. 根据原始凭证、汇总原始凭证和记账凭证登记各种明细分类账
   B. 根据记账凭证逐笔登记总分类账
   C. 期末，库存现金日记账、银行存款日记账和明细分类账的余额与有关总分类账的余额核对相符
   D. 根据总分类账和明细分类账的记录，编制会计报表
2. 下列项目中，属于科学、合理地选择适用于本单位的账务处理程序的意义是（　　）。
   A. 有利于会计工作程序的规范化　　B. 有利于提高会计信息的质量
   C. 有利于增强会计信息可靠性　　　D. 有利于保证会计信息的及时性
3. 适用于生产经营规模较大、业务较多企业的账务处理程序是（　　）。
   A. 多栏式日记账账务处理程序　　　B. 记账凭证账务处理程序
   C. 汇总记账凭证账务处理程序　　　D. 科目汇总表账务处理程序
4. 下列属于汇总记账凭证会计核算程序特点的是（　　）。
   A. 根据原始凭证编制汇总原始凭证　B. 根据记账凭证定期编制汇总记账凭证
   C. 根据记账凭证定期编制科目汇总表　D. 根据汇总记账凭证登记总账
5. 为便于填制汇总转账凭证，平时填制转账凭证时，应尽可能使账户的对应关系保持（　　）。
   A. 一借一贷　　B. 多借一贷　　C. 一借多贷　　D. 多借多贷
6. 以下属于汇总记账凭证会计核算程序优点的是（　　）。
   A. 能保持账户间的对应关系　　　　B. 便于会计核算的日常分工

C. 能减少登记总账的工作量　　　　D. 能起到入账前的试算平衡作用
7. 各种会计核算组织程序下,登记明细账的依据可能有(　　)。
   A. 原始凭证　　B. 汇总原始凭证　C. 记账凭证　　D. 汇总记账凭证
8. 在不同的会计核算组织程序下,登记总账的依据可以是(　　)。
   A. 记账凭证　　B. 汇总记账凭证　C. 科目汇总表　D. 汇总原始凭证
9. 下列不属于科目汇总表账务处理程序优点的是(　　)。
   A. 便于反映各账户间的对应关系　　B. 便于进行试算平衡
   C. 便于检查核对账目　　　　　　　D. 简化登记总账的工作量
10. 不论哪种会计核算组织程序,在编制会计报表之前,都要进行的对账工作是(　　)。
    A. 库存现金日记账与总分类账的核对
    B. 银行存款日记账与总分类账的核对
    C. 明细分类账与总分类账的核对
    D. 总分类账记录的核对
11. 下列属于记账凭证账务处理程序缺点的是(　　)。
    A. 工作量大　　　　　　　　　　　B. 不便于分工
    C. 不易反映账户对应关系　　　　　D. 不便于试算平衡
12. 下列属于科目汇总表账务处理程序优点的是(　　)。
    A. 反映内容详细　　　　　　　　　B. 简化总账登记
    C. 便于试算平衡　　　　　　　　　D. 能反映账户对应关系
13. 下列项目可以根据记账凭证汇总编制的有(　　)。
    A. 科目汇总表　B. 汇总付款凭证　C. 发出材料汇总表　D. 汇总转账凭证
14. 关于记账凭证汇总表,下列表述正确的有(　　)。
    A. 记账凭证汇总表是一种记账凭证
    B. 记账凭证汇总表能起到试算平衡的作用
    C. 记账凭证汇总表保留了账户之间的对应关系
    D. 可以简化总分类账的登记工作
15. 在各种会计核算形式下,明细分类账可以根据(　　)登记。
    A. 原始凭证　　B. 记账凭证　　C. 原始凭证汇总表　D. 记账凭证汇总表

三、判断题

1. 各种账务处理程序的主要区别在于登记总账的依据不同。(　　)
2. 汇总转账凭证按库存现金、银行存款账户的借方设置,并按其对应的贷方账户归类汇总。(　　)
3. 各个企业的业务性质、组织规模、管理上的要求不同,企业应根据自身的特点,制定出恰当的会计账务处理程序。(　　)
4. 科目汇总表账务处理程序的主要特点是根据记账凭证编制科目汇总表,并根据科目汇总表填制报表。(　　)
5. 在科目汇总表和总账中,不反映科目对应关系,因而不便于分析经济业务的来龙去脉,不便于查对账目。(　　)

6. 记账凭证核算形式的主要特点是将记账凭证分为收、付、转三种记账凭证。（　　）
7. 会计报表是根据总分类账、明细分类账和日记账的记录定期编制的。（　　）
8. 科目汇总表可以反映账户之间的对应关系，但不能起到试算平衡的作用。（　　）
9. 库存现金日记账和银行存款日记账不论在何种会计核算形式下，都是根据收款凭证和付款凭证逐日逐笔顺序登记的。（　　）
10. 账务处理程序就是指记账程序。（　　）
11. 同一企业可以同时采用几种不同的账务处理程序。（　　）
12. 原始凭证可以作为登记各种账簿的直接依据。（　　）
13. 在各种账务处理程序下，其登记现金日记账的直接依据都是相同的。（　　）
14. 汇总记账凭证和科目汇总表编制的依据和方法相同。（　　）
15. 汇总记账凭证既能反映账户的对应关系，也起到试算平衡的作用。（　　）

四、实务操作题

中兴公司是增值税一般纳税人。公司的会计制度规定，会计核算采用科目汇总表核算形式，科目汇总表按旬汇总。2016年9月初有关账户余额见资料1，本月发生的有关经济业务见资料2。

【资料1】　2016年9月初账户余额（单位：元）

账户名称	借方余额	贷方余额
库存现金	600.00	
银行存款	639 600.00	
应收账款	88 700.00	
其中：大发公司	48 700.00	
全顺公司	40 000.00	
其他应收款	680.00	
其中：王云	680.00	
原材料	86 700.00	
其中：甲材料　6 000千克	61 500.00	
乙材料　4 000千克	25 200.00	
库存商品	510 000.00	
其中：A产品　3 000盒	330 000.00	
B产品　2 000盒	180 000.00	
固定资产	690 000.00	
累计折旧		206 200.00
短期借款		450 000.00
应付账款		73 000.00
其中：西康公司		73 000.00
应付职工薪酬		86 792.00

续表

账户名称	借方余额	贷方余额
应交税费		84 000.00
应付利息		8 288.00
实收资本		862 000.00
盈余公积		109 000.00
本年利润		257 000.00
生产成本	120 000.00	
其中：A产品 　　　B产品	78 000.00 42 000.00	
合　计	2 136 280.00	2 136 280.00

"生产成本"明细账的期初余额为：

品　名	直接材料	直接人工	制造费用	合　计
A产品	34 000	29 000	15 000	78 000
B产品	17 000	16 000	9 000	42 000

【资料2】 中兴公司2016年9月份发生如下经济业务：

(1) 1日，取得短期借款150 000元，存入银行；

(2) 2日，购进甲材料2 500千克，单价为10元/千克，计25 000元，增值税税率17%，全部款项以存款支付；

(3) 2日，销售A产品1 200盒，单价为150元/盒，计180 000元，增值税税率17%，全部款项已收回入账；

(4) 3日，通过银行发放职工工资70 000元；

(5) 4日，李明因公出差预借差旅费1 000元，以现金支票付讫；

(6) 5日，收回大发公司的货款48 700元，存入银行；

(7) 6日，向全顺公司销售B产品500盒，单价为120元/盒，计60 000元，增值税税率17%，款项尚未收回；

(8) 6日，从东丰公司购进乙材料2 000千克，单价为6.20元/千克，增值税税率17%，款项尚未支付；

(9) 7日，以银行存款支付办公费3 200元，其中：生产车间2 700元，行政管理部门500元；

(10) 8日，以银行存款3 600元支付广告费用；

(11) 9日，购进甲材料1 500千克，单价为11元/千克，计16 500元，增值税税率17%，全部款项以银行存款支付；

(12) 10日，结转上述甲、乙材料的采购成本；

(13) 12日，李明出差归来报销差旅费950元，退回剩余现金50元；

(14) 13日，以存款支付前欠西康公司的款项73 000元；

(15) 14 日，以存款支付电费 2 600 元，其中：生产车间 1 680 元，行政管理部门 920 元；

(16) 18 日，购置设备一台，价值 30 000 元；

(17) 19 日，从银行提取现金 800 元备用；

(18) 20 日，以存款支付业务招待费 12 000 元；

(19) 20 日，接银行付息通知，第三季度应付短期借款利息 12 800 元，企业在 7、8 月份已预提利息共 8 288 元；

(20) 22 日，以银行存款购办公用品 270 元，其中：生产车间 120 元，行政管理部门 150 元；

(21) 25 日，以银行存款 5 000 元对外捐赠；

(22) 30 日，本月领用材料汇总如下：

部门	甲材料		乙材料	
	数量(千克)	金额(元)	数量(千克)	金额(元)
A 产品	4 272	44 000	3 015	18 900
B 产品	3 204	33 000	2 010	12 600
生产车间	854	8 800	805	5 040
行政管理部门	214	2 200		

(23) 30 日，计提本月固定资产折旧 7 810 元，其中：生产车间 4 540 元，行政管理部门 3 270 元；

(24) 30 日，分配本月职工工资：生产 A 产品工人工资 36 000 元、生产 B 产品工人工资 24 000 元、车间管理人员工资 4 000 元、行政管理人员工资 6 000 元；

(25) 30 日，按工资总额的 14% 计提职工福利费；

(26) 30 日，按 A、B 产品的生产工时比例分配结转本月的制造费用，其中：A 产品的生产工时为 700 小时，B 产品的生产工时为 300 小时；

(27) 30 日，结转本月完工产品成本，其中：A 产品全部完工，产量 1 600 盒，B 产品尚未完工；

(28) 30 日，结转本月销售产品的成本，其中：A 产品的单位生产成本 110 元，B 产品的单位生产成本 90 元；

(29) 30 日，按规定计缴本月营业税 2 360 元；

(30) 30 日，结转本期损益。

【要求】

(1) 根据经济业务填制收款凭证、付款凭证和转账凭证；

(2) 根据收款凭证和付款凭证，逐日逐笔登记库存现金日记账和银行存款日记账；

(3) 根据经济业务及记账凭证登记"原材料"、"应收账款"、"生产成本"、"制造费用"明细分类账；（其余账户从略）

(4) 根据记账凭证采用全部汇总方法编制科目汇总表；（每半月汇总一次）

(5) 月末，进行日记账、明细账与总分类账之间的核对；

(6) 根据总分类账编制"总分类账户期末余额表"进行试算平衡。

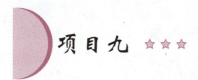

项目九

组织和开展财产清查

项目简介

通过本项目的学习,能够了解财产清查的意义与种类,熟悉财产清查的一般程序及熟悉货币资金、实物资产和往来款项的清查方法,掌握银行存款余额调节表的编制及财产清查结果的账务处理。

知识目标(大纲要求)

1. 了解财产清查的意义与种类;
2. 熟悉财产清查的一般程序;
3. 熟悉货币资金、实物资产和往来款项的清查方法;
4. 掌握银行存款余额调节表的编制;
5. 掌握财产清查结果的账务处理。

能力目标

1. 熟悉财产清查的一般程序;
2. 熟悉货币资金、实物资产和往来款项的清查方法;
3. 掌握银行存款余额调节表的编制;
4. 掌握财产清查结果的账务处理。

知识准备

财产清查是在学习掌握填制会计凭证和登记账簿等理论基础上的扩展和深化,是理论与实际相结合的一个链接点,目的是为了保证账簿记录的准确性、财产物资的真实性和财产保管使用的合理性。学习本项目,要求理解财产清查的必要性和种类,着重研究各种材料物资、货币资金和往来款项的清查方法,并理解财产清查结果的业务处理和账务处理。通过本项目的学习,要掌握财产清查的基本知识和技能。

任务一 认知财产清查

一、财产清查的概念与意义

财产清查是指通过对货币资金、实物资产和往来款项等财产物资进行盘点或核对,确定其实存数,查明账存数与实存数是否相符的一种专门方法。

企业应当建立健全财产物资清查制度,加强管理,以保证财产物资核算的真实性和完整性。具体而言,财产清查的意义主要有:

(1) 保证账实相符,提高会计资料的准确性。通过财产清查可以查明各项财产物资的实存数,将实存数与账存数进行核对,可以发现账存数与实存数是否相符,如果不符,确定盘盈或盘亏数,及时调整账簿记录,使得账实相符,以保证账簿记录的真实正确,为经济管理提供可靠的数据资料。

(2) 切实保障各项财产物资的安全完整。财产清查又是一项行之有效的会计监督措施。通过财产清查,发现财产管理上存在的问题,采取措施,不断改进财产物资管理工作,健全财产物资的管理制度,确保财产物资的安全、完整。

(3) 加速资金周转,提高资金使用效益。通过财产清查,可以查明财产物资的储备和利用情况。对储备不足的,应设法补充,保证生产需要;对积压、呆滞的,应及时处理,避免损失和浪费,以便充分发挥财产物资的潜力,提高其使用效能。

在实际工作中通常会出现下列一些主观与客观的原因,致使账簿记录结存数与实存数不一致:

(1) 财产物资在保管过程中发生的自然损耗,如挥发、破损、霉烂等。
(2) 账簿记录发生差错。会计人员记账中出现差错或者保管人员在收发中发生计算或登记的差错或者由于有关凭证未到形成未达账项,造成结算双方账实不一致。
(3) 因管理不善或责任人失职造成了变质、短缺、丢失、被盗等损失。
(4) 由于计量检验器具不准确,造成财产物资收发时出现数量上的计量错误。
(5) 遭受了自然灾害,如水灾、地震、火灾等。

二、财产清查的种类

(一) 按照清查范围分类

1. 全面清查

全面清查是指对所有的财产进行全面的盘点和核对。全面清查范围广,参加的部门和人员多,一般来说,在以下几种情况下,需进行全面清查。

(1) 企业编制年度会计决算报告前,为了确保年终决算会计资料真实、正确,需要全面清查财产、核实债务;
(2) 单位撤销、分立、合并或改变隶属关系;
(3) 中外合资、国内联营、股份制改造;

(4) 开展全面的资产评估、清产核资；

(5) 单位主要负责人工作调离等。

2. 局部清查

局部清查是指根据需要只对部分财产进行盘点和核对。局部清查范围小、内容少，涉及的人员也少，但专业性较强，其清查的主要对象是流动性较大的财产，如库存现金、材料、在产品和产成品等。一般有：

(1) 对于库存现金应由出纳员在每日业务终了时点清，做到日清月结。

(2) 对于银行存款和银行借款，应由出纳员每月同银行核对一次。

(3) 对于材料、在产品和产成品除年度清查外，应有计划地每月重点抽查，对于贵重的财产物资，应每月清查盘点一次。

(4) 对于债权债务，应在年度内至少核对一至两次，有问题应及时核对，及时解决。在有关人员调动时，也需要进行专题清查。

（二）按照清查的时间分类

1. 定期清查

定期清查是指按照预先计划安排的时间对财产进行的盘点和核对。定期清查的对象不定，可以是全面清查也可以是局部清查。其清查的目的在于保证会计核算资料的真实正确，一般在年末、季末、月末进行。

2. 不定期清查

不定期清查是指事前不规定清查日期，而是根据特殊需要临时进行的盘点和核对。不定期清查，可以是全面清查，也可以是局部清查，应根据实际需要来确定清查的对象和范围。

不定期清查对象是局部清查，如更换出纳员时对库存现金、银行存款所进行的清查；更换财产物资保管员时对其所保管的财产进行的清查；发生自然灾害或意外时所进行的清查等。其目的在于查明情况，分清责任。

（三）按照清查的执行系统分类

1. 内部清查

内部清查是指由本单位内部自行组织清查工作小组所进行的财产清查工作。大多数财产清查都是内部清查。

2. 外部清查

外部清查是指由上级主管部门、审计机关、司法部门、注册会计师根据国家有关规定或情况需要对本单位所进行的财产清查。一般来讲，进行外部清查时应有本单位相关人员参加。

真题解析

【例9-1】（单选题）一般来说，单位撤销合并或改变隶属关系时，要进行（　　）。

A. 全面清查　　　B. 局部清查　　　C. 定期清查　　　D. 技术推算盘点

【答案】　A

【解析】　该题针对"财产清查的分类"知识点进行考核。

三、财产清查的一般程序

财产清查既是会计核算的一种专门方法,又是财产物资管理的一项重要制度。企业必须有计划、有组织地进行财产清查。

财产清查一般包括以下程序:

(1) 建立财产清查组织;

(2) 组织清查人员学习有关政策规定,掌握有关法律、法规和相关业务知识,以提高财产清查工作的质量;

(3) 确定清查对象、范围,明确清查任务;

(4) 制定清查方案,具体安排清查内容、时间、步骤、方法,以及必要的清查前准备;

(5) 清查时本着先清查数量、核对有关账簿记录等,后认定质量的原则进行;

(6) 填制盘存清单;

(7) 根据盘存清单,填制实物、往来账项清查结果报告表。

四、财产物资盘存制度

对于各项财产物资的清查,都必须从数量、价值、质量等方面进行。

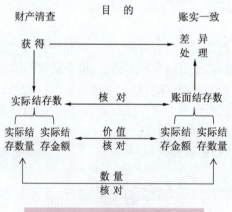

图 9-1 财产物资清查的内容

企业财产物资的数量要靠盘存来确定,常用的盘存方法有永续盘存制和实地盘存制两种,见表9-1。

表9-1　　　　　　　　永续盘存制和实地盘存制对比表

对比项目	永续盘存制	实地盘存制
概念	永续盘存制也称账面盘存制,是对各项财产物资的增加或减少,都必须根据会计凭证逐笔或逐日在有关账簿中进行连续登记,并随时结算出该项物资的结存数的一种方法。	实地盘存制也称定期盘存制或以存计销制,是对各项财产物资平时在账簿中只登记增加数,不登记减少数,期末根据实地盘存的数量来倒推当期财产物资的减少数,再据以登记有关账簿的一种方法。

续表

对比项目	永续盘存制	实地盘存制
计算公式	账面期末数量=账面期初结存数量+本期账面增加合计数量——本期账面发出合计数量	本期发出数量=账面期初结存数量+本期账面增加合计数量-期末盘点实际结存数量
账簿登记	平时有关财产物资账上既记增加又记减少,并随时结算出该项物资的结余数。	平时有关财产物资账上只记增加不记减少,期末根据实地盘存的结存数来作为账面结余数,并倒推当期财产物资的减少数。
清查目的	为了查明账实是否一致。	为了确定账面结余数,倒算本期减少数。
优点	（1）随时反映出财产物资的收入、发出和结余情况； （2）核算手续严密,从数量和金额上进行双重控制,加强了对财产物资的管理。	核算工作比较简单、工作量较小。
缺点	在财产品种复杂、繁多的企业,其明细分类核算工作量较大。	（1）不能随时反映出财产物资的收入、发出和结余情况； （2）手续不严密,不利于管理。
适用对象	实际工作中广泛应用该方法。	一般适用于一些价值低、品种杂、进出频繁的商品或材料物资。

真题解析

【例9-2】（综合题）时代公司2016年6月甲材料的初结存和本期收发情况如表9-2所示。

表9-2

2016年		摘要	数量	单价	金额
月	日				
6	1	期初结存	1 000	5.20	5 200
	5	购进	3 000	5.50	16 500
	10	领用	1 000		
	15	购进	4 000	4.8	19 600
	20	领用	2 000		
	25	领用	3 000		
	30	领用	1 800		

6月末盘点结存180件。分别采用永续盘存制和实地盘存制进行计算,其明细账登记如表9-3、9-4。

表 9-3　　　　　　　　　　　永续盘存制下甲材料明细账

2016年		凭证编号	摘要	收入			发出			结存		
月	日			数量	单价	金额	数量	单价	金额	数量	单价	金额
6	1	略	期初余额							1 000	5.20	5 200
	5		购进	3 000	5.50	16 500						
	10		领用				1 000					
	15		购进	4 000	4.80	19 600						
	20		领用				2 000					
	25		领用				3 000					
	30		领用				1 800					
			本月合计	7 000			7 800			200		

6月末盘点结存180件，账面结余200件，盘亏20件。

表 9-4　　　　　　　　　　　实地盘存制下甲材料明细账

2016年		凭证编号	摘要	收入			发出			结存		
月	日			数量	单价	金额	数量	单价	金额	数量	单价	金额
6	1	略	期初余额							1 000	5.20	5 200
	5		购进	3 000	5.50	16 500						
	10		领用									
	15		购进	4 000	4.80	19 600						
	20		领用									
	25		领用									
	30		领用									
			本月合计	7 000								

6月末盘点结存180件，即账面结余为180件，则：
本期发出数量 = 1 000 + 7 000 - 180 = 7 820（件）

任务二　组织财产清查

由于货币资金、实物、往来款项的特点各有不同，在进行财产清查时，应采用与其特点和管理要求相适应的方法。

一、货币资金的清查方法

（一）库存现金的清查

库存现金的清查是采用实地盘点法确定库存现金的实存数,然后与库存现金日记账的账面余额相核对,确定账实是否相符。

库存现金清查主要包括两种情况：

1. 经常性的现金清查

即由出纳人员每日清点库存现金实有数,并与库存现金日记账的账面余额核对。

2. 定期或不定期清查

即由清查小组对库存现金进行定期或不定期清查。清查时,出纳人员必须在场,库存现金由出纳人员经手盘点,清查人员从旁监督。同时,清查人员还应认真审核库存现金收付款凭证和有关账簿,检查财务处理是否合理合法,账簿记录有无错误,以确定账存与实存是否相符等等。

通过库存现金清查,既要检查账证是否客观真实,是否符合有关规定(如库存现金是否超过银行核定的库存限额,有无白条抵库的情况等),又要检查账实是否相符。

库存现金盘点后,应根据盘点的结果及与库存现金日记账核对的情况,填制"库存现金盘点报告表",由盘点人和出纳员及有关负责人共同签章方能生效。

库存现金盘点报告表也是重要的原始凭证,它既起到确定实有数的作用,又起到实有数与账面数对比并作为调整账面记录的作用。其格式一般如表9-5 所示。

表9-5

库存现金盘点表

年　月　日

实存金额	账存金额	对比结果		备注
		盘盈	盘亏	

负责人(签章):　　　　　盘点人员(签章):　　　　　出纳员(签章):

（二）银行存款的清查

银行存款的清查是采用与开户银行核对账目的方法进行的,即将本单位银行存款日记账的账簿记录与开户银行转来的对账单逐笔进行核对,来查明银行存款的实有数额。银行存款的清查一般在月末进行。

1. 银行存款日记账与银行对账单不一致的原因

将截止到清查日所有银行存款的收付业务都登记入账后,对发生的错账、漏账应及时查清更正,再与银行的对账单逐笔核对。

如果二者余额相符,通常说明没有错误;如果二者余额不相符,则可能是企业或银行一方或双方记账过程有错误或者存在未达账项。

企业或银行一方或双方记账过程有错误的,按照规定方法更正(如划线更正法等)。

未达账项,是指企业和银行之间,由于记账时间不一致而发生的一方已经入账,而另一方尚未入账的事项。未达账项一般分为以下四种情况：

(1) 企业已收款记账,银行未收款未记账的款项;
(2) 企业已付款记账,银行未付款未记账的款项;
(3) 银行已收款记账,企业未收款未记账的款项;
(4) 银行已付款记账,企业未付款未记账的款项。

上述任何一种未达账项的存在,都会使企业银行存款日记账的余额与银行开出的对账单的余额不符。

在存在第一、第四两种情况下,会使企业银行存款日记账账面余额大于银行对账单余额;存在第二、第三两种情况则会使企业银行存款日记账账面余额小于银行对账单余额。

所以,在与银行对账时首先应查明是否存在未达账项,如果存在未达账项,就应该编制"银行存款余额调节表",据以调节双方的账面余额,确定企业银行存款实有数。

2. 银行存款余额调节表编制方法

银行存款余额调节表的编制,是以双方账面余额为基础,各自分别加上对方已收款入账而己方尚未入账的数额,减去对方已付款入账而己方尚未入账的数额。其计算公式如下:

企业银行存款日记账余额 + 银行已收企业未收款 − 银行已付企业未付款 = 银行对账单存款余额 + 企业已收银行未收款 − 企业已付银行未付款

3. 银行存款余额调节表的作用

(1) 银行存款余额调节表是一种对账记录或对账工具,不能作为调整账面记录的依据,即不能根据银行存款余额调节表中的未达账项来调整银行存款账面记录,未达账项只有在收到有关凭证后才能进行有关的账务处理。

(2) 调节后的余额如果相等,通常说明企业和银行的账面记录一般没有错误,该余额通常为企业可以动用的银行存款实有数。

(3) 调节后的余额如果不相等,通常说明一方或双方记账有误,需进一步追查,查明原因后予以更正和处理。

真题解析

【例9-3】 (单选题)下列记录可以作为调整账面数字的原始凭证的是( )。

A. 盘存单　　　　　　　　　　B. 实存账存对比表
C. 银行存款余额调节表　　　　D. 往来款项对账单

【答案】 B

【解析】 对各项财产物资的盘点结果,应逐一填制盘存单,并同账面余额记录核对,确认盘盈盘亏数,填制实存账存对比表,作为调整账面记录的原始凭证;盘存单不能作为调整账面数字的原始凭证;银行余额调节表只是为核对银行存款余额而编制的一个工作底稿,不能作为实际记账的原始凭证;往来款项对账单也不能作为实际记账的原始凭证。

【例9-4】 某公司2016年8月31日银行存款日记账的余额为560 000元,银行转来对账单的余额为740 000元,经过逐笔核对发现有下列未达账项:

① 企业收到销货款20 000元,已记银行存款增加,银行尚未记增加;
② 企业支付购料款180 000元,已记银行存款减少,银行尚未记减少;
③ 银行代收某公司汇来购货款100 000元,银行已登记存款增加,企业尚未记增加;

④ 银行代企业支付购料款 80 000 元,银行已登记存款减少,企业尚未记减少。

根据以上资料编制银行存款余额调节表如表 9-6 所示。

表 9-6　　　　　　　　　　　　　银行存款余额调节表

2016 年 8 月 31 日　　　　　　　　　　　　　　　　　　　　　　　　　单位:元

项　目	金额	项　目	金额
银行存款日记账余额	560 000	银行对账单余额	740 000
加:银行已收企业未收款项	100 000	加:企业已收银行未收款项	20 000
减:银行已付企业未付款项	80 000	减:企业已付银行未付款项	180 000
调节后存款余额	580 000	调节后存款余额	580 000

二、实物资产的清查方法

实物资产主要包括固定资产、存货等。实物资产的清查就是对实物资产在数量和质量上所进行的清查。实物资产清查时,实物资产的保管员必须在场,并参加盘点工作。

不同种类财产物资的实物形态、重量、体积、堆放的方式各不相同,其清查方法也不尽相同。常见的盘点方法有如下两种:

(一)实地盘点法

实地盘点法是指在财产物资存放现场逐一清点数量或用计量仪器确定其实存数的方法。如以件或台为计量单位的产成品或机器设备,可以通过点数的方法确定实有数;又如以千克、吨等为计量单位的材料,则可以通过过秤来确定其实有数。

这种方法适用范围较广,大多数财产物资的清查都使用该种方法,但是工作量大,如果事先能按照财产物资的实物形态进行科学的码放,则有助于提高盘点的速度。

(二)技术推算盘点法

技术推算盘点法是指利用技术方法推算财产物资实存数的方法。该方法主要适应于那些大量成堆、价廉笨重且不能逐项清点的物资,如露天堆放的煤、砂石、焦炭等。

使用这种方法时,必须做到测定标准重量比较准确,整理后的形状符合规定要求。只有这样,计算出的数额才能接近实际。

在对实物资产的数量进行清查的同时,还要对实物的质量进行鉴定。

无论采取何种方法清查实物,都应按计划有步骤地进行,以免遗漏或重复。

为了明确经济责任,各项财产物资盘点结果应如实登记在"盘存单"上,并由盘点人员和实物保管人员同时签章,作为各项财产物资实存数额的书面证明。其格式如表 9-7 所示。

表 9-7　　　　　　　　　　　　　　盘存单

部门名称:　　　　　　　　　　　年　月　日　　　　　　　　　编号:

财产类别:　　　　　　　　　　　　　　　　　　　　　　　存放地点:

编号	名称	规格	计量单位	盘点数量	账面数量	复盘数量	备注

盘点人员(签章):　　　　　　　　　　　　　　　　实物保管(签章):

盘点结束后,将"盘存单"的实存数额与账面结存数额核对。若发现某些财产物资账实不符,应填制"实存账存对比表"(也称"盘盈或盘亏报告表"),用以确定财产物资盘盈或盘亏的数额。"实存账存对比表"是财产清查的重要报表,是调整账簿记录的原始凭证,也是分析差异原因、明确经济责任的重要依据,应认真填报。其格式如表9-8。

表9-8　　　　　　　　　　实存账存对比表

年　月　日

编号	名称	规格	计量单位	单价	实存		账存		盘盈		盘亏	
					数量	金额	数量	金额	数量	金额	数量	金额
备注												

会计主管(签章)　　　　　　　复核(签章)　　　　　　　制表(签章)

真题解析

【例9-5】 (单选题)下列关于库存现金在盘点后应编制的原始凭证的各项中,正确的是(　　)。

A. 实存账存对比表　　　　　　　　B. 现金盘点报告表
C. 银行存款余额调节表　　　　　　D. 银行对账单

【答案】　B

【解析】　库存现金的清查,应根据盘点结果及与库存现金日记账核对的情况,填制"库存现金盘点报告表"。选项A是在技术推断法下进行财产清查所编制的表;选项C是银行存款清查时所编制的表;选项D是银行给企业的对账单。

三、往来款项的清查方法

往来款项主要包括应收、应付款项和预收、预付款项等。

往来款项的清查一般采用发函询证的方法进行核对。即清查单位应在检查本单位各项往来款项正确性的基础上,按每一往来单位编制"往来款项对账单"一式两份,派人或发函送达对方,向往来结算单位核实账目。对方应在回单联上加盖公章退回,表示核对相符;如经核对不符,对方应在回单联上注明情况,或者另抄账单退回,以便进一步核对。核查过程中,如有未达账项,双方都应采用调节余额的方法,如有必要,可编制应收款项或应付款项余额调节表,核对是否相符。

往来款项清查以后,将清查结果编制"往来款项清查报告单",填列各项债权、债务的余额。对于有争执的款项以及无法收回的款项,应在报告单上详细列明情况,以便及时采取措施进行处理,避免或减少坏账损失。

任务三　财产清查结果的账务处理方法

一、财产清查结果处理的要求

财产清查后,财产物资的数量会出现两种可能,即账实相符或账实不相符。如果实存数与账存数不一致,会出现两种情况:实存数大于账存数,称为盘盈;实存数小于账存数,称为盘亏。

对于财产清查中发现的问题,如财产物资的盘盈、盘亏、毁损或其他各种损失,应核实情况,调查分析产生的原因,按照国家有关法律法规的规定,进行相应的处理。

财产清查结果处理的具体要求有:
(1) 分析产生差异的原因和性质,提出处理建议;
(2) 积极处理多余积压财产,清理往来款项;
(3) 总结经验教训,建立和健全各项管理制度;
(4) 及时调整账簿记录,保证账实相符。

二、财产清查结果处理的步骤与方法

对于财产清查结果的处理可分为以下两种情况:

1. 审批之前的处理

根据"清查结果报告表"、"盘点报告表"等已经查实的数据资料,填制记账凭证,记入有关账簿,使账簿记录与实际盘存数相符,同时根据权限,将处理建议报股东大会或董事会,或经理(厂长)会议或类似机构批准。

2. 审批之后的处理

企业清查的各种财产的损溢,应于期末前查明原因,并根据企业的管理权限,经股东大会或董事会,或经理(厂长)会议或类似机构批准后,在期末结账前处理完毕。企业应严格按照有关部门对财产清查结果提出的处理意见进行账务处理,填制有关记账凭证,登记有关账簿,并追回由于责任者原因造成的财产损失。

企业清查的各种财产的损溢,如果在期末结账前尚未经批准,在对外提供财务报表时,先按上述规定进行处理,并在附注中做出说明;其后批准处理的金额与已处理金额不一致的,调整财务报表相关项目的年初数。

因此,财产清查的结果是按以下步骤进行处理的:

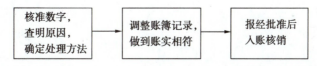

三、财产清查结果的账务处理

（一）设置"待处理财产损溢"账户

为了反映和监督企业在财产清查过程中查明的各种财产物资的盘盈、盘亏、毁损及其处理情况，应设置"待处理财产损溢"账户。该账户属于双重性质的资产类账户，下设"待处理流动资产损溢"和"待处理固定资产损溢"两个明细分类账户进行明细分类核算。（但固定资产盘盈和毁损分别通过"以前年度损益调整"、"固定资产清理"账户核算。）

该账户的借方登记财产物资的盘亏数、毁损数和批准转销的财产物资盘盈数；贷方登记财产物资的盘盈数和批准转销的财产物资盘亏及毁损数。企业清查的各种财产的盘盈、盘亏和毁损应在期末结账前处理完毕，所以"待处理财产损溢"账户在期末结账后没有余额。

"待处理财产损溢"账户的基本结构如表9-9。

表9-9　　　　　　　　　　　　待处理财产损溢

借方	贷方
期初余额： 　尚未处理的财产物资净损失 发生的待处理财产盘亏或毁损数 各项盘盈财产报经批准后的转销数	期初余额： 　尚未处理的财产物资净溢余 发生的待处理财产盘盈数 各项盘亏或毁损财产报经批准后的转销数
期末余额： 　尚未处理的财产物资净损失	期末余额： 　尚未处理的财产物资净溢余

（二）清查结果的账务处理

1. 库存现金盘盈、盘亏的账务处理

库存现金盘盈时，应及时办理库存现金的入账手续，调整库存现金账簿记录，即按盘盈的金额借记"库存现金"科目，贷记"待处理财产损溢——待处理流动资产损溢"科目。

对于盘盈的库存现金，应及时查明原因，按管理权限报经批准后，按盘盈的金额借记"待处理财产损溢——待处理流动资产损溢"科目，按需要支付或退还他人的金额贷记"其他应付款"科目，按无法查明原因的金额贷记"营业外收入"科目。

库存现金盘亏时，应及时办理盘亏的确认手续，调整库存现金账簿记录，即按盘亏的金额借记"待处理财产损溢——待处理流动资产损溢"科目，贷记"库存现金"科目。

对于盘亏的库存现金，应及时查明原因，按管理权限报经批准后，按可收回的保险赔偿和过失人赔偿的金额借记"其他应收款"科目；按管理不善等原因造成净损失的金额借记"管理费用"科目；按自然灾害等原因造成净损失的金额借记"营业外支出"科目；按原记入"待处理财产损溢——待处理流动资产损溢"科目借方的金额贷记本科目。

真题解析

【例9-6】　2016年1月31日，某公司在清查盘点现金时，发现短缺800元，其中500元系由出纳员过失造成，300元系无法查明的其他原因造成。"库存现金盘点报告表"如表9-10所示。

表 9-10

库存现金盘点报告表

2016 年 1 月 31 日

实存金额	账存金额	对比结果		备注
		盘盈	盘亏	
1 650	850		800	

负责人(签章):略　　　　盘点人员(签章):略　　　　出纳员(签章):略

财产清查中发现现金短缺应先调整账簿记录,做到账实相符,根据"库存现金盘点报告表"作会计分录如下:

借:待处理财产损溢——待处理流动资产损溢　　　　　　　　　　800
　　贷:库存现金　　　　　　　　　　　　　　　　　　　　　　　800

会计部门根据批准文件(如表 9-11),短缺现金应由出纳员赔偿 500 元,其余 300 元记入"管理费用"。作会计分录如下:

表 9-11

现金短款批准处理书

2016 年 1 月 31 日盘点库存现金短款 500 元,经查明库存现金短缺中 500 元是属于出纳员的责任,应由出纳员钱某赔偿;另外 300 元无法查明原因,转作期间费用。

批准人(总经理):朱强

2016 年 02 月 05 日

借:其他应收款——出纳员　　　　　　　　　　　　　　　　　500
　　管理费用　　　　　　　　　　　　　　　　　　　　　　　　300
　　贷:待处理财产损溢——待理流动资产损溢　　　　　　　　　800

【例 9-7】 2016 年 1 月 31 日,大地公司在财产清查中发现库存现金溢余 50 元。"库存现金盘点报告表"如表 9-12 所示。

表 9-12

库存现金盘点报告表

2016 年 1 月 31 日

实存金额	账存金额	对比结果		备注
		盘盈	盘亏	
600	550	50		

负责人(签章):略　　　　盘点人员(签章):略　　　　出纳员(签章):略

会计部门根据"库存现金盘点报告表"编制会计分录如下:

借:库存现金　　　　　　　　　　　　　　　　　　　　　　　　50
　　贷:待处理财产损溢——待处理流动资产损溢　　　　　　　　　50

会计部门根据批准处理意见(如表9-13),编制会计分录如下:

借:待处理财产损溢——待处理流动资产损溢　　　　　　　　　50
　　贷:营业外收入　　　　　　　　　　　　　　　　　　　　　　50

表9-13

现金长款批准处理书

2016年1月31日盘点库存现金长款50元,现无法查明具体原因,转作营业外收入。

批准人(总经理):朱强

2016年2月3日

2. 存货盘盈、盘亏的账务处理

存货盘盈时,应及时办理存货入账手续,调整存货账簿的实存数。盘盈的存货应按其重置成本作为入账价值借记"原材料"、"库存商品"等科目,贷记"待处理财产损溢——待处理流动资产损溢"科目。

对于盘盈的存货,应及时查明原因,按管理权限报经批准后,冲减管理费用,即按其入账价值,借记"待处理财产损溢——待处理流动资产损溢"科目,贷记"管理费用"科目。

存货盘亏时,应按盘亏的金额借记"待处理财产损溢——待处理流动资产损溢"科目,贷记"原材料"、"库存商品"等科目。材料、产成品、商品采用计划成本(或售价)核算的,还应同时结转成本差异(或商品进销差价)。涉及增值税的,还应进行相应处理。

对于盘亏的存货,应及时查明原因,按管理权限报经批准后,按可收回的保险赔偿和过失人赔偿的金额借记"其他应收款"科目;按管理不善等原因造成净损失的金额借记"管理费用"科目;按自然灾害等原因造成净损失的金额借记"营业外支出"科目,按原记入"待处理财产损溢——待处理流动资产损溢"科目借方的金额贷记本科目。

📖 真题解析 ✒️

【例9-8】 某公司在财产清查中,发现E材料盘盈1 000公斤,价值5 000元。

1. 财产清查中发现材料盘盈应先调整账面记录,做到账实相符,根据"实存账存对比表"作会计分录如下:

借:原材料——E材料　　　　　　　　　　　　　　　　　　　5 000
　　贷:待处理财产损溢——待处理流动资产损溢　　　　　　　　5 000

2. 上述E材料盘盈经董事会批准后予以转销。

经查明E材料的盘盈是由于计量不准造成的,经董事会批准,直接冲减期间费用计入"管理费用"账户。根据批准文件作会计分录如下:

借:待处理财产损溢——待处理流动资产损溢　　　　　　　　5 000
　　贷:管理费用　　　　　　　　　　　　　　　　　　　　　　5 000

【例9-9】 某公司在财产清查中,发现B材料短缺和毁损价值7 000元。

1. 在清查中发现盘亏材料,在报经批准前应先调整账面记录,使账实相符,根据"实存

账存对比表"作会计分录如下:

  借:待处理财产损溢——待处理流动资产损溢   7 000
    贷:原材料——B材料   7 000

2. 上项盘亏的材料,报批准后予以转销。材料盘亏,报经董事会批准分别作如下处理:

(1) 材料短缺的800元由过失人赔偿;

(2) 由于非常灾害造成的材料毁损3 500元,列入"营业外支出";

(3) 2 700元材料短缺是由于经营不善造成的,列入"管理费用"。

根据上述处理意见,作会计分录如下:

  借:其他应收款——×责任人   800
    营业外支出   3 500
    管理费用   2 700
    贷:待处理财产损溢——待处理流动资产损溢   7 000

3. 固定资产盘盈、盘亏的账务处理

企业在财产清查过程中盘盈的固定资产,经查明确属企业所有,按管理权限报经批准后,应根据盘存凭证填制固定资产交接凭证,经有关人员签字后送交企业会计部门,填写固定资产卡片账,并作为前期差错处理,通过"以前年度损益调整"科目核算。盘盈的固定资产通常按其重置成本作为入账价值借记"固定资产"科目,贷记"以前年度损益调整"科目。涉及增值税、所得税和盈余公积的,还应按相关规定处理。

固定资产盘亏时,应及时办理固定资产注销手续,按盘亏固定资产的账面价值,借记"待处理财产损溢——待处理非流动资产损溢"科目,按已提折旧额,借记"累计折旧"科目,按其原价,贷记"固定资产"科目。涉及增值税和递延所得税的,还应按相关规定处理。

对于盘亏的固定资产,应及时查明原因,按管理权限报经批准后,按过失人及保险公司应赔偿额,借记"其他应收款"科目,按盘亏固定资产的原价扣除累计折旧和过失人及保险公司赔偿后的差额,借记"营业外支出"科目,按盘亏固定资产的账面价值,贷记"待处理财产损溢——待处理非流动资产损溢"科目。

真题解析

【例9-10】 某公司在财产清查中,发现账外设备一台,其重置价值为68 000元,估计已提折旧20 000元。

1. 发现固定资产盘盈时,先根据"固定资产盘盈盘亏报告表"调整账簿记录,按现行《企业会计制度》规定,"盘盈固定资产,按同类或类似固定资产的市场价格,减去按该项资产的新旧程度估计的价值损耗后的余额作为入账价值"。根据《企业会计准则第4号——固定资产》及其应用指南的有关规定,固定资产盘盈应作为前期差错记入"以前年度损益调整"科目。这笔经济业务应作会计分录如下:

  借:固定资产   48 000
    贷:以前年度损益调整   48 000

2. 经审核,此项盘盈按规定应调整所得税费用:

借：以前年度损益调整 12 000
    贷：应交税费——应交所得税 12 000

3. 上述盘盈的设备，报经董事会批准后予以结转为留存收益。根据批准文件作会计分录如下：

借：以前年度损益调整 36 000
    贷：盈余公积——法定盈余公积 3 600
        利润分配——未分配利润 32 400

【例9-11】 某公司在财产清查中发现短缺设备一台，原价80 000元，已提折旧20 000元。

1. 发现盘亏固定资产，报经批准前应先调整账面记录。应作会计分录如下：

借：待处理财产损溢——待处理固定资产损溢 60 000
    累计折旧 20 000
    贷：固定资产 80 000

2. 经董事会批准盘亏设备列"营业外支出"处理。根据批准文件作会计分录如下：

借：营业外支出 60 000
    贷：待处理财产损溢——待处理固定资产损溢 60 000

需要指出的是，如果企业清查的各种财产的损溢，在期末结账前尚未批准，应在对外提供财务会计报告时先按上述规定进行处理，并在会计报表附注中做出说明；如果其后批准处理的金额与已处理的金额不一致的，应调整会计报表相关项目的年初数。

真题解析

4. 结算往来款项清查的账务处理

在财产清查过程中发现的长期未结算的往来款项，应及时清查。对于经查明确实无法支付的应付款项可按规定程序报经批准后，转作营业外收入。

对于无法收回的应收款项则作为坏账损失冲减坏账准备。坏账是指企业无法收回或收回的可能性极小的应收款项。由于发生坏账而产生的损失，称为坏账损失。

企业通常应将符合下列条件之一的应收款项确认为坏账：

（1）债务人死亡，以其遗产清偿后仍然无法收回；

（2）债务人破产，以其破产财产清偿后仍然无法收回；

（3）债务人较长时间内未履行其偿债义务，并有足够的证据表明无法收回或者收回的可能性极小。

企业对有确凿证据表明确实无法收回的应收款项，经批准后作为坏账损失。

对于已确认为坏账的应收款项，并不意味着企业放弃了追索权，一旦重新收回，应及时入账。

真题解析

【例9-12】 大地公司应收凯马公司账款3 000元，已确认无法收回，转作坏账损失。

分析：企业无法收回的应收款应作为坏账损失增加当期的管理费用。如果企业以前对该应收款已计提了坏账准备，这时就应冲减坏账准备。

作会计分录如下：

借：坏账准备　　　　　　　　　　　　　　　　　　　　　　3 000
　　贷：应收账款——凯马公司　　　　　　　　　　　　　　　　　3 000

【例9-13】　大地公司应付坤达公司货款4 000元，由于对方撤销其机构已确认无法支付。

分析：企业无法支付的应付款应转作"营业外收入"。

作会计分录如下：

借：应付账款——坤达公司　　　　　　　　　　　　　　　　4 000
　　贷：营业外收入　　　　　　　　　　　　　　　　　　　　　4 000

项目小结

本项目主要介绍了财产清查的意义与种类；财产清查的一般程序；货币资金、实物资产和往来款项的清查方法；银行存款余额调节表的编制以及财产清查结果的账务处理。

实践演练

一、单项选择题

1. 对于大量堆积的煤炭的清查，一般采用（　　）方法进行。
   A. 实地盘点　　　B. 抽查检验　　　C. 技术推算盘点　　　D. 查询核对

2. 财产清查中发现账外机器一台，其市场价格为80 000元，估计还有六成新，则该固定资产的入账价值为（　　）元。
   A. 80 000　　　B. 48 000　　　C. 32 000　　　D. 128 000

3. "待处理财产损溢"账户未转销的借方余额表示（　　）。
   A. 等待处理的财产盘盈
   B. 等待处理的财产盘亏
   C. 尚待批准处理的财产盘盈数大于尚待批准处理的财产盘亏和毁损数的差额
   D. 尚待批准处理的财产盘盈数小于尚待批准处理的财产盘亏和毁损数的差额

4. 对银行存款进行清查时，应将（　　）与银行对账单逐笔核对。
   A. 银行存款总账　　　　　　　　B. 银行存款日记账
   C. 银行支票备查簿　　　　　　　D. 库存现金日记账

5. 银行存款清查中发现的未达账项应编制（　　）来检查调整后的余额是否相等。
   A. 对账单　　　　　　　　　　　B. 实存账存对比表
   C. 盘存单　　　　　　　　　　　D. 银行存款余额调节表

6. 库存现金清查中，对无法查明原因的长款，经批准应记入（　　）。
   A. 其他应收款　　B. 其他应付款　　C. 营业外收入　　D. 管理费用

7. 以下情况中,宜采用局部清查的有( )。
   A. 年终决算前进行的清查
   B. 企业清产核资时进行的清查
   C. 企业更换财产保管人员时
   D. 企业改组为股份制试点企业进行清查

8. 在财产清查中,实物盘点的结果应如实登记在( )。
   A. 盘存单   B. 账存实存对比表
   C. 对账单   D. 盘盈盘亏报告表

9. 在企业与银行双方记账无误的情况下,银行存款日记账与银行对账单余额不一致是由于有( )存在。
   A. 应收账款   B. 应付账款   C. 未达账项   D. 其他货币资金

10. 现金出纳人员发生变动时,应对其保管的现金进行清查,这种财产清查属于( )。
    A. 全面清查和定期清查   B. 局部清查和不定期清查
    C. 全面清查和不定期清查   D. 局部清查和定期清查

11. 对于应收账款进行清查应采用的方法是( )。
    A. 技术推算法   B. 实地盘点法   C. 询证核对法   D. 抽查法

12. 现金清查盘点时,( )必须在场。
    A. 记账人员   B. 出纳人员   C. 单位领导   D. 会计主管

13. 对企业与其开户银行之间的未达账项,进行账务处理的时间是( )。
    A. 编好银行存款余额调节表时   B. 查明未达账项时
    C. 收到银行对账单时   D. 实际收到有关结算凭证时

14. 下列项目中清查时应采用实地盘点法的是( )。
    A. 应收账款   B. 应付账款   C. 银行存款   D. 固定资产

15. 对实物资产进行清查盘点时,( )必须在场。
    A. 实物保管员   B. 记账人员   C. 会计主管   D. 单位领导

二、多项选择题

1. 银行存款日记账余额与银行对账单余额不一致,原因可能是( )。
   A. 银行存款日记账有误   B. 银行记账有误
   C. 存在未达账项   D. 存在未付款项

2. 现金出纳每天工作结束前都要将库存现金日记账结清并与现金实存数核对,这属于( )。
   A. 定期清查   B. 不定期清查   C. 全面清查   D. 局部清查

3. 下列( )情况下,企业应对其财产进行全面清查。
   A. 年终决算前   B. 企业进行股份制改制前
   C. 更换仓库保管员   D. 企业破产

4. 财产物资的盘存制度有( )。
   A. 权责发生制   B. 收付实现制   C. 实地盘存制   D. 永续盘存制

5. 下列记录可以作为调整账面数字的原始凭证是(　　)。
   A. 盘存单　　　　　　　　　　　　B. 盘盈盘亏报告表
   C. 银行存款余额调节表　　　　　　D. 现金盘点报告表
6. 发生下列(　　)事项需要对财产物资进行不定期的局部清查。
   A. 库存现金、财产物资保管人员更换时　　B. 企业变更隶属关系时
   C. 发生非常灾害造成财产物资损失时　　　D. 企业进行清产核资时
7. 下列业务中需要通过"待处理财政损溢"账户核算的是(　　)。
   A. 库存现金丢失　　　　　　　　　B. 原材料盘亏
   C. 发现账外固定资产　　　　　　　D. 应收账款无法收回
8. 与"待处理财产损溢"账户借方发生对应关系的账户可能有(　　)。
   A. 原材料　　　B. 固定资产　　　C. 应收账款　　　D. 营业外收入
9. 使企业银行存款日记账的余额小于银行对账单余额的未达账项有(　　)。
   A. 企业已收款记账而银行尚未收款记账
   B. 企业已付款记账而银行尚未付款记账
   C. 银行已收款记账而企业尚未收款记账
   D. 银行已付款记账而企业尚未付款记账
10. 使企业银行存款日记账的余额大于银行对账单余额的未达账项有(　　)。
    A. 企业已收款记账而银行尚未收款记账
    B. 企业已付款记账而银行尚未付款记账
    C. 银行已收款记账而企业尚未收款记账
    D. 银行已付款记账而企业尚未付款记账
11. 以下情形中,应该对财产进行不定期清查的是(　　)。
    A. 发现现金被盗　　　　　　　　　B. 与其他企业合并
    C. 年终决算时　　　　　　　　　　D. 自然灾害造成部分财产损失
12. 关于银行存款余额调节表,下列说法正确的是(　　)。
    A. 调节后的余额表示企业可以实际动用的银行存款数额
    B. 该表是通知银行更正错误的依据
    C. 不能够作为调整本单位银行存款日记账记录的原始凭证
    D. 是更正本单位银行存款日记账记录的依据
13. 企业实行租赁经营时,为核实自有资产,分清责任所进行的物资清查,属于(　　)。
    A. 全面清查　　　B. 局部清查　　　C. 定期清查　　　D. 不定期清查
14. 以下可能造成账实不符的情况有(　　)。
    A. 财产收发计量或检验不准　　　　B. 管理不善
    C. 未达账项　　　　　　　　　　　D. 账簿记录发生差错
15. 按财产清查的范围和时间的不同,可将财产清查分为(　　)。
    A. 全面定期清查　　　　　　　　　B. 全面不定期清查
    C. 局部定期清查　　　　　　　　　D. 局部不定期清查

三、判断题

1. 经批准转销固定资产盘亏净损失时,账务处理应借记"营业外支出"账户,贷记"固

定资产清理"账户。（　　）

2. 企业对于与外部单位往来款项的清查,一般采取编制对账单寄交给对方单位的方式进行,因此属于账账核对。（　　）

3. 银行存款余额调节表只是为了核对账目,并不能作为调整银行存款账面余额的原始凭证。（　　）

4. 永续盘存制下,可以通过存货明细账的记录随时结出存货的结存数量,故不需要对存货进行盘点。（　　）

5. 库存现金的清查包括出纳人员每日的清点核对和清查小组定期和不定期的清查。（　　）

6. 账实不符是财产管理不善或会计人员水平不高的结果。（　　）

7. 存货盘亏、毁损的净损失一律记入"管理费用"。（　　）

8. 银行存款余额调节表是调整账簿记录、使账实相符的原始凭证。（　　）

9. 存货清查过程中发现的超定额损耗应记入"营业外支出"账户。（　　）

10. 对银行存款进行清查时,如果存在账实不符现象,肯定是由未达账项引起的。（　　）

11. 全面清查是对企业所有财产物资进行全面的盘点和核对。包括各种在途材料、委托外单位加工、保管的材料。（　　）

12. 单位撤销、合并或改变隶属关系、更换财产物资报管人员时,需要进行全面清查。（　　）

13. 库存现金清查包括出纳人员每日终了前进行的现金账款核对和清查小组进行的定期或不定期的现金盘点、核对。清查小组清查时,出纳人员可以不在场。（　　）

14. 企业的银行存款日记账与银行对账单所记的内容是相同的,都是反映企业的银行存款的增减变动情况。（　　）

15. 银行已经付款记账而企业尚未付款记账,会使开户单位银行存款账面余额小于银行对账单的存款余额。（　　）

四、业务题

（一）【资料】　华夏公司2016年6月30日银行存款日记账余额为80 000元,银行对账单上的余额为82 425元,经过逐笔核对发现有下列未达账项：

1. 企业于6月30日存入从其他单位收到的转账支票一张计8 000元,银行尚未入账；

2. 企业于6月30日开出的转账支票6 000元,现金支票500元,持票人尚未到银行办理转账和取款手续,银行尚未入账；

3. 委托银行代收的外埠货款4 000元,银行已经收到入账,但收款通知尚未到达企业；

4. 银行受运输机构委托代收运费,已经从企业存款中付出150元,但企业尚未接到转账付款通知；

5. 银行计算企业的存款利息75元,已经记入企业存款户,但企业尚未入账。

【要求】　根据上述资料编制银行存款余额调节表。

（二）【资料】　大华公司2016年9月24日—30日银行存款日记账和银行对账单有关数据如下表(假定9月24日前的记录均为正确的)。

银行存款日记账

2016 年		摘　要	收入	付出	结存
月	日				
9	23	余额			15 715
9	24	付运费支票#412		150	
9	25	存入转账支票#163	30 000		
9	26	购货付支票#413		16 980	
9	27	进料付支票#414		18 400	
9	28	存入转账支票#325	14 000		
9	30	偿还客户欠款支票#236		5 188	18 997

银行对账单

2016 年		摘　要	收入	付出	结存
月	日				
9	23	余额			15 715
9	26	转账收入#163	30 000		
9	27	代付货款支票		19 680	
9	27	代付电费		560	
9	27	付运费#412		150	
9	28	存款利息	244		
9	29	代收货款	6 940		
9	30	代付货款支票#414		18 400	14 109

【要求】

1. 根据上述资料查明银行存款日记账与银行存款对账单余额不符的原因。
2. 进行错账更正,并根据未达账项编制银行存款余额调节表。

(三)【资料】

1. 大明工厂 2016 年 12 月进行年终财产清查,清查中发现下列问题:

(1) 盘盈七成新的设备一台,市场全新价为 25 000 元;

(2) 丢失电焊机一台,账面原值 2 800 元,已提折旧 1 600 元;

(3) 盘盈甲材料 7 千克,每千克 7 元,系收发计量差错造成;

(4) 盘亏乙材料 148 元,系收发计量差错造成;

(5) 由于火灾,使车间正在加工的产品损失 2 500 元,实际收到保险赔款 1 500 元;

(6) 盘亏乙材料 300 元,系保管员工作失职造成;

(7) 查明无法收回的应收账款 1 460 元。

2. 上述各项盘点盈亏和坏账损失报请有关部门批准,作如下处理:

(1) 固定资产盘盈,按现行《企业会计制度》规定处理;

(2) 固定资产盘亏,作营业外支出处理;

(3) 材料计量差错造成的盈亏作增减"管理费用"处理;

(4) 材料意外损失,扣除收到的保险赔款后作营业外支出处理;

(5) 材料因保管责任造成的损失应责成其赔款;

(6) 无法收回的应收账款直接记入"管理费用"。

【要求】 根据上述资料分别编制批准转账前、后的会计分录。

(四)【资料】 星火公司2016年年底清查财产时,发现下列财产账实不符的情况:

1. 甲材料账面数4 000千克,单价每千克5元,实际盘点为4 300千克。经查属于材料收发计量上的错误,经批准后转入管理费用。

2. 丙商品账面数6 900件,单价每件40元,实际盘点为6 850件。经查,短缺部分系管理员管理不善造成,属于责任事故,由责任者赔偿,款项尚未收到。

3. A商品账面数540千克,单价每千克65元,合计35 100元。清查时发现全部毁损。经查,系暴风雨侵袭仓库漏水所致。与保险公司联系,保险公司答应赔偿30 000元。余额批准作营业外支出处理。

4. 乙材料账面数500千克,单价每千克15元,实际盘点为480千克,批准后转入管理费用。

【要求】 根据上述资料分别编制批准转账前、后的会计分录。

项目十

编制和报送财务会计报告

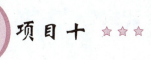

项目简介

通过本项目的学习,能够了解财务会计报告的概念、内容、分类及编制要求,掌握资产负债表、利润表的编制。

知识目标(大纲要求)

1. 掌握财务会计报告的基本概念、内容、分类及编制要求;
2. 学会编制资产负债表;
3. 学会编制利润表。

能力目标

1. 学会编制资产负债表;
2. 学会编制利润表。

 知识准备

财务会计报告是财务报告的核心内容,是指单位根据审核的会计账簿记录和有关资料编制,对外提供的反映单位某一特定日期财务状况和某一会计期间经营成果、现金流量及所有者权益的总结性书面文件。它是企业根据日常会计核算资料归集、加工和汇总后形成的,是企业会计核算的最终结果,也是会计核算工作的总结。

任务一 认知财务会计报告

一、财务会计报告的概念与种类

（一）财务会计报告的概念

财务会计报告，又称财务报告，是指单位根据经过审核的会计账簿记录和有关资料编制并对外提供的反映单位某一特定日期财务状况和某一会计期间经营成果、现金流量等会计信息的文件。

财务会计报告至少包括以下几层含义：

（1）财务报告应当是对外报告，其服务对象主要是投资者、债权人等外部使用者，专门为了内部管理需要的报告不属于财务会计报告的范畴。

（2）财务会计报告应当综合反映企业的生产经营状况，包括某一时点的财务状况和某一时期的经营成果与现金流量等信息，以勾画出企业整体和全貌。

（3）财务会计报告必须形成一个系统的文件，不应是零星的或者不完整的信息。财务会计报告是企业财务会计确认与计量的最终结果体现，投资者等使用者主要是通过财务会计报告了解企业当前的财务状况、经营成果和现金流量等情况，从而预测未来的发展趋势。因此，财务会计报告是向投资者等财务会计报告使用者提供决策有用信息的媒介和渠道，是沟通投资者、债权人等使用者与企业管理层之间信息的桥梁和纽带。

（二）财务会计报告的种类

1. 年度财务会计报告

年度财务会计报告，是指以一个完整的会计年度（自公历1月1日起至12月31日止）为基础编制的财务会计报告。年度财务会计报告一般包括资产负责表、利润表、现金流量表、所有者权益变动表和附注等内容。

2. 中期财务会计报告

中期财务会计报告，是指以中期为基础编制的财务会计报告。"中期"，是指短于一个完整的会计年度的报告期间，它可以是一个月、一个季度或者半年，也可以是其他短于一个会计年度的期间。中期财务会计报告包括月度财务会计报告、季度财务会计报告、半年度财务会计报告，也包括年初至本中期末的财务会计报告。中期财务会计报告必须包括资产负债表、利润表、现金流量表和附注。中期资产负债表、利润表和现金流量表的格式和内容应当与年度财务会计报表相一致，不因报告期不足一个完整会计年度而不同，但相关的附注披露可相对简略。

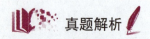

【例10-1】（单选题）会计报表编制的根据是（　　）。
  A. 账簿记录 B. 科目汇总表 C. 原始凭证 D. 记账凭证

【答案】 A

【解析】 会计报表编制的根据是账簿记录。

【例10-2】（多选题）年度财务会计报告一般包括(　　)。

　　A. 资产负债表　　　　　　　　B. 附注
　　C. 所有者权益变动表　　　　　D. 现金流量表

【答案】 ABCD

【解析】 年度财务会计报告一般包括资产负债表、利润表、现金流量表、所有者权益变动表和报表附注等内容。

【例10-3】（多选题）中期财务会计必须包括(　　)。

　　A. 资产负债表和利润表　　　　B. 附注
　　C. 所有者权益变动表　　　　　D. 现金流量表

【答案】 ABD

【解析】 中期财务会计报告必须包括资产负债表、利润表、现金流量表和附注。

二、财务会计报告的构成

财务会计报告包括会计报表、会计报表附注和其他应当在财务会计报告中披露的相关信息和资料。

（一）财务报表

财务报表亦称对外会计报表，是会计主体对外提供的反映其财务状况、经营成果和现金流量的会计报表。财务报表是财务会计报告的主要部分，包括资产负债表、利润表、现金流量表和所有者权益变动表及其附注。其中，财务报表由报表本身及其附注两部分构成，附注是财务报表的有机组成部分。

1. 资产负债表

资产负债表是反映企业在某一特定日期的财务状况的财务报表。

企业编制资产负债表的目的是通过如实反映企业的资产、负债和所有者权益金额及其结构情况，从而有助于使用者评价企业资产的质量以及短期偿债能力、长期偿债能力、利润分配能力等。

2. 利润表

利润表是反映企业在一定会计期间的经营成果的财务报表。

企业编制利润表的目的是通过如实反映企业实现的收入、发生的费用以及应当计入当期利润的利得和损失等金额及其结构情况，从而有助于使用者分析评价企业的盈利能力及其构成与质量。

3. 现金流量表

现金流量表是反映企业在一定会计期间的现金和现金等价物流入和流出的财务报表。企业编制现金流量表的目的是通过如实反映企业各项活动的现金流入和现金流出，从而有助于使用者评价企业生产经营过程特别是经营活动中所形成的现金流量和资金周转情况。

4. 所有者权益变动表

所有者权益变动表是反映构成所有者权益的各组成部分当期的增减变动情况的报表。

5. 附注

附注是对在财务报表中列示项目所作的进一步说明,以及对未能在这些报表中列示项目的说明等。附注由若干附表和对有关项目的文字性说明组成。编制附注的目的是通过对财务报表本身作补充说明,以更加全面、系统地反映企业财务状况、经营成果和现金流量的全貌,向使用者提供更为有用的决策信息,帮助其做出更加科学合理的决策。

考虑到小企业规模小,外部信息需求相对较低,因此,小企业编制的报表可以不包括现金流量表。全面执行企业会计准则体系的企业所编制的财务报表,还应当包括所有者权益(股东权益)变动表。

(二)其他相关的信息和资料

其他相关的信息和资料,指除财务报表及其附注信息之外,其他有助于信息使用者对企业的财务状况、经营业绩和现金流量等情况进行了解和分析的信息和资料。财务报表是财务报告的核心内容,但是除了财务报表之外,财务报告还应当包括其他相关信息,具体可以根据有关法律法规的规定和外部使用者的信息需求而定。如企业可以在财务报告中披露其承担的社会责任、对社区的贡献、可持续发展能力等信息,这些信息对于使用者的决策也是相关的,尽管属于非财务信息,无法包括在财务报表中,但是如果规定或者使用者有需求,企业应当在财务报告中予以披露。

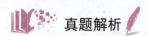

【例10-4】 (多选题)财务报表包括(   )。
A. 资产负债表和利润表 B. 附注
C. 所有者权益变动表   D. 现金流量表

【答案】 ABCD

【解析】 财务报表包括资产负债表、利润表、现金流量表和所有者权益变动表及其附注。

【例10-5】 (判断题)财务报告只包括资产负债表和附注两部分内容。(   )

【答案】 ×

【解析】 财务报告包括财务报表和其他应当在财务会计报告中披露的相关信息和资料。

三、财务会计报告的编制要求

为了使财务会计报告能够最大限度地满足不同会计信息使用的需要,编制会计报告时应当遵循以下基本要求:

(一)真实可靠

会计核算应当以实际发生的交易或完成的事项为依据,如实反映企业的财务状况、经营成果和现金流量。财务会计报告应当根据经过审核的会计账簿记录和有关资料编制,向不同的会计信息使用者提供的财务会计报告,其编制依据应当一致。

财务报表各项目的数据必须建立在真实可靠的基础之上,使企业会计报告能够如实地反映企业的财务状况、经营成果和现金流量,向报告使用者提供可靠信息,便于报告使用者对企业的财务状况、经营成果和现金流量情况做出正确的判断和评价,有助于报告使用者做出正确的决策。

(二) 相关可比

财务报表各项目的数据应当口径一致、相互可比。财务报表之间、财务报表各项目之间,凡有对应关系的数字,应当相互一致。年度、半年度会计报表至少应当反映两个年度或者相关两个期间的比较数据。不得随意改变财务会计报告的编制基础、编制依据、编制原则和方法,以便报告使用者在不同企业之间以及同一企业前后各期之间进行比较。

(三) 全面完整

企业财务会计报告应当全面披露企业的财务状况、经营成果和现金流量情况,完整反映企业财务活动的过程和结果,以满足各有关方对会计信息资料的需要。为了保证财务会计报告的全面完整,企业在编制会计报表时,应当按照国家统一的会计制度规定的会计报表格式和内容进行编制。对于某些重要事项,应当按照要求在财务报表附注中进行说明,不得漏编、漏报或者任意取舍。单位负责人应当保证财务会计报告真实、完整。

(四) 编报及时

企业财务会计报告所提供的会计信息,具有很强的时效性。只有及时编制和报送财务会计报告,才能为使用者提供决策所需的适时信息资料。否则,信息可能失去其应有的价值,成为相关性较低甚至不相关的信息。随着信息技术的迅速发展,财务会计报告的及时性要求变得更为重要。

企业对外提供的财务会计报告应当依次编定页数,加具封面,装订成册,加盖公章。封面上应当注明:企业名称、企业统一代码、组织形式、地址、报表所属年度或者月份、报出日期,并由单位负责人和主管会计工作的负责人、会计机构负责人(会计主管人员)签名并盖章;设置总会计师的企业,还应当由总会计师签名并盖章。

财务会计报告须经注册会计师审计的,注册会计师及其所在的会计师事务所所出具的审计报告应当随同财务会计报告一并提供。

(五) 便于理解

可理解性要求企业提供的会计信息应当清晰明了,便于财务会计报告使用者理解和使用,企业对外提供的财务会计报告是向广大使用者提供企业过去、现在和未来的有关资料,为企业目前或潜在的投资者和债权人提供决策所需要的会计信息,因此,编制财务会计报告应当清晰明了,便于理解和使用。

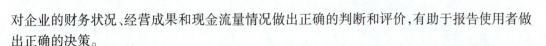

【例10-6】 (判断题)向不同的会计信息使用者提供的财务会计报告,其编制依据应当一致。(   )

【答案】 √

【解析】 财务会计报告应当根据经过审核的会计账簿和有关资料编制,向不同的会计信息使用者提供的财务会计报告,其编制依据应当一致。

【例10-7】 (判断题)为了保证会计报表的及时性,可以提前结账。(   )

【答案】 ×

【解析】企业应该按时编制会计报表,不可以提前结账。

四、财务会计报告编制前的准备工作

在编制财务会计报告前,需要完成下列工作:
(1)严格审核会计账簿的记录和有关资料;
(2)进行全面财产清查、核实债务,并按规定程序报批,进行相应的会计处理;
(3)按规定的结账日进行结账,结出有关会计账簿的余额和发生额,并核对各会计账簿之间的余额;
(4)检查相关的会计核算是否按照国家统一的会计制度的规定进行。

任务二　编制资产负债表

一、资产负债表的概念与作用

资产负债表是反映企业某一特定日期财务状况的会计报表。企业编制资产负债表的目的是通过如实反映企业的资产、负债和所有者权益金额及其结构情况,帮助使用者评价企业资产的质量以及短期偿债能力、长期偿债能力、利润分配能力等。

资产负债表的作用主要有:
(1)可以提供某一日期资产的总额及其结构,表明企业拥有或控制的资源及其分布情况,使用者可以通过资产负债表了解企业在某一特定日期所拥有的资产总量及其结构;
(2)可以提供某一日期的负债总额及其结构,表明企业未来需要用多少资产或劳务偿清债务以及偿清时间;
(3)可以反映所有者权益拥有的权益,据以判断资本保值、增值的情况以及对负债的保障程度。

二、资产负债表的列报格式

资产负债表正表的列报格式一般有两种:报告式资产负债表和账户式资产负债表。报告式资产负债表是上下结构,上半部分列示资产,下半部分列示负债和所有者权益。具体排列形式又有两种:一是按"资产=负债+所有者权益"的原理排列;二是按"资产-负债=所有者权益"的原理排列。账户式资产负债表是左右结构,左边列示资产,右边列示负债和所有者权益。

根据财务报表列报准则的规定,在我国,资产负债表采用账户式的格式,即左侧列报资产方,一般按资产的流动性大小排列;右侧列报为负债方和所有者权益方,一般按要求清偿时间的先后顺序排列。账户式资产负债表中的资产各项目的合计等于负债和所有者权益各项目的合计,即资产负债表左方和右方平衡。因此,通过账户式资产负债表,可以反映资产、负债、所有者权益之间的内在关系,即"资产=负债+所有者权益"。

（一）资产负债表列报总体要求

1. 分类别列报

资产负债表应当按照资产、负债和所有者权益三大类别分类列报。

2. 资产和负债按流动性列报

资产和负债应当按照流动性分别分为流动资产和非流动资产、流动负债和非流动负债列示。

3. 列报相关的合计、总计项目

资产负债表中的资产类至少应当列示流动资产和非流动资产的合计项目；负债类至少应当列示流动负债、非流动负债以及负债的合计项目；所有者权益类应当列示所有者权益的合计项目。

资产负债表应当分别列示资产总计项目和负债与所有者权益之和的总计项目，并且这二者的金额应当相等。

（二）资产的列报

资产负债表中的资产类至少应当单独列示反映下列信息的项目：（1）货币资金；（2）以公允价值计量且其变动计入当期损益的金融资产；（3）应收款项；（4）预付款项；（5）存货；（6）被划分为持有待售的非流动资产及被划分为持有待售的处置组中的资产；（7）可供出售金融资产；（8）持有至到期投资；（9）长期股权投资；（10）投资性房地产；（11）固定资产；（12）生物资产；（13）无形资产；（14）递延所得税资产。

（三）负债的列报

资产负债表中的负债类至少应当单独列示反映下列信息的项目：（1）短期借款；（2）以公允价值计量且其变动计入当期损益的金融负债；（3）应付款项；（4）预收款项；（5）应付职工薪酬；（6）应交税费；（7）被划分为持有待售的处置组中的负债；（8）长期借款；（9）应付债券；（10）长期应付款；（11）预计负债；（12）递延所得税负债。

（四）所有者权益的列报

资产负债表中的所有者权益类至少应当单独列示反映下列信息的项目：（1）实收资本（或股本）；（2）资本公积；（3）盈余公积；（4）未分配利润。

真题解析

【例10-8】（单选题）资产负债表是反映企业在（　　）的财务状况的财务报表。

A. 一定时期内　　　　　　　　B. 一年内
C. 一定期间　　　　　　　　　D. 某一特定日期

【答案】 D

【解析】 资产负债表是指反映企业在某一特定日期的财务状况的财务报表。

三、我国企业资产负债表的一般格式

资产负债比由表头和表体两部分组成。表头部分应列明报表名称、编表单位名称、编制日期和金额计量单位；表体部分反映资产、负债和所有者权益的内容。其中，表体部分是资产负债表的主体和核心，各项资产、负债和所有者权益按流动性排列。我国企业资产负债表

的格式一般如表 10-1 所示。

表 10-1　　　　　　　　　　　资产负债表

编制单位：　　　　　　　　　　　年　月　日　　　　　　　　　　　单位：元

资　产	期末余额	年初余额	负债和所有者权益	期末余额	年初余额
流动资产：			流动负债：		
货币资金			短期借款		
交易性金融资产			交易性金融负债		
应收票据			应付票据		
应收帐款			应付帐款		
预付款项			预收帐款		
应收利息			应付职工薪酬		
应收股利			应交税费		
其他应收款			应付利息		
存货			应付股利		
一年内到期的非流动资产			其他应付款		
其他流动资产			一年内到期的非流动负债		
流动资产合计			其他流动负债		
非流动资产：			流动负债合计		
可供出售金融资产			非流动负债：		
持有至到期投资			长期借款		
长期应收款			应付债券		
长期股权投资			长期应付款		
投资性房地产			专项应付款		
固定资产			预计负债		
工程物资			递延所得税负债		
在建工程			其他非流动负债		
固定资产清理			非流动负债合计		
生产性生物资产			负债合计		
油气资产			所有者权益：		
无形资产			实收资本		
开发支出			资本公积		
商誉			减：库存股		
递延所得税资产			盈余公积		
其他非流动资产			未分配利润		
非流动资产合计			所有者权益合计		
资产总计			负债和所有者权益合计		

280

四、资产负债表编制的基本方法

(一)"期末余额"栏的填列方法

资产负债表"期末余额"栏内各项数字,一般应根据资产、负债和所有者权益类科目的期末余额填列,具体方法如下:

1. 根据一个或几个总账科目的余额填列

"交易性金融资产"、"工程物资"、"固定资产清理"、"递延所得税资产"、"短期借款"、"交易性金融负债"、"应付票据"、"应付职工薪酬"、"应交税费"、"应付利息"、"应付股利"、"其他应付款"、"专项应付款"、"预计负债"、"递延所得税负债"、"实收资本(或股本)"、"资本公积"、"库存股"、"盈余公积"等项目应根据有关总账科目的余额填列。一般情况下,资产类项目直接根据其总账科目的借方余额填列,负债类项目直接根据其总账科目的贷方余额填列。

需要注意的是,某些项目,如"应交税费"、"应付职工薪酬"等项目,是根据其总账账户的贷方期末余额直接填列的,但如果这些账户期末余额在借方,则以"-"号填列。

【例10-9】 某企业2015年12月31日结账后,"交易性金融资产"总账科目的借方余额为150 000元。

在资产负债表中,"交易性金融资产"项目是根据"交易性金融资产"总账科目的期末余额直接填列,因此该企业2015年12月31日的资产负债表中,"交易性金融资产"项目金额为150 000元。

【例10-10】 某企业2015年5月1日向银行借入1年期借款300 000元,9月1日向其他金融机构借入半年期借款200 000元。

在资产负债表中,"短期借款"项目是根据"短期借款"总账科目的期末贷方余额直接填列,因此,该企业2015年12月31日的资产负债表中,"短期借款"项目的金额=300 000+200 000=500 000(元)。

【例10-11】 某企业对材料采用计划成本法核算,2015年12月31日结账后,有关账户余额如下表所列:

账户名称	期末借方余额	期末贷方余额
材料采购	200 000	
原材料	2 000 000	
周转材料	500 000	
库存商品	2 500 000	
生产成本	800 000	
材料成本差异		40 000
存货跌价准备		300 000

要求：该企业资产负债表"存货"项目应列示的金额为多少？

【答案】 "存货"项目应列示金额
= 200 000 + 2 000 000 + 500 000 + 2 500 000 + 800 000 − 40 000 − 300 000
= 5 660 000(元)

2. 根据明细账科目的余额计算填列

"开发支出"项目，应根据"研发支出"科目中所属的"资本化支出"明细科目期末余额填列；"应付账款"项目，应根据"应付账款"和"预付账款"两个科目所属的相关明细科目的期末贷方余额合计数填列；"预收款项"项目，应根据"预收账款"和"应收账款"科目所属各明细科目的期末贷方余额合计数填列；"一年内到期的非流动资产"、"一年内到期的非流动负债"项目，应根据有关非流动资产或负债科目的明细科目余额分析填列；"长期借款"、"应付债券"项目，应分别根据"长期借款"、"应付债券"科目的明细科目余额分析填列；年报中的"未分配利润"项目，应根据"本年利润"科目和"利润分配"科目的余额填列。

注意：

如果预收款项不多的企业，可以不设"预收账款"科目，而将预收的款项直接通过"应收账款"科目核算；同样预付款项不多的企业，可以不设"预付账款"科目，而将预付的款项直接通过"应付账款"科目核算。在这种情况下，报表中这四个项目在填列时要适当调整。

真题解析

【例10-12】（单选题）资产负债表中，"应收账款"项目应根据(　　)填列。

A. "应收账款"总账科目的期末余额
B. "应收账款"总账科目所属各明细科目的期末借方余额合计
C. "应收账款"和"应付账款"总账科目所属各明细科目的期末借方余额合计
D. "应收账款"和"预收账款"总账科目所属各明细科目的期末借方余额合计

【答案】 D

【解析】 编制资产负债表时，"应收账款"项目应根据"应收账款"和"预收账款"总账科目所属各明细科目的期末借方余额合计并减去相应的"坏账准备"科目所属相关明细科目期末余额后的金额填列。

【例10-13】（单选题）年度终了，资产负债表中的"未分配利润"项目填制的依据是(　　)。

A. 实收资本　　　　　　　　B. 本年利润
C. 应付利润　　　　　　　　D. 利润分配——未分配利润

【答案】 D

【解析】 年末，应将"本年利润"账户的余额转入"利润分配——未分配利润"账户，因此，编制年末的资产负债表时，"未分配利润"项目填制的依据是"利润分配——未分配利润"。

【例10-14】 张家港市普达机械有限公司2016年12月31日结账后有关科目余额如下

表所示：

账户名称		期末余额	
总账账户名称	明细分类账账户名称	借方余额	贷方余额
应收账款	A 公司	1 000 000	
	B 公司		200 000
应付账款	C 公司	100 000	
	D 公司		600 000
预收账款	E 公司	50 000	
	F 公司		250 000
预付账款	G 公司	280 000	
	H 公司		30 000
坏账准备	应收账款坏账准备		20 000

要求：计算填列该企业 2016 年 12 月 31 日资产负债表中"应收账款"、"预收款项"、"应付账款"、"预付款项"应填列的金额。

〔答案〕计算过程：

应收账款项目金额 = 1 000 000 + 50 000 − 20 000 = 1 030 000（元）

预收款项项目金额 = 250 000 + 200 000 = 450 000（元）

应付账款项目金额 = 600 000 + 30 000 = 630 000（元）

预付款项项目金额 = 280 000 + 100 000 = 380 000（元）

3. 根据总账科目和明细账科目的余额分析计算填列

"长期借款"项目，应根据"长期借款"总账科目余额扣除"长期借款"科目所属的明细科目中将在资产负债表日起一年内到期的长期借款后的金额计算填列，"长期借款"总账科目所属的明细科目中反映的将 1 年内（含 1 年）到期（或偿还）的计入"一年内到期的非流动负责"项目；"长期待摊费用"项目，应根据"长期待摊费用"科目的期末余额减去将于一年内（含一年）摊销的数额后的金额填列，"长期待摊费用"总账科目所属的明细科目中反映的将于 1 年内（含 1 年）到期（或回收）的计入"一年内到期的非流动资产"项目；"其他非流动负债"项目，应根据有关科目的期末余额减去将于一年内（含一年）到期偿还数后的金额填列。

真题解析

【例 10-15】 如某企业"长期待摊费用"账户余额为 800 000 元，其中 60 000 元将于一年内摊销，则"长期待摊费用"项目列示的金额为 740 000 元，而 60 000 元列示于"其他流动资产"项目。

4. 根据有关科目余额减去其备抵科目余额后的净额填列

"可供出售金融资产"、"持有至到期投资"、"长期股权投资"、"在建工程"、"商誉"项目，应根据相关科目的期末余额填列，已计提减值准备的，还应扣减相应的减值准备；"固定资产"、"无形资产"、"投资性房地产"、"生产性生物资产"、"油气资产"项目，应根据相关科目的期末余额扣减相应的累计折旧（摊销、折耗）填列，已计提减值准备的，还应扣减相应的减值准备，采用公允价值计量的上述资产，应根据相关科目的期末余额填列；"长期应收款"项目，应根据"长期应收款"科目的期末余额，减去相应的"未实现融资收益"科目和"坏账准备"科目所属相关明细科目期末余额后的金额填列；"长期应付款"项目，应根据"长期应付款"科目的期末余额，减去相应的"未确认融资费用"科目期末余额后的金额填列。

真题解析

【例10-16】 某企业2016年12月31日结账后，"长期股权投资"科目的期末余额为150 000元，"长期股权投资减值准备"科目的期末余额为5 000元。

则该企业2016年12月31日的资产负债表中，"长期股权投资"项目的金额 = 150 000 - 5 000 = 145 000（元）。

5. 综合运用上述填列方法分析填列

主要包括"应收票据"、"应收利息"、"应收股利"、"其他应收款"项目，应根据有关科目的期末余额，减去"坏账准备"科目中有关坏账准备期末余额后的金额填列；"应收账款"项目，应根据"应收账款"和"预收账款"和"应付账款"科目所属各明细的期末借方余额合计数，减去"坏账准备"科目中有关预付款项计提的坏账准备期末余额后的金额填列；"存货"项目，应根据"材料采购"、"原材料"、"发出商品"、"库存商品"、"周转材料"、"委托加工物资"、"存货跌价准备"等科目期末余额后的金额填列，材料采购计划成本核算以及库存商品采用计划成本核算或售价核算的企业，还应按加减材料成本差异、商品进销差价后的金额填列。

真题解析

【例10-17】（多选题）资产负债表中"存货"项目应根据（　　）等科目的期末余额合计数填列。

A. 材料采购　　　B. 库存商品　　　C. 原材料　　　D. 生产成本

【答案】 ABCD

【解析】 资产负债表中的"存货"项目，应根据"材料采购"、"原材料"、"发出商品"、"库存商品"、"周转材料"、"委托加工物资"、"生产成本"、"受托代销商品"等科目期末余额合计，减去"受托代销商品"、"存货跌价准备"等科目期末余额后的金额填列。

（二）"年初余额"栏的填列方法

本表的"年初余额"栏通常根据上年末有关项目的期末余额填列，且与上年末资产负债表"期末余额"栏一致。企业在首次执行新准则时，应对当年的"年初余额"栏及相关项目进行调整;以后期间,如果企业发生了会计政策变更、前期重大差错更正,还应对"年初余额"栏中的有关项目进行相应调整。此外,如果企业上年度资产负债表规定的项目名称和内容与本年度不一致,应当对上年末资产负债表相关项目的名称和数字按照本年度的规定进行调整,填入"年初余额"栏。

任务三 编制利润表

一、利润表的概念与作用

利润表又称损益表,是反映企业在一定会计期间经营成果的报表。例如反映某年1月1日至12月31日经营成果的利润表,它反映的就是该期间的情况。企业编制利润表的目的是通过如实反映企业实现的收入、发生的费用以及应当计入当期利润的利得和损失等金额及其结构情况,从而有利于使用者分析评价企业的盈利能力及其构成与质量。利润表包括的项目有营业收入、营业成本、营业利润、利润总额、净利润、每股收益、其他综合收益和综合收益总额等。

利润表的作用主要有:
(1) 反映企业一定会计期间收入的实现情况;
(2) 反映一定会计期间的费用耗费情况;
(3) 反映企业经济活动成果的实现情况,据以判断资本保值增值等情况。

利润表的列报必须充分反映企业经营业绩的主要来源和构成,有助于使用者判断净利润的质量及其风险,有助于使用者预测净利润的持续性,从而做出正确的决策。通过利润表,可以反映企业一定会计期间收入的实现情况,如实现的营业收入有多少、实现的投资收益有多少、实现的营业外收入有多少等等;可以反映一定会计期间的费用耗费情况,如耗费的营业成本有多少、营业税金及附加有多少及销售费用、管理费用、财务费用各有多少、营业外支出有多少等等;可以反映企业生产经营活动的成果,即净利润的实现情况,据以判断资本保值、增值等情况。将利润表中的信息与资产负债表中的信息相结合,还可以提供进行财务分析的基本资料。如赊销收入净额与应收账款平均余额进行比较,计算出应收账款周转率;将销货成本与存货平均余额进行比较,计算出存货周转率;将净利润与资产总额进行比较,计算出资产收益率等,可以反映企业资金周转情况及企业的盈利能力和水平,便于报表使用者判断企业未来的发展趋势,做出经济决策。

真题解析

【例10-18】(单选题)利润表是反映企业在一定期间的( )财务报表。
  A. 财务状况和盈利能力   B. 经营成果
  C. 营业利润、利润总额、利润分配   D. 营业收入、营业利润、利润分配
【答案】 B

【解析】利润表是反映企业在一定会计期间的经营成果的财务报表。

二、利润表的列报格式

利润表的格式有单步式和多步式两种。单步式利润表是将当期所有的收入列在一起，然后将所有的费用列在一起，两者相减得出当期净损益。多步式利润表是通过对当期的收入、费用、支出项目按性质加以归类，按利润形成的主要环节列示一些中间性利润指标，分步计算当期净损益。

按照我国《企业会计准则》的规定，我国企业的利润表采用多步式，将不同性质的收入和费用类别进行对比，以便得出一些中间性的利润数据，帮助使用者理解企业经营成果的不同来源。

企业可以分以下三个步骤编制利润表：

第一步，以营业收入为基础，减去营业成本、营业税金及附加、销售费用、管理费用、财务费用、资产减值损失，加上公允价值变动收益（减去公允价值变动损失）和投资收益（减去投资损失），计算出营业利润。营业利润以营业收入为基础，计算公式为：

营业利润＝营业收入－营业成本（主营业务成本＋其他业务成本）－营业税金及附加－销售费用－管理费用－财务费用－资产减值损失＋公允价值变动收益（－公允价值变动损失）＋投资收益

第二步，以营业利润为基础，加上营业外收入，减去营业外支出，计算出利润总额。利润总额以营业利润为基础，计算公式为：

利润总额＝营业利润＋营业外收入－营业外支出

第三步，以利润总额为基础，减去所得税费用，计算出净利润（或净亏损）。净利润以利润总额为基础，计算公式为：

净利润＝利润总额－所得税费用

普通股或潜在普通股已公开交易的企业，以及正处于公开发行普通股或潜在普通股过程中的企业，还应当在利润表中列示每股收益信息。

利润表列示的基本要求如下：

（1）企业在利润表中应当对费用按照功能分类，分为从事经营业务发生的成本、管理费用、销售费用和财务费用等。

（2）利润表至少应当单独列示反映下列信息的项目，但其他会计准则另有规定的除外：① 营业收入；② 营业成本；③ 营业税金及附加；④ 管理费用；⑤ 销售费用；⑥ 财务费用；⑦ 投资收益；⑧ 公允价值变动损益；⑨ 资产减值损失；⑩ 非流动资产处置损益；⑪ 所得税费用；⑫ 净利润；⑬ 其他综合收益各项目分别扣除所得税影响后的净额；⑭ 综合收益总额。金融企业可以根据其特殊性列示利润表项目。

（3）其他综合收益项目应当根据其他相关会计准则的规定分为以后会计期间不能重分类进损益的其他综合收益项目和以后会计期间在满足规定条件时将重分类进损益的其他综合收益项目两类列报。

（4）在合并利润表中，企业应当在净利润项目之下单独列示归属于母公司所有者的损益和归属于少数股东的损益，在综合收益总额项目之下单独列示归属于母公司所有者的综合收益总额和归属于少数股东的综合收益总额。

真题解析

【例10-19】（多选题）下列项目中，影响营业利润的有（　　）。
　　A．营业收入　　B．管理费用　　C．营业外收入　　D．营业税金及附加
【答案】ABD
【解析】营业利润＝营业收入－营业成本（主营业务成本＋其他业务成本）－营业税金及附加－销售费用－管理费用－财务费用－资产减值损失＋公允价值变动收益（－公允价格变动损失）＋投资收益。

三、我国企业利润表一般格式

利润表通常包括表头和表体两部分。表头应列明报表名称、编表单位名称、编制日期和金额计算单位等内容；利润表的表体，反映形成经营成果的各个项目和计算过程。我国企业利润表的格式一般如表10-2所示。

表10-2　　　　　　　　　　　　利润表
编报单位：　　　　　　　　　　　年　月　　　　　　　　　　　　单位：元

项　　目	本期金额	上期金额
一、营业收入		
减：营业成本		
营业税金及附加		
销售费用		
管理费用		
财务费用		
资产减值损失		
加：公允价值变动收益（损失以"－"号填列）		
投资收益（损失以"－"号填列）		
其中：对联营企业和合并企业的投资收益		
二、营业利润（亏损以"－"号填列）		
加：营业外收入		
减：营业外支出		
其中：非流动资产处置损失		
三、利润总额（净亏损以"－"号填列）		
减：所得税费用		
四、净利润		
五、每股收益：		
（一）基本每股收益		
（二）稀释每股收益		

四、利润表编制的基本方法

（一）本期金额栏的填列方法

利润表中，"本期金额"栏内各项数字，一般应根据期末结转前各损益类账户本期发生额分析计算填列，具体填列方法归纳起来有以下几种：

（1）收入类项目。收入类项目大多是根据收入类账户期末结转前贷方发生额减去借方发生额后的差额填列，若差额为负数，以"－"号填列。如"公允价值变动收益"、"投资收益"、"营业外收入"等项目。但"营业收入"项目，应根据"主营业务收入"账户借贷发生额的差额，加上"其他业务收入"账户的借贷发生额的差额之和填列。

（2）费用类项目的填列。费用类项目大多是根据费用类账户期末结转前借方发生额减去贷方发生额后的差额填列，若差额为负数，以"－"号填列。如"营业税金及附加"、"销售费用"、"管理费用"、"财务费用"、"资产减值损失"、"营业外支出"、"所得税费用"等项目。但"营业成本"项目，应根据"主营业务成本"账户借贷发生额的差额，加上"其他业务成本"账户的借贷发生额的差额之和填列。

（3）自然计算项目的填列。利润表中有些项目，应通过表中有关项目自然计算后的金额填列。如"营业利润"、"利润总额"、"净利润"等项目。需要指出的是"利润总额"项目如为亏损，以"－"号填列；"净利润"项目如为净亏损，也以"－"号填列。

（4）特殊项目的填列。利润表中的"基本每股收益"项目，仅仅考虑当期实际发行在外的普通股股份，应按照归属于普通股股东的当期净利润除以当期实际发行在外的普通股的加权平均数计算确定；"稀释每股收益"项目，在存在稀释性潜在普通股时，应根据其影响分别调整归属于普通股股东的当期净利润以及发行在外普通股的加权平均数计算。

关于"其他综合收益"和"综合收益总额"项目。综合收益，是指企业在某一期间与所有者之外的其他方面进行交易或发生其他事项所引起的净资产变动。综合收益的构成包括两部分：净利润和其他综合收益。其中，前者是企业已实现并已确认的收益，后者是企业未实现但根据会计准则的规定已确认的收益。利润表中的"其他综合收益"反映企业根据企业会计准则规定未在损益中确认的各项利得和损失扣除所得税影响后的净额，主要包括可供出售金融资产产生的利得（或损失）、按照权益法核算的在被投资单位其他综合收益中所享有的份额、现金流量套期工具产生的利得（或损失）、外币财务报表折算差额等；"综合收益总额"项目反映企业净利润与其他综合收益的合计金额。

真题解析

【例10-20】 某企业2016年度"主营业务收入"账户的贷方发生额为30 600 000元，借方发生额为180 000元（11月份发生的销售退回），"其他业务收入"账户的贷方发生额为200 000元。

【答案】 在利润表中，"营业收入"项目应当根据"主营业务收入"和"其他业务收入"两个账户的借方与贷方发生额的差额之和填列，因此，该企业2016年度的利润表中，"营业收入"项目的金额＝30 600 000－180 000＋200 000＝30 620 000（元）。

【例10-21】 某企业2016年度"主营业务成本"账户的借方发生额为30 000 000元，

"其他业务成本"账户的借方发生额为 2 000 000 元。

【答案】 在利润表中,"营业成本"项目应当根据"主营业务成本"和"其他业务成本"两个账户的借方与贷方发生额的差额之和填列,因此,该企业 2016 年度的利润表中,"营业成本"项目的金额 = 30 000 000 + 2 000 000 = 32 000 000(元)。

【例 10-22】 某企业 2016 年 12 月 31 日,"资产减值损失"账户的借方发生额为 650 000 元,贷方发生额为 350 000 元。

【答案】 在利润表中,"资产减值损失"项目应根据"资产减值损失"账户借方发生额与贷方发生额的差额填列,因此,该企业 2016 年度的利润表中,"资产减值损失"项目的金额 = 650 000 - 350 000 = 300 000(元)。

【例 10-23】 某企业 2016 年 12 月 31 日,"公允价值变动损益"账户的贷方发生额为 850 000 元,借方发生额为 100 000 元。

【答案】 在利润表中,"公允价值变动收益"项目应根据"公允价值变动损益"账户贷方发生额与借方发生额的差额填列,如果为负数,表示公允价值变动损失,以"-"号填列,则:该企业 2016 年度的利润表中,"公允价值变动收益"项目的金额 = 850 000 - 100 000 = 750 000(元)。

【例 10-24】 截止到 2016 年 12 月 31 日,某企业"主营业务收入"账户发生额为 2 000 000 元,"主营业务成本"账户发生额为 540 000 元,"其他业务收入"账户发生额为 510 000 元,"其他业务成本"账户发生额为 160 000 元,"营业税金及附加"账户发生额为 800 000 元,"销售费用"账户发生额为 62 000 元,"管理费用"账户发生额为 50 000 元,"财务费用"账户发生额为 180 000 元,"资产减值损失"账户发生额为 60 000 元,"公允价值变动损益"账户借方发生额为 460 000 元(无贷方发生额),"投资收益"账户贷方发生额为 850 000 元(无借方发生额),"营业外收入"账户发生额为 90 000 元,"营业外支出"账户发生额为 30 000 元,"所得税费用"账户发生额为 182 600 元。

【答案】 该企业 2016 年度利润表中的营业收入、营业利润、利润总额、净利润的计算如下:

营业收入 = 2 000 000 + 510 000 = 2 510 000(元)

营业成本 = 540 000 + 160 000 = 700 000(元)

营业利润 = 2 510 000 - 700 000 - 800 000 - 62 000 - 50 000 - 180 000 - 60 000 - 460 000
　　　　　+ 850 000 = 1 048 000(元)

利润总额 = 1 048 000 + 90 000 - 30 000 = 1 108 000(元)

净利润 = 1 108 000 - 182 600 = 925 400(元)

【例 10-25】 (多选题)利润表中需要自然计算填列的项目有(　　)。

A. 营业利润　　　　　B. 所得税费用　　　C. 营业成本　　　　D. 利润总额

【答案】 AD

【解析】 利润表中需要自然计算填列的项目有营业利润、利润总额和净利润。

(二)上期金额栏的填列方法

利润表"上期金额"栏内各项目数字,应根据上年度利润表"本期金额"栏内所列数字填列。如果上年度利润表规定的各个项目的名称和内容同本年度不相一致,应对上年度利润表各项目的名称和数字按照本年度的规定进行调整,填入利润表"上期金额"栏内。

项目小结

　　本项目主要讲述了财务会计报告的概念、内容、分类及编制要求。详细介绍了资产负债表、利润表的内容、结构和编制方法,本项目学习的重点是在理解财务会计报告的概念及编制要求的基础上,熟练掌握资产负债表、利润表的编制。

一、单项选择题

1. 下列会计报表中,(　　)反映企业在某一特定日期财务状况。
　　A. 利润表　　　　B. 利润分配表　　　C. 资产负债表　　　D. 现金流量表
2. 下列有关财务会计报告的表述中,不正确的是(　　)。
　　A. 财务会计报告是指企业对外提供的反映企业某一特定日期财务状况和某一会计期间经营成果、现金流量等会计信息的文件
　　B. 财务会计报告分为年度、半年度、季度和月度
　　C. 会计报表附注是财务会计报告的重要组成部分
　　D. 企业财务会计报告,即指企业编制的会计报表
3. (　　)是企业财务报告不可或缺的重要组成部分,是对资产负债表、利润表、现金流量表和所有者权益变动表等报表中列式项目文字描述或明细资料,以及未能在这些报表中列式项目的说明。
　　A. 会计报表的说明　　　　　　　B. 会计报表附注
　　C. 会计报表附表　　　　　　　　D. 会计报表解释
4. 下列关于资产负债表的说法中,错误的是(　　)。
　　A. 反映企业一定会计期间的财务状况
　　B. 是静态报表
　　C. 我国一般采用账户式结构
　　D. 可以通过该表分析企业债务偿还能力,为未来经济决策提供参考信息
5. 下列各项中,(　　)正确反映资产负债表中资产流动性从大到小排列。
　　A. 存货、无形资产、货币资金、交易性金融资产
　　B. 交易性金融资产、存货、无形资产、货币资金
　　C. 无形资产、货币资金、交易性金融资产、存货
　　D. 货币资金、交易性金融资产、存货、无形资产
6. 下列各项中,(　　)属于"预付账款"项目填列依据。
　　A. 应付账款和预付账款总账科目所属明细科目的期末借方余额之和
　　B. 预付账款和预收账款总账科目所属明细科目的期末借方余额之和
　　C. 应付账款和应收账款总账科目所属明细科目的期末借方余额之和
　　D. 应付账款和预收账款总账科目所属明细科目的期末借方余额之和

7. 下列资产负债表项目中,( )是直接根据总分类账户余额填列的。
   A. 固定资产清理　　B. 应收账款　　C. 长期借款　　D. 存货
8. 某企业期末"应付账款"账户为贷方余额26万元,其所属明细账户的贷方余额合计为33万元,所属明细账户的借方余额合计为7万元;"预付账款"账户为借方余额15万元,其所属明细账户的借方余额合计为20万元,所属明细账户的贷方余额合计为5万元。则该企业资产负债表中"应付账款"和"预付账款"两个项目的期末数分别应为( )万元。
   A. 38和27　　B. 33和20　　C. 53和12　　D. 26和15
9. 在多步式利润表中,下列关于净利润的表述中,正确的是( )。
   A. 利润总额减去应交所得税　　B. 利润总额减去利润分配额
   C. 利润总额减去营业费用　　D. 利润总额减去所得税费用
10. 某企业2016年发生的营业收入为200万元,营业成本为120万元,销售费用为8万元,管理费用为6万元,财务费用为2万元,资产减值损失为7万元(损失),公允价值变动损益为24万元(收益),营业外收入为5万元,营业外支出为3万元。该企业2016年的营业利润为( )万元。
    A. 66　　B. 76　　C. 81　　D. 83
11. 下列各项中,( )不影响利润表中营业利润金额。
    A. 计提存货跌价准备　　B. 出售原材料并结转成本
    C. 购买国库券的利息收入　　D. 清理管理用固定资产发生的净损失
12. 下列各项中,( )反映企业在一定会计期间经营成果。
    A. 资产负债表　　B. 利润表
    C. 现金流量表　　D. 财务状况变动表
13. 下列各项中,( )属于年末资产负债表中"未分配利润"项目填列依据。
    A. "本年利润"科目的贷方余额
    B. "本年利润"科目的贷方余额减去"利润分配"科目的贷方余额
    C. "本年利润"科目的贷方余额加上"利润分配"科目的贷方余额
    D. "利润分配"科目年末贷方余额或借方余额
14. 我国利润表采用的格式为( )。
    A. 单步报告式　　B. 多步报告式　　C. 账户式　　D. 混合式
15. 下列各项中,作为编制利润表主要根据的是( )。
    A. 资产、负债及所有者权益各账户的本期发生额
    B. 资产、负债及所有者权益各账户的期末余额
    C. 损益类各账户的本期发生额
    D. 损益类各账户的期末余额

二、多项选择题
1. 按照会计报表所反映的经济内容不同分类,下列各项中,( )符合该分类标准。
   A. 反映财务状况的报表　　B. 反映经营成果的报表
   C. 个别会计报表　　D. 合并会计报表
2. 下列关于企业对外提供的财务报表的表述中,正确的有( )。
   A. 年末应当提供资产负债表、利润及利润分配表、现金流量表、所有者权益增减变

动表和附注

　　B. 年末应当提供资产负债表、利润表、现金流量表、所有者权益变动表和附注

　　C. 中期末至少应当提供资产负债表、利润表、现金流量表、所有者权益变动表和附注,但报表格式和内容比年报简化

　　D. 中期末至少应当提供资产负债表、利润表,报表格式和内容与年报一致

3. 下列各项中,( )属于财务会计报告使用者。
   A. 投资者　　　　　　　　　　B. 债权人
   C. 政府及相关机构　　　　　　D. 单位管理人员

4. 下列等式中,正确的有( )。
   A. 资产=负债+所有者权益
   B. 营业利润=主营业务收入+其他业务收入-主营业务成本-其他业务成本+投资收益+公允价值变动收益
   C. 利润总额=营业利润+营业外收入-营业外支出
   D. 净利润=利润总额-所得税费用

5. 下列关于资产负债表的表述中,正确的有( )。
   A. 又称为财务状况变动表　　　B. 可据以分析企业的债务偿还能力
   C. 其列报依据是总账账户的期末余额　　D. 是企业的主要财务报表之一

6. 下列各项中,( )属于流动负债项目。
   A. 预付账款　　B. 预收账款　　C. 应付利息　　D. 应收股利

7. 下列各项中,( )属于企业资产负债表右方包括的项目。
   A. 短期借款　　　　　　　　　B. 交易性金融资产
   C. 递延所得税负债　　　　　　D. 实收资本

8. 下列关于资产负债表的表述中,正确的有( )。
   A. 是主要会计报表　　　　　　B. 是反映财务状况的报表
   C. 是动态报表　　　　　　　　D. 是反映经营成果的报表

9. 资产负债表中的"存货"项目根据( )账户的期末余额的合计数进行填列。
   A. "在途物资"　　B. "原材料"　　C. "自制半成品"　　D. "工程物资"

10. 下列各项中,( )属于资产负债表中"存货"项目反映内容。
    A. 库存商品　　B. 发出商品　　C. 材料成本差异　　D. 委托加工物资

11. 下列各项中,企业在编制利润表时需要计算填列的有( )。
    A. 营业利润　　B. 营业收入　　C. 营业成本　　D. 财务费用

12. 下列各项中,( )应在年末将余额转入"本年利润"账户。
    A. 主营业务收入　　B. 制造费用　　C. 管理费用　　D. 营业外收入

13. 下列关于利润表的表述中,正确的有( )。
    A. 是主要会计报表　　　　　　B. 是反映经营成果的报表
    C. 是动态报表　　　　　　　　D. 是静态报表

14. 利润表可以提供不同时期收入、费用和利润的比较数字,这些比较数字应填入的栏次有( )。
    A. 本期计划数　　B. 本月数　　C. 本年累计数　　D. 上年数

15. 下列各项中,( )影响企业利润总额计算。
    A. 营业收入　　　B. 营业外支出　　　C. 营业外收入　　　D. 投资收益

三、判断题

1. 资产负债表、利润表和现金流量表都是对外报表。(　　)
2. 在我国,对外会计报表的种类、格式、指标内容和编报时间等,都是由国家统一的会计制度予以规定的。(　　)
3. 财务会计报告是综合反映单位某一特定日期的财务状况和某一会计期间的经营成果、现金流量等会计信息的文件。(　　)
4. 资产负债表是反映企业某一特定日期经营成果的会计报表。(　　)
5. 资产负债表中"应付账款"、"预付款项"项目应直接根据该科目的总账余额填列。(　　)
6. 资产负债表的"年初数"栏内各项数字,一般应根据上年末资产负债表的"期末数"栏内所列数字填列。(　　)
7. 资产负债表各项目的"期末数",是根据总账和有关明细账的期末余额直接填列的。(　　)
8. 资产负债表中"固定资产"项目应根据"固定资产"账户余额减去"累计折旧"、"固定资产减值准备"等账户的期末余额后的金额填列。(　　)
9. 资产负债表中的"货币资金"项目是根据"库存现金"、"银行存款"、"其他货币资金"账户的期末余额合计数填列。(　　)
10. 利润表中的大部分项目都可以根据资产负债账户的发生额填列。(　　)

四、实务操作题

(一)【资料】　大华公司2016年12月31日的试算平衡表如下:

试算平衡表

2016年12月31日

会计科目	期末余额	
	借　方	贷　方
库存现金	370	
银行存款	63 500	
应收账款	21 200	
坏账准备		1 350
原材料	46 000	
库存商品	56 800	
存货跌价准备		3 060
固定资产	488 000	
累计折旧		4 860
固定资产清理		5 500

续表

会计科目	期末余额	
	借方	贷方
短期借款		25 000
应付账款		24 100
预收账款		4 500
长期借款		100 000
实收资本		450 000
盈余公积		4 500
本年利润		53 000
合计	675 870	675 870

补充资料：

1. 长期借款期末余额中将于一年内到期归还的长期借款数为 45 000 元。
2. 应收账款有关明细账期末余额情况为：应收账款——A 公司 贷方余额 5 800
   应收账款——B 公司 借方余额 27 000
3. 应付账款有关明细账期末余额情况为：应付账款——C 公司 贷方余额 32 500
   应付账款——D 公司 借方余额 8 400
4. 预收账款有关明细账期末余额情况为：预收账款——E 公司 贷方余额 4 500

【要求】 请根据上述资料，计算大华公司 2016 年 12 月 31 日资产负债表中下列报表项目的期末数。

（1）应收账款（　　）元；

（2）存货（　　）元；

（3）流动资产合计（　　）元；

（4）预收款项（　　）元；

（5）流动负债合计（　　）元。

（二）【资料】 成功公司 2016 年 12 月 31 日总分类账户及明细账户的期末余额如下：

总分类账户余额

账户名称	借方余额	贷方余额
库存现金	1 895	
银行存款	129 800	
应收账款	4 000	
坏账准备		200
原材料	72 500	
库存商品	62 000	
生产成本	18 000	

续表

账户名称	借方余额	贷方余额
固定资产	358 700	
累计折旧		24 700
无形资产	20 000	
累计摊销		3 500
预收账款		8 500
短期借款		27 500
应付账款		23 000
预付账款	5 000	
长期借款		200 000
实收资本		350 000
盈余公积		18 095
利润分配		16 400
合计	671 895	671 895

有关明细账户余额

单位：元

账户名称	余额方向	金额
应收账款	借	4 000
—A 公司	借	5 500
—B 公司	贷	1 500
预收账款	贷	8 500
—C 公司	贷	10 000
—D 公司	借	1 500
预付账款	借	5 000
—E 公司	借	6 200
—F 公司	贷	1 200
应付账款	贷	23 000
—G 公司	贷	23 000

补充资料：长期借款中将于一年内到期归还的长期借款为 60 000 元。

要求：根据上述资料，计算成功公司 2016 年 12 月 31 日资产负债表的下列项目金额：

(1) 应收账款（　　）元；

(2) 资产合计（　　）元；

(3) 应付账款（　　）元；

(4) 预收款项（　　）元；
(5) 流动负债合计（　　）元。

（三）A公司所得税税率为25%。该公司2016年1月至11月各损益类账户的累计发生额和12月底转账前各损益类账户的发生额如下：

账户名称	12月份发生数		1月至11月累计发生数	
	借方	贷方	借方	贷方
主营业务收入		318 000		5 000 000
主营业务成本	252 500		2 800 000	
销售费用	2 600		10 000	
营业税金及附加	1 000		29 000	
其他业务成本	7 500		32 500	
营业外支出	2 000		11 000	
财务费用	3 000		30 000	
管理费用	4 400		50 000	
其他业务收入		9 500		45 000
营业外收入		3 000		
投资收益		20 000		

则A公司2016年度利润表的下列报表项目金额为：
(1) 营业收入（　　）元；
(2) 营业成本（　　）元；
(3) 营业利润（　　）元；
(4) 利润总额（　　）元；
(5) 净利润（　　）元。

（四）B公司为增值税一般纳税企业，主要生产和销售甲产品，适用增值税率17%，所得税税率25%，不考虑其他相关税费。该公司2016年发生以下业务：

(1) 销售甲产品一批，该批产品的成本16万元，销售价格40万元，专用发票注明增值税6.8万元，产品已经发出，提货单已交给买方。货款及增值税款尚未收到。

(2) 当年分配并发放职工工资40万元，其中生产工人工资24万元，车间管理人员工资8万元，企业管理人员工资8万元。

(3) 本年出租一台设备，取得租金收入8万元。

(4) 本年度计提固定资产折旧8万元，其中计入制造费用的固定资产折旧5万元，计入管理费用的折旧2万元，出租设备的折旧1万元。

(5) 用银行存款支付销售费用1万元。

(6) 在本年年末的财产清查中发现账外设备一台，其市场价格2万元，经批准转作营业外收入。

则 B 公司 2016 年度利润表的下列报表项目金额为：
(1) 营业收入(　　)元；
(2) 营业成本(　　)元；
(3) 营业利润(　　)元；
(4) 利润总额(　　)元；
(5) 净利润(　　)元。